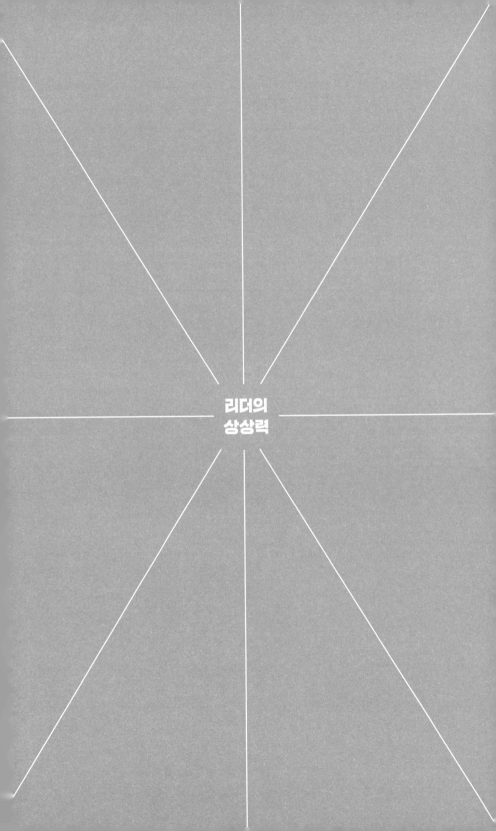

리더의
상상력

리더의
상상력

영웅과 우상의

시대를 넘어서

심용환 지음

사□계절

혼란스러운 시간이 이어지고 있다. 조국 사태, 박원순의 죽음, 윤석열과 이재명을 둘러싼 극단적 현상과 언어들. 이제 사람들은 더 이상 정치 이야기를 즐겨하지 않는다. 정파와 이념을 두고 편을 가르는 일도 무의미해졌다.

얼마 전까지만 해도 세상은 꽤 일관적이었다. 이명박과 박근혜의 시대. 박정희와 산업화라는 구체제의 유산을 희구하는 기성세대의 의지가 이들을 대통령으로 만들었다. 노무현의 실패 이후 유시민과 나꼼수 사이를 오가던 또 다른 기성세대는 정몽준과 안철수를 거쳐 2017년 5월 10일 기어코 문재인을 대통령의 자리에 앉혔다. 그리고 그가 곧 퇴임한다.

'다음 대통령은 누가 될 것인가?' 누가 되든 적어도 박정희와 노무현에서 기원한 한 시대의 담론과는 다른 이야기를 해야 한다. 상황이 많이 바뀌었기 때문이다.

정치만 달라졌을까. 미투운동과 페미니즘 논쟁부터 동학개미운동과 부동산 폭등 사이에서 과연 무엇이 진보이고 무엇이 보수일까. 어느 쪽이 올바른 선택이며 어떤 것이 보다 나은 세계로 나아가는 길일까.

소위 기성세대는 오랫동안 자신들의 판단이 옳다고 믿어왔고 그것을 진실이라고 주장해왔다. 하지만 이제 그들의 영향력은 뿌리부터 쇠퇴하고 있다. 독립운동사가 역사 이야기가 되어버리고 말았듯 산업화와 민주화 역시 기억의 영역으로 걸어 들어가고 있다는 말이다.

정치를 둘러싼, 대통령과 국회의원 선거를 둘러싼 논쟁을 오랫동안 할 수 있던 배경에는 보수 논객 조갑제가 있다. 그는 1997년 외환 위기 기간에 박정희와 이승만을 소환하는 데 성공했다. 산업화와 세계화에 몰두하다 유사 이래 최대의 환란으로 멈춰선 대한민국 사회는 조갑제가 만들어낸 '건국 대통령'과 '부국 대통령' 신화에 귀를 기울였다. 그의 영웅 만들기는 곧장 보수 진영의 핵심 논리로 둔갑했고 '경제가 밥이라면 민주주의는 공기다'라는 식의 대립적 논쟁이 지난 20년간 한국 정치를 혼란스럽게 만들었다. 어떤 미래를 만들어갈 것인가가 아니라, 누구의 과거가 더 뛰어났는지를 증명하는 데 정치가 매몰되고 말았다. 하지만 이마저도 철 지난 이야기이다. 과거에 대한 과격한 우상화는 일말의 극우적 감성으로만 남았으니 말이다.

오랜 고민 끝에 나는 김영삼과 김대중을 이야기하기로 마음먹었다. 이제 그들에 관한 이야기를 할 때가 되었다. 우리에게 이승만과 박정희 이야기는 '환상 특급' 같은 동화에 불과하다. 그들의 시대와 우리의 시대가 너무나 다르기 때문이다. 역사는 매번 원인과 결과로 이어지지만, 한 시대의 끝이 늘 새 시대의 시작으로 이어지지는 않는다. 오히려 특정 국면에서의 극적인 변화와 과감한 단절이 역사의 다음 장을 열고 오늘로 이어지는 경우가 더 많다. 대한민국의 오늘이 그렇다. 당신이 '김영삼과 김대중의 시대'를 어떻게 생각하든 그들의 시대는 21세기 대한민국에 가장 크고 분명한 영향을 미치고 있다.

김영삼과 김대중은 한때의 위대한 민주 투사 혹은 집권 말년에 아들의 부정과 비리로 레임덕을 혹독하게 겪은 노회한 정치가가 아니다. 김영삼은 대한민국의 정통성과 개혁의 가치를 다시 쓴 리더였다. 1993년 그는 독립운동사에서 민주화운동사로 이어지는 대한민국의 역사 발전을 재정립했다. 또한 그는 현직 대통령 최초로 임시정부를 성역화했고 4·19를 혁명으로 승격시켰으며 5·18을 비롯해 국가 폭력으로 얼룩진 과거사를 청산하려 했다. 하나회 숙청, 금융실명제와 부동산실명제, 정치개혁법과 전면적 지방자치제 등 그가 이룩한 여러 개혁은 물론이고 그가 제창한 세계화와 OECD 가입 같은 국가 발전 의제들도 여전히 대한민국의 사회적 지표로 기능하고 있다. 이 지점에서 김영삼은 국가가 해야 할 일의 선례를 만든 리더였다.

김대중은 어떤가. 그는 김영삼이 가장 무능했던 부분을 해결하며 동시에 대한민국의 새로운 전망을 제시했다. 단순히 외환 위기에서 벗어나는 문제를 넘어서서 산업 합리화와 재벌 개혁, 벤처 산업 육성 등 1980년대부터 외쳤던 한국 경제의 구조 조정과 질적 변화를 실현했다. 또한 김대중은 햇볕정책을 통해 남한과 북한이 협력할 수 있다는 사실을 입증했고, 일본 총리와 함께 21세기 새로운 한일 파트너십을 구축했다. 동시에 아세안플러스3 회의를 통해 동아시아 협력 체계의 모델을 제시했다. 이 지점에서 김대중은 국가가 나아가야 할 방향을 제시한 리더였다.

오늘날 우리가 살아가며 생활하는 세계의 대부분은 김영삼과 김대중이 14대, 15대 대통령을 역임한 10년간 만들어졌다. 공직자의 재산 형성 과정을 검증하는 일은 물론이요, 깨끗하고 공명한 선거 제도, 미국식 기업 경영 방식과 IT 산업의 발전, 그리고 남북 관계를 비롯하여 동아시아 문제의 해결책까지 대한민국의 정치와 사회, 경제와 생활 일반에는 두 전임 대통령의 흔적이 깊고 넓게 남아 있다. 대통령중심제 국가의 묘미라고 해야 할까. 준비된 대통령의 전범이라고나 해야 할까. 물론 그들이 이루지 못한 것들, 실패한 것들, 예상하지 못한 것들, 조금도 바꾸지 못한 것들 또한 촘촘하게 남아 있다. 그럼에도 불구하고 2002년 이후의 대통령들은 정당이나 정파와 상관없이 김영삼과 김대중의 성과 위에 이야기를 덧붙여나갔을 뿐이다.

김영삼과 김대중의 시대를 들여다보는 일은 새로운 영웅 만들기나 우상화 작업이 아니다. 오히려 헌법에 따라 유한한 권력을 손에 쥔 리더가 어떤 성과를 이룰 수 있는지 정확히 확인하는 일이며, 대한민국의 대통령이 무엇을 바꿀 수 있는지 냉철하게 살펴보려는 시도이다.

대통령중심제 국가에서 대통령은 거대한 행정 권력 일체를 행사할 수 있는 유일한, 단 한 명의 리더이다. 역대 모든 대통령이 자신에게 주어진 권력을 이용해서 세상을 바꾸었을까? 권력을 잡는 일과 그것을 사용하는 일, 나아가 권력을 사용하여 국가의 대사와 방향을 정하는 일은 차원이 다른 문제이다.

김영삼과 김대중은 오랜 단련의 시간을 거쳤다. 두 사람은

4·19혁명의 자식이며 박정희와 전두환이라는 거대한 벽에 저항했고, 끝이 보이지 않는 싸움에서 기적적으로 승리를 거두었다. 김영삼과 김대중은 자신의 목표를 정확히 알고 있었고, 결심한 일을 대부분 이루어냈다. 때로는 홀로 골똘히 생각하며 목표를 정하고 무슨 일이 있어도 포기하지 않는 의지를 발휘했다. 때로는 적에게 파상 공세를 취하고 사정없이 두드려서 원하는 바를 속전속결로 얻어내기도 했다. 숙련된 지식과 놀라운 성찰로 위기를 타개하고, 합리적 주장에 체계적인 계획을 더하여 국민을 이끌기도 했다. 그렇게 두 사람의 리더십은 대한민국을 바꾸었다.

'다음 대통령은 누가 될 것인가?' 이보다 부질없는 질문이 어디에 있을까. '다음 대통령에 대해 아무런 기대가 없다.' 이보다 비참한 현실 고백은 또한 어디에 있을까.

정치는 우리의 삶을 바꿀 수 있는 유일한 가능성이며 대통령은 그것을 실현할 수 있는 유일한 도구이다. 새로운 시대에 맞는 새로운 리더. 그의 출현이 절박한 때이다. 상상력이 있는가. 한 시대를 풍미했던 김영삼과 김대중처럼 리더로서, 리더의 자리에 어울리는 상상력을 가지고 있느냐는 말이다. 변화를 바라는 국민이든 변화를 추동하고 싶은 지도자이든 새로운 단계로 나아가는 과감한 상상력이 필요한 때.

이 책이 그러한 간절한 고민에 응답이 되기를 진심으로 소망하며.

2021년 12월
심용환

차례

05 세기를 넘어서 237

숙명의 리더와
성찰의 리더

: 대통령이
되기까지

1985년 7월 11일 당시 야당을 이끌던
김영삼과 김대중이 김록영 국회부의장
유해가 도착하는 김포공항에서 만나
이야기 나누는 모습. (사진=연합뉴스)

민주주의를
갈구한
신념의
투사

YS		DJ
3대 민의원 선거에서 최연소 국회의원 당선	**1954.5.**	
	1963.11	6대 국회의원 선거에서 목포 지역구 당선
3선 개헌 반대 투쟁 중 '초산 테러' 발생	**1969.6.**	
	1969.7.	효창운동장에서 열린 3선 개헌 반대 시국 대연설회에서 '3선 개헌은 국체의 변혁이다' 연설
40대 기수론 주장하며 신민당 대통령 후보 출마	**1970.9.**	신민당 전당대회에서 김영삼을 꺾고 7대 대통령 후보로 선출
	1971.4~5.	7대 대통령 선거 낙선, 8대 국회의원 선거 후보 유세 지원 중 교통사고 발생
유신 선포 이후 귀국하여 가택 연금 당함, 연금 상태로 대여 투쟁 지속	**1972.10.**	
	1973.8.	유신 반대 성명 발표 후 망명 생활 중 '도쿄 납치 살해 미수 사건' 발생, 이후 가택 연금 및 일체의 정치 활동 금지당함
	1976.3.	3·1민주구국선언으로 구속, 징역 5년, 자격정지 5년형
「뉴욕타임스」 인터뷰에서 미국의 박정희 지지 철회를 요구한 뒤 신민당 총재 및 국회의원직 제명, 가택 연금, 이 일로 부마항쟁 발생	**1979.10.**	
자택에서 신군부 비상계엄확대 규탄 기자 회견 후 가택 연금	**1980.5.**	신민당 김영삼 총재와 공동 기자 회견 후 신군부에 연행
	1980.9.	내란 음모 사건으로 사형 선고, 이듬해 1월 대법원에서 무기형으로 감형
광주민주화운동 3주기를 맞아 전두환 정권에 대한 저항으로 23일간 단식 농성	**1983.5.**	
	1984.5.	

시작은 패배였지만 –
40대 기수론, 그 찬란한 실패

사람은 만들어진다. 그가 경험한 세계 속에서, 자신의 의지와 삶이 가져온 기회 혹은 위협 가운데에서 한 사람의 인격과 리더십이 형성된다. 2000년에 출간된 『김영삼 회고록』의 부제는 '민주주의를 위한 나의 투쟁'이다. 그는 자신의 인생 전체를 '투쟁'으로 보았고, 투쟁의 목표를 '민주주의'라고 규정했다. 이승만, 박정희 그리고 전두환으로 이어진 40년간의 독재 정권. 김영삼의 회고록은 온통 이들과의 싸움으로 점철되어 있다.

1927년 내가 태어났던 암흑의 일제강점기부터, 1998년 2월 대통령직에서 물러날 때까지의 전 과정은 바로 파란에 찬 우리의 현대사 그 자체라고 할 수 있다. 특히 1954년 제3대 국회의원에 당선된 이래, 내가 헤쳐 나온 20세기 후반의 개인사는 그대로 한국의 현대 정치사와 궤적을 같이하고 있다. 이처럼 내 생애는 우리나라 현대 정치사를 관통하고 있다. 내가 살아온 삶의 현장은 한국 현대 정치의 생생한 현장 바로 그것이었다.
26세라는 젊은 나이에 최연소 국회의원을 시작으로 원내총무, 야당 총재를 여러 차례 거치면서, 마침내 어린 시절의 꿈이었던 대통령에 당선되기까지 나는 운명적으로 정치를 껴안고 살아왔다고 해도 과언이 아니다. 영광의 시간도 있었지만, 그보다는 더 오랜 시련과 고난의 세월이 있었다. 최연소 야당 총재, 최다선 원내총무라는 기록 뒤에는 초산 테러, 국회의원직 제명,

연금, 단식 투쟁 등 현대사의 험난한 파도와 고뇌의 깊은 골짜기를 거쳐 나와야 했던 것이다.[1]

그의 회고록 서문에는 「민주주의를 향하여, 민주주의와 함께」라는 제목이 달려 있다. 김영삼은 평생을 '비정상' 국가에서 살았다. 민주공화국을 표방하지만 민주주의를 지키지 않는 나라. 불법이 판치는 세상. 군부 독재 국가. 민주주의는 반공주의, 즉 북한에 반대할 때만 강조될 뿐 실체는 확인할 수 없었다. 그리고 이와 같은 상황에 공개적으로 의문을 제기하면 서슴없이 위협을 가하는 나라.

김영삼은 1954년 5월 20일에 열린 제3대 민의원 선거에서 최연소 의원(당시 만 26세, 경남 거제)으로 당선되었고, 같은 해 11월에 이승만의 사사오입 개헌에 반대해 자유당을 탈당하면서 본격적으로 정치 인생을 시작했다.

1948년에 세워진 신생 공화국 대한민국. 초대 대통령 이승만은 1952년, 1954년 두 차례나 헌법을 뜯어고치면서 장기 집권의 길로 나아갔다. 자유당 초선 의원 김영삼은 1954년 사사오입 개헌에 분개하여 탈당했다. 곧바로 호헌동지회 결성에 참여하여 조병옥, 장면, 박순천 등 당시 거물급 야당 지도자들과 교감했으며 개인적으로는 조병옥에게 매료되었다.[2] 배움의 시간이었다고 보는 편이 정확할 것이다. 여야 갈등, 부정 선거, 4·19혁명 그리고 혁명의 열기 가운데 쏟아져 나온 급진적 주장과 행동들. 야당 의원 김영삼은 정권의 부정부패에 저항했고, 혁명의 열기를 의회 안으로 옮겨와서 정치적 변화를 만들어내려 했다. 의회주의자 김영삼의 정체성이 만들어지고 있었던 것이다. 그러나 곧 그는 민주공화국의 발전을 가로막는 거대한 장벽과 마주친다. 그의 나이 34살이던 1961년 5·16군사쿠데타가 일어난 것이다. 박정희와 군인들이 주도하는 보다 혹독한 권위주의 독재 정권이 대한민국을 장악했다.

> 자유는 더 높은 목표를 향한 수단이 아니다. 자유 그 자체가 가장 높은 가치이고 목표이다. 그 어떤 것도 스스로 선택한 것 이상일 수는 없다. 자유민주주의의 질서를 뿌리내릴 수 있는 기회를 박탈한 것만으로도 쿠데타 세력은 역사의 죄인으로 단죄받아 마땅하다. 쿠데타를 일으킨 박정희는 18년 동안 우리 사회를 빈익빈 부익부의 황금만능 사회로 만들었고, 독재 정권을 유지하기 위해 천문학적인 돈을 끌어모았다. 고도성장이라는 허울 아래 인권과 민주주의를 짓밟는 가치 전도의 시대가 시작되고 있었다.[3]

김영삼이 이해한 민주주의는 박정희의 정반대편에 있었다. 자유라는 가치의 절대성과 자유민주주의라는 제도적 기초. 박정희는 이 둘을 부정했다. 김영삼이 보기에 박정희의 통치는 실패했다. 자유를 부정하고 자유민주주의를 짓밟은 박정희의 원칙 없는 통치는 '부의 불평등', '황금만능주의', '정경 유착', '인권 유린' 등을 초래해 국가와 사회의 발전을 가로막았다.

5·16군사쿠데타 이후 소위 '군사혁명'의 주역인 박정희와 김종필은 중앙정보부를 만들고 이승만의 전철을 반복했다. 같은

시기 김영삼은 박정희 정권의 과잉된 통치 행위를 비판하며 정치 경력을 쌓아갔다. 그러다 1969년 6월 20일 밤에 '초산 테러'를 당하기도 한다. 3선 개헌 문제로 정국이 소란스럽던 그날 밤, 괴한 두 명이 서로 싸우는 체하며 귀가 중이던 김영삼의 차를 가로막았다. 혼란을 틈타 누군가가 차 문을 열려고 했으나 김영삼은 평소에 차 문을 잠그는 버릇이 있었다. 문을 열지 못한 괴한은 차를 향해 무언가를 던졌다. "수류탄이다!" 유리가 깨지는 소리와 함께 또 다른 괴한이 운전석으로 달려들었다. 전속력으로 탈출한 뒤 집에서 확인해보니 차량 뒤쪽 유리창이 깨지고 도색이 녹아 있었다. 그리고 "도저히 냄새를 맡을 수 없을 정도까지 추악한 냄새가, 어지러울 정도의 냄새"가 났다. 초산. 경찰은 누군가가 다량의 초산을 차에 뿌렸다고 발표했다.[4] 당시 박정희는 중앙정보부장 김형욱을 앞세워 3선 개헌을 밀어붙이고 있었다. 세 번째로 대통령이 되기 위해 헌법을 고치려 하였고 김영삼을 비롯한 야당 의원들은 거세게 저항했다. 이 와중에 중앙정보부의 주도로 끔찍한 정치 테러가 발생한 것이다. 범행은 미수에 그쳤지만 국가 폭력은 1970년대를 지나며 끔찍한 수준으로 발전하게 된다.

"보수 정당에는 서열이 있는 법인데, 그 질서를 무너뜨리겠다니 가당치 않은 일이다. 여기는 케네디를 배출한 미국도 아니고, 김영삼이 케네디는 아니지 않은가?" … 특히 진산의 태도는 격노激怒 그것이었다. 진산은 나를 겨냥해 "입에서 젖비린내가 나는 아이들이 무슨 대통령이냐"라고 비난했다. 그는 자파 당원들에게 나의 지명운동에 동조하지 말도록 지시했고, 이재형, 정일형 씨 등 다른 파벌의 노장층도 여기에 대해선 진산과 보조를 같이했다.

문제는 박정희 정권뿐 아니라 야권에도 있었다. 야당은 정쟁과 이합집산을 반복했고, 뚜렷한 대안을 제시하지 못한 채 반대를 위한 반대를 일삼았다. '일하는 대통령과 발목만 잡는 야당'이라는 구도에 갇혀 있던 상황. 차라리 자유당, 공화당을 거쳐온 여권의 세력 변동이 컸지 야권은 1948년 이래 그 나물에 그 밥에서 벗어나지 못했다.

김영삼은 1971년 박정희의 3선 시도에 맞서 대통령 후보 경선에 도전한다. 헌법 개정을 막지 못했다면 선거를 통해 승리하면 된다. 40대 기수론. 내가 대통령 후보로 나서서 박정희를 막겠다. 당시 신민당 당권을 장악하고 있던 유진산을 비롯하여 중진 의원들은 코웃음을 쳤다. 그런데 바람이 일어났다. 김대중, 이철승 등 당내 젊은 의원들이 김영삼의 주장에 동조하며 경선에 출마한 것이다. 변화가 시작됐다. 유진산은 젊은 후보들의 도전을 수락할 수밖에 없었다.

그런데 김영삼, 김대중, 이철승의 경쟁에서 김영삼은 패배하고 만다. 1차 투표에서 421표를 받았지만 과반수 득표에 실패했고 2차 투표에서는 김대중(458표)이 김영삼(410표)을 앞서며 대통령 후보로 확정된 것이다. 충격이었고 의외였다. 하지만 김영삼은 이 상황을 대승적으로 해석했다. "비록 표결에서는 패배했으나 나의 주장은 승리했다. 내가 제창한 40대 기수론은 승리했고,

이제 신민당은 박정희에 맞설 기회를 잡은 셈이 아닌가!" 김영삼은 패배를 인정하고 김대중과 함께 "거제도에서 무주 구천동까지 전국 방방곡곡 어디든지 갈 것"이라고 선언했다.[5]

　김영삼은 약속을 지켰다. 동시에 김영삼은 김대중이라는 경쟁자를 발견하고 그와의 정쟁에서 승리하지 않는 한 대통령이 될 수 없다는 사실을 온몸으로 체감했다. 이 일련의 과정은 의미심장하다. 40대 기수론이라는 혁신적 발상이 야당의 체질을 개선하고 국민의 이목을 끌었기 때문이다. 혁신적 발상은 공상과 다르다. 발상이 공개되면 격렬한 반응이 뒤따르는데, 이때 다수의 지지와 동의를 확보하고 소수의 반발과 거부를 돌파하거나 감내해야 한다. 유진산을 비롯한 당내 중진이 40대 기수론을 수용할 수밖에 없었던 것은 결국 보이지 않는 정쟁에서 김영삼이 승리했다는 뜻이다. 이길 수밖에 없는 상황을 만들고 거기에 이기겠다는 의지를 결합했다. 그러나 여기까지만 김영삼의 승리였다. 1971년 대선에서 김대중은 박정희의 라이벌로 부상했다. 김대중은 박정희 통치의 단점을 조목조목 공박하며 자신의 정치적 비전을 국민에게 각인시켰다. 그 모습을 지켜보며 김영삼은 평생 잊지 못할 패배감을 씹어 삼켜야 했다.

선명한 의회주의자의
정치 투쟁

　이제 민주주의는 개막하기 시작했고, 마침내 새벽이 돌아왔습니다. 아무리 새벽을 알리는 닭의 모가지를 비틀어도 민주주의의 새벽은 오고 있습니다! - 1979년 5월 30일 야당 총재 수락 연설[6]

당신은 밤낮 인권, 인권 하고 주장하는데, 한국에 무슨 인권이 있는가. 박정희는 지금 수많은 사람을 죽이고 고문하고 소리 없이 감옥에 집어넣고 있는데, 그런 독재자를 당신이 돕는 것은 도대체 뭐냐. 그게 인권을 내세우는 당신이 할 일인가! - 1979년 6월 29일 미국 대통령 지미 카터와의 대화[7]

1971년의 패배에 멈춰 있을 수 없었다. 1972년 유신 체제와 1980년 전두환의 등장이라는 더 깊은 어둠이 닥쳤기 때문이다. 유신 초반의 상황은 심각했다. 김동영, 최형우 등 김영삼의 최측근이 연행되어 모진 고문을 당했다. 라이벌 김대중은 일본에서 중앙정보부 요인들에게 잡혔고, 바다에 빠져 죽을 뻔한 고비를 넘어 귀국한 뒤 곧장 가택 연금을 당한다. 대통령은 통일주체국민회의에서 간접선거를 통해 뽑았으며 국회의원의 3분의 1을 유신정우회 위원들이 차지했다. 박정희의 통치에 복종하는 사람만 모아서 대통령을 뽑고 국회의원으로 만드는 세상. 이 시기 대한민국은 고문과 조작이라는 지독한 국가 폭력으로 가득차게 된다. 민청학련 사건(1974), 재일교포 유학생 간첩 조작 사건(1975) 등 수많은 사건이 정치적 목적에 따라 조작되고 수많은 사회적 약자들이 정권의 입맛대로 간첩이 되고 빨갱이가 되는 세상.

김대중과 달리 김영삼은 유신 체제하에서도 정치 활동을 계속할 수 있었다. 1973년 12월 17일 당시 신민당 부총재 김영삼은 회견을 열고 다음의 요구를 제청했다. "현재의 독재 헌법을 개정하고 민주 체제를 회복하라. 중앙정보부를 해체하라. 무분별한 외자 도입 정책을 중지하라. 남북 대화를 중앙정보부가 아닌 국토통일원으로 이관, 민간 주도형으로 전환하라. 학생, 기독교도 등 재야 세력과 연대하여 투쟁을 벌이겠다."[8] 그는 이 주장을 1980년대까지 일관되게 요구했다.

무엇보다 중요한 것은 민주 헌법을 회복하고 인권 유린을 멈추는 일이다. 중앙정보부는 독재 헌법을 만드는 데 앞장섰을 뿐 아니라 오랫동안 시민의 인권을 유린했다. 따라서 중앙정보부 해체 없는 개혁은 의미가 없다. 또한 박정희는 중화학 공업의 발전을 통해 유신 체제를 합리화했다. 하지만 갈수록 심각해진 정경 유착과 중복 투자로 인한 경제 위기는 체제 몰락의 원인이 되고 말았다. 무분별한 외자 도입 반대는 박정희식 경제일방주의에 대한 반발이었다. 더불어 김영삼은 민간과의 협력을 통해 의회민주주의의 이상을 실현하는 총력 투쟁을 선포했다.

'선명 야당'. 김영삼은 40대 기수론에 이어 선명 노선을 지향하며 반독재, 반유신 투쟁의 구심점이 되었다. 1974년 최연소 야당 총재가 되면서 당권을 거머쥐었지만, 이듬해 박정희와 단독 회담을 벌인 뒤 선명성을 잃어버렸다는 비판을 받고 총재직을 내려놓았다. 이철승에게 당권을 빼앗긴 후 소수파로 전락하여 침묵의 시간을 보내기도 했다. 하지만 결국 1979년 5월 그는 선명 노선을 외치며 신민당 총재로 복귀한다.

그리고 벌어진 10·26사태. 박정희는 김영삼이 대통령 하야를 요구한『뉴욕타임스』인터뷰를 빌미로 그를 국회의원에서 제명한 지 22일 만에, 그리고 부마민주항쟁이 발생한 지 10일 만에 중앙정보부장 김재규에게 암살당했다. 그렇게 유신 체제가 갑자기 무너졌다.

유신의 몰락은 여러 이유 때문이다. 1960년대 이후의 급격한 사회 변화, 박정희 정권의 통치 방식이 초래한 각종 사회 문제, 유신 자체가 가지고 있던 모순 등 1979년의 급변은 보다 장기적 원인들의 결과이다. 1979년으로 한정해 보아도 마찬가지이다. YH무역 사건, 2차 석유 파동, 부마민주항쟁 등 일련의 사건이 얽히고 이어져서 박정희 암살의 계기가 되었다. 그리고 여러 결정적 계기들 가운데 김영삼의 정치 투쟁이 있었다는 사실을 간과할 수 없다.

> 미국은 국민과 끊임없이 유리되고 있는 정권, 그리고 민주주의를 열망하는 다수. 둘 중에서 어느 쪽을 선택할 것인지를 분명히 할 때가 왔다.[9]

미국 대통령 카터와 박정희의 갈등이 표면화된 1979년 9월, 김영삼은『뉴욕타임스』기자 회견(1979.9.16.)을 통해 이 부분을 집요하게 파고들었다. 결과는 의원직 제명. 10월 4일 김영삼은 신민당 총재는 물론 국회의원에서 제명되었다.

상황은 복잡했다. 8월 9일 YH무역 여성 노동자들이 신민당사에서 농성을 벌였고, 이들을 가혹하게 진압한 경찰의 폭력은 김영삼 총재가 이끄는 신민당의 선명 노선에 당위성을 부여했다.

부마민주항쟁의 원인 또한 복합적이었다. 2차 석유 파동으로 인한 경기 침체, 4·19혁명 이래 누적된 대학생들의 저항성, 그리고 김영삼의 정치적 고향이라는 점이 영향을 미쳤다. 김영삼의 정치적 도전이 유신 체제 몰락의 절대적 원인은 아니었지만, 극히 중요한 역할을 했던 것이다.

곧장 두 번째 싸움이 시작되었다. 전두환이 이끄는 신군부가 12·12군사반란을 일으킨 것이다. 전두환은 10·26을 계기로 김재규가 이끌던 중앙정보부를 무력화시켰고 대통령 암살 사건의 합동수사본부장이 되면서 국내의 모든 정보 조직을 장악했다. 그리고 하나회. 박정희의 빈자리를 차지하기 위해 그가 키운 군대 내 사조직 하나회가 움직이기 시작했다. 전두환의 육군사관학교 동기이자 9사단장이던 노태우가 쿠데타에서 중요한 역할을 담당했고, 전두환 휘하에 있던 보안사령부의 핵심 요원들은 모조리 하나회 소속이었다. 이들은 공작을 주도하며 대통령 최규하를 중심으로 한 내각, 계엄사령관 정승화를 중심으로 한 군부를 하나하나 부수었다. 12·12군사반란을 통해 정승화를 체포하는 데 성공했고 5·18민주화운동을 과잉 진압한 이후 책임을 최규하에게 전가했다. 그리고 국가보위비상대책위원회를 수립하고 최규하가 물러난 자리에 대통령 전두환을 세웠다. 권력은 박정희에서 전두환으로 6개월 만에 재조직되었다. 민주화가 아득했던 그때 그 시절. 김영삼은 1980년 5월 민주화를 고대하던 서울의 봄이 끝나자 곧장 가택 연금을 당한다.

1980년도에 연금에 들어가서 연금이 풀린 게 1981년 4월 30일인가 됩니다. 연금이 풀렸는데 정치 활동은 규제를 받았죠. …
그래서 산으로 갈 수밖에 없었던 거죠. 민주산악회 등산이 이
때 시작합니다. … 때로는 집 앞에도 못 나가도록 경찰이나 중
앙정보부 쪽에서 와서 못 가게 막고 이랬습니다. 그런데 그런
산악회 활동을 하는 중에 김영삼 의원과 『뉴욕타임스』 기자가
회견을 했습니다. 이 회견 때문에 또다시 2차 연금이 시작된 겁
니다. 그게 1982년이죠. 연금 중 1983년 5월 18일 날, 광주항쟁
3주년을 맞아 단식을 합니다.[10]

김영삼의 핵심 참모였던 김덕룡은 이 시기에 정권의 감시를
피해 모임을 가질 수 있었던 유일한 방법이 '민주산악회'였다고
회고한다. 전두환 정권은 여당인 민정당을 만들고, 이어서 야당
인 민한당과 국민당도 만들었다. 기성 정치인은 강제로 정계 은
퇴를 선언할 정도로 1980년대 초반의 억압은 가공할 수준이었
다. 등산. 단순한 친목 모임이지만 등산을 하면서 함께 땀을 흘
리고, 보람을 느끼고, 마음을 나누며 김영삼은 세력을 규합했다.
정치인 팬클럽이나 후원 문화가 없던 시절, 민주산악회는 김영
삼의 정치적 재기에 가장 중요한 조직이었다. 이후에도 김영삼
은 새벽에 조깅을 하고 산을 오르면서 선문답과 침묵 사이에서
자신의 정치 의지를 구체화한다. 새벽 조깅에 나오지 않은 기자
는 취재를 할 수 없고, 산에 오르던 젊은 기자가 김영삼을 따라
가지 못해서 특종을 놓쳤다는 일화가 전해질 정도로 뛰어난 체
력, 조깅과 등산에 대한 애착은 그의 정치적 리더십을 설명할 때
중요한 부분이다.

나는 지금 서울 상도동에 있는 내 집 울타리 안에 연금되어 있습니다. 내가 내 집 문 밖으로 나가는 것이 불가능할 뿐만 아니라, 외부 인사가 나를 방문하는 것도 완벽하게 봉쇄되어 있습니다. 일체의 외부와 차단된 것입니다. 권력 당국이 파견한 경찰과 정보원들이 물샐틈없이 내 집을 포위하고 집 안에서의 나의 동태까지 감시하고 있습니다. 내 집은 창살이 없을 뿐, 나를 가두고 있는 감방에 지나지 않습니다. 이런 가운데 나는 국민 여러분께 전달되지 않을지도 모르는 이 글을 쓰고 있습니다.[11]

23일간의 단식. 김영삼의 단식 투쟁은 엄격한 보도 통제에도 불구하고 세상에 알려졌다. 5월 24일 워싱턴에 있던 김대중이 연대 성명을 발표했고, 재야 지도자 문익환 목사의 동조 단식과 미국 에드워드 케네디 상원의원의 성명서 발표 등이 이어졌다. 조용하지만 단호하게 파문이 퍼졌다.

단식 23일째인 1983년 6월 9일에는 성명서를 통해 "우리나라와 우리 국민의 부활은 바로 민주주의 실현을 통해서만 비로소 가능한 것이며, 민주주의 없이는 우리 모두는 죽은 것과 다름이 없습니다"라고 선언했다. 또한 "나의 투쟁은 끝난 것이 아니라 이제 겨우 시작"이며 "국민과 더불어 '민주주의 만세'를 목이 터져라 부르"면서 자신에게 주어진 고난의 길로 가겠다고 발표했다.[12]

단식 투쟁이 단박에 상황을 바꾸지는 못했다. 하지만 이를 계기로 그간 극도로 움츠러들었던 민주화 세력이 다시 움직이기 시작했다. 김덕룡의 회고처럼 "뿔뿔이 흩어졌던 민주 세력들을 두려움과 공포로부터 해방시켜주었다"라고 해야 할까. 단식 투쟁의 결과 민주화추진협의회(이하 민추협)가 결성된 것이다. 여러 야당 인사들은 물론이고 박찬종, 김창근 등 구 여권 인사까지 함께 모여 '정당형 반체제 단체'인 민추협을 만들었고, 이 단체는 반독재 투쟁의 중요한 구심점이 된다. 1984년 5월 18일 민추협은 「민주화 투쟁 선언」이라는 발족 성명을 내고 여덟 개 항으로 된 투쟁 결의안을 발표한다. 핵심 주장은 군부 퇴진과 시민민주주의 실현, 독재의 도구가 된 헌법과 법률 및 관련 제도의 전면 폐지 및 개정, 노동자·농민·도시 소시민의 기본적 인권과 생존권 보장, 민주화운동 피해자에 대한 추모와 연대, 그리고 광범위한 국민적 연대를 통한 반독재 민주화 투쟁 등이다.

정치는 세력을 기반으로 움직이지 한 개인의 인기에 의존하지 않는다. 오랜 민주화 투쟁 가운데 김영삼을 중심으로 한 상도동계가 강력한 세력을 형성했지만 김대중을 중심으로 한 동교동계 역시 못지않았다. 그 밖에도 여러 군소 정치 세력을 모으고 이들을 하나로 묶는 일은 결코 쉽지 않았다. 격론 끝에 김영삼과 김대중을 대리한 김상현이 공동 의장이 되며 민추협은 체제를 갖춘다. 그러나 민추협은 곧장 두 번째 문제를 맞닥뜨렸다. 1985년 2월 12일에 열릴 12대 국회의원 선거 참여를 놓고 재야와 운동권이 단호하게 반대 입장을 취했다. 선거에 참여하는 것은 전두환 정권에 정당성을 부여하는 행동이기 때문에 마땅히 거부해야 한다는 주장이었다.[13]

하지만 애초에 김영삼은 의회주의자. 그는 초선 이후 대통령이 될 때까지 국회를 벗어난 적이 없고, 유신 체제하의 불합리한 선거 구조에서도 국회 안에서 싸움을 이어왔다. 아무리 불합리하더라도 결국 선거에서, 국회에서 정치력을 발휘해야 하는 것이 정치인의 책무이다. 국회를 벗어나 어디에서 국민을 설득하겠으며 국민은 국회 말고 무엇에 의지하여 변화를 요구하겠는가. 재야와 운동권의 반대에도 불구하고 김영삼과 민추협은 총선 참여를 결정했다. 결과는 예상을 뛰어넘었다. 민추협이 만든 신민당은 창당 25일 만에 총 67석을 얻는 기염을 토했다. 여당인 민정당은 148석을 얻었지만 지난 선거에 비해 3석이 줄어든 결과였고, 그마저도 중선거구제*에서 2등으로 당선된 의원이 많았다. 더구나 관제 야당인 민한당은 81석에서 35석으로, 국민당은 25석에서 20석으로 쪼그라들었다. 12대 총선의 결과는 민주주의에 대한 국민의 열망을 보여주었다. 전두환 지배 체제에 대한 염증이 커지고 있었던 것이다. 여파는 컸다. 총선 이후 민한당 의원이 대거 탈당을 하여 신민당에 가담, 신민당은 단숨에 103석의 거대 야당으로 발돋움한다.

김영삼이 또 한 번 승리했다. 박정희에 이어 전두환을 상대로 의미 있는 성공을 거둔 것이다. 그는 이번에도 선거민주주의를 통해 정치적 역량을 과시하며 절대적으로 불리한 상황을 극적으로 반전시켰다.

---

* 현행 국회의원 선거의 소선거구제가 한 개 선거구에서 최다 득표 한 명을 국회의원으로 선출하는 방식이라면, 중·대선거구제는 한 개 선거구에서 두 명 이상의 국회의원을 선출하는 방식이다. 대한민국에서는 1973년부터 1987년까지 국회의원 선거에서 한 개 선거구에서 두 명의 의원을 뽑는 중선거구제 투표를 실시했다. 여당이 의석 수를 확보하기 위해 선거 제도를 악용한 것이다.

김영삼은 북한에 대해 확고한 입장을 견지했으며 독재 정권이 야당 정치인 탄압에 자주 이용하던 색깔론 시비를 피해갈 수 있었다. 고등교육을 받은 중산층이라는 배경 때문에 남한의 중상류층 유권자들은 각별한 애정을 가지고 그를 지지했다. … 야당 지도자로서 김영삼은 오랜 세월 탄압에 굴하지 않고 기탄없이 민주주의를 주창했던 투사였다. … 수차례에 걸쳐 그와 인터뷰하면서 필자는 김영삼이 개혁과 민주주의에 대해서는 확고한 신념을 가지고 있지만 여타의 다른 정책에 대해서는 뚜렷한 인식이 부족하다는 사실을 알 수 있었다.[14]

오랜 기간 한국을 취재한 『워싱턴포스트』 기자이자 저명한 한국 전문가 돈 오버도퍼는 김영삼을 이렇게 평가했다. 개혁과 민주주의를 주창한 투사이지만 다른 부분에 대해서는 비전이 부족한 인물. 그럼에도 남한의 여러 계층에서 두루두루 인기가 좋은 정치인. 결국 그는 개혁과 민주주의에 대한 투철한 신념을 바탕으로 1992년 12월 14대 대통령 선거에서 당선, 대통령이 된다.

김대중이라는
딜레마를 넘어서

김영삼과 김대중. 두 사람은 정치적 동반자라기보단 같은 방향을 바라보는 경쟁자였다. 주변의 상황이 둘을 그렇게 몰고 갔고, 그 결과 경쟁하며 싸우는 관계로 발전했다. 같은 방향을 바라보지만, 때에 따라서는 협력도 하지만, 결코 손을 맞잡을 수 없는 관계.

"김대중은 일본에서 돌아오지 않았다."[15] 1972년 10월 17일 유신 선포 당시에 대한 김영삼의 회고이다. 당시 김영삼과 김대중은 미국과 일본에 체류 중이었다. 김영삼 자신은 아내의 결사반대에도 불구하고 즉각 귀국했지만 김대중은 그러지 않았음을 강조한 것이다.

"그는 선거 종반이 되어서야 귀국했다."[16] 1985년 2월 신민당의 신승에 대한 김영삼의 회고이다. 이번에도 '결정적인 순간마다 김대중은 그 자리에 없었고 내가 있었다'라는 불만이 드러난다. 그의 회고 곳곳에서 비슷한 발언이 반복된다.

또한 1980년 서울의 봄을 회고할 때도 박정희의 죽음과 유신 체제의 몰락 가운데 김대중이 자신을 비롯한 민주화운동 인사들과의 협력을 거부하고 독자 노선을 취했고 그로 인해 민주 세력이 분열되었다고 주장한다. 1980년대 김대중의 독자 노선은 민주 세력의 결집을 가로막았고, 그 결과 지역 구도가 생기는 폐단이 발생했다고 김영삼은 생각했다. 그리고 김영삼이 보기에 이 모든 문제는 김대중의 권력욕에서 기인했다. 단합해야 할 시점에 자꾸만 권력욕을 드러내며 문제를 일으키는 골칫덩이. 김영삼은 그런 김대중에게 분노했다.

김대중은 9월 8일부터 광주, 목포 등 전라도 순회 연설에 나섰다. '지역 바람'을 일으킬 기세였다. 김대중의 지방 순회는 나를 몹시 당황케 했다. … 박정희가 1971년 대선에서 써먹었던 망

국적인 정치 술수를 16년이 지난 1987년에 되살아나게 할 수
는 없었다. 국민과 역사는 나와 김대중의 후보 단일화를 요청
하고 있었고, 지역감정의 대립은 민주화 세력의 결집을 방해하
는 커다란 장애물이었다. 내가 지방 순회를 극도로 자제하고
있었던 이유도 그 때문이었다.[17]

1987년 대선의 야권 분열 역시 김대중 때문이라고 말한다. 자
신은 부산과 경상도 지역에 기반이 있음에도 지역감정을 고려
하여 활동을 자제하고 있었는데 김대중이 먼저 지역주의를 자
극했다는 것이다. 김영삼이 보기에 김대중은 결정적일 때 겁을
내며, 기회가 오면 야심을 숨기지 않는 인물이다. 유신에 맞서지
도 못했고, 1980년 서울의 봄 때도, 1987년 6월 항쟁 이후에도
김대중은 대통령 자리에만 혈안이 되었을 뿐 민주주의 발전에
책임을 다하지 않았다는 것이 김영삼의 지론이다.

김영삼은 언제나 국회에서 활동했고 정당 기반의 합법적이고
민주적인 승리를 강조했다. 오직 정치로써 국가를 바로잡아야
하는 숙명. 그는 이것을 자신의 역할로 받아들였다. 한국 현대사
의 고비마다 김영삼은 대부분 총재나 당수를 겸하고 있었던 반
면, 김대중은 늘 연금 상태이거나 야인이었다. '김대중은 내가
이끄는 정당에 합류해야 한다. 그것이 민주화 세력을 결속시키
는 방법이다. 정식 입당 이후 경선을 거쳐 합법적으로 당권을 거
머쥐고 대통령 후보가 되어야 한다.' 이 생각의 배경에는 자신은
1971년 대선에서 끝까지 김대중을 지원했다는 자부심이 깔려
있는 듯하다.

'1971년 당시 김대중이 무엇을 했단 말인가. 나는 40대 기수론을 제창했고 정치 혁신을 일구었다. 김대중이 대통령 후보가되었지만 나는 끝까지 그를 지지하며 함께했다. 그런데 김대중, 당신은 도대체 나를 위해, 아니 이 땅의 정당 정치와 민주화운동사에서 어떤 역할을 했단 말인가. 나는 당신과 다르다.'

바로 이 지점에서 김영삼은 다시 한번 숙명적이다. 그의 숙명은 '김대중 없이 대통령 되기'이다. 자신의 투쟁을 한국 민주주의 발전사와 동일시했고, 민주화의 최종 지점은 합법적 선거를통해 민주 정부가 구성되고 민주 정부에 의해 민주주의 통치가실행되는 것으로 보았다. 그렇다면 누가 민주 정부를 주도할 것인가.

그 답은 대통령 김영삼. 김대중이 배제된 대통령 김영삼이어야 한다. 대한민국 야당사는 김영삼과 김대중을 중심으로 하는두 세계로 나누어졌고, 1987년 대선 결과가 말해주듯 두 사람이경쟁하면 누구도 대통령이 될 수 없는 상황에 처해 있었다. 그러나 두 사람에게 협력과 양보를 기대할 수는 없었다. 나아가 민주화된 세계에서 김영삼과 김대중은 결코 함께할 수 없는 딜레마에 빠져 있었다. 바로 이 세계에서 김영삼은 마침내 대통령이 되었고, 1993년 2월 그토록 원하던 민주 정부의 수장으로서 통치행위를 시작한다.

성찰의 길을 걸은 숙련된 현실주의자

YS		DJ
		5대 국회의원 시절에 반독재 시위를 함
3선 개헌 반대 투쟁 중 '초산 테러' 발생	**1963.11**	
	1969.6.	
	1969.7.	효창운동장에서 열린 3선 개헌 반대
		시국 대연설회에서 '3선 개헌은
		국체의 변혁이다' 연설
40대 기수론 주장하며	**1970.9.**	신민당 전당대회에서 김영삼을 꺾고
신민당 대통령 후보 출마		7대 대통령 후보로 선출
	1971.4~5.	7대 대통령 선거 낙선, 8대 국회의원
		선거 후보 유세 지원 중 교통사고 발생
유신 선포 이후 귀국하여 가택 연금 당함.	**1972.10.**	
연금 상태로 대여 투쟁 지속		
	1973.8.	유신 반대 성명 발표 후 망명 생활 중
		도쿄 납치 살해 미수 사건' 발생. 이후
		가택 연금 및 일체의 정치 활동 금지당함
	1976.3.	3·1민주구국선언으로 구속.
		징역 5년, 자격정지 5년형
'뉴욕타임스' 인터뷰에서 미국의	**1979.10.**	
박정희 지지 철회를 요구한 뒤		
신민당 총재 및 국회의원직 제명.		
가택 연금. 이 일로 부마항쟁 발생		
자택에서 신군부 비상계엄확대 규탄	**1980.5.**	신민당 김영삼 총재와 공동 기자 회견 후
기자 회견 후 가택 연금		신군부에 연행
	1980.9.	내란 음모 사건으로 사형 선고. 이듬해
		1월 대법원에서 무기형으로 감형
광주민주화운동 3주기를 맞아 전두환	**1983.5.**	
정권에 대한 저항으로 23일간 단식 농성		
김대중과 함께 민주화추진협의회 발족	**1984.5.**	김영삼과 함께 민주화추진협의회 발족
김대중과 통일민주당 창당	**1987.4~8.**	김영삼과 통일민주당 창당
이후 후보 단일화 결렬		이후 후보 단일화 결렬
	1987.12.	

역경이 만든
지식인형 정치인

본질적 측면에서 김대중과 김영삼 사이의 거리는 멀지 않다. 두 사람 모두 자유민주주의를 신봉하는 보수적 정파 한민당 계열에서 정치를 시작하고 조병옥, 장면, 윤보선, 장택상 등과 관계를 맺으며 정치인으로 성장했다. 여운형과 김구가 활약했던 해방 공간의 중간파 정치 지형은 자취를 감추었다. 분단 체제를 부정하며 강력한 균등 경제를 앙망하는 진보 정치는 일부 혁신계에게만 수용되었을 뿐 김영삼은 물론 김대중과도 거리가 먼 주장이었다.

김영삼이 그렇듯 김대중도 4·19혁명의 아들이다. 이들은 젊은 시절에 이승만 독재 정권이 국민에 의해 무너지는 장면을 목격했다. 민주주의혁명의 강력한 힘, 그 엄청난 열정과 강렬한 개혁 의지가 두 정치가가 성장하는 밑바탕이 되었다. 그러나 얼마 후 5·16군사쿠데타라는 당혹스러운 현실을 마주하고 박정희, 전두환으로 이어지는 기나긴 군사 독재의 터널을 통과해야 했다. 김영삼이 그랬듯 김대중 역시 혹독한 부정 선거의 굴레를 헤치고 수많은 부조리와 싸우며 스스로 정체성을 만들어나갔다.

감옥 생활 중에 이런 일이 있었다. 어느 날 보니 거미줄이 보였다. 감방 화장실에서 먹이가 걸리기를 기다리는 거미줄, 나는 그걸 한참 동안 들여다보았다. 햇살마저 제대로 들어오지 않는 이곳에서도 잡아먹을 것이 있는 모양이었다. 일부러 나를 찾아온 것 같기도 했다. 처음에는 신기했는데 볼수록 측은했다. 파리를 잡아 거미줄에 걸어놓았다. 그런데 거미는 죽은 파리는 입도 대지 않았다. 다시 파리를 죽이지 않고 기절만 시킬 정도로 때려잡는 '기술'을 연마했다. '죽이지 않고 잡는 법'은 마침내 완성되었다. 그런 다음에는 거미줄에 정교하게 걸어놓는 연습을 해야 했다. 자칫하면 거미줄이 끊어졌다. 거미는 의심이 많았다. 거미줄에 살아 있는 먹이가 걸려 있는데도 쉽게 모습을 드러내지 않았다. 내가 보고 있으면 나타나지 않았다. 독방 한구석에 몸을 숨기고 한참을 기다려야 녀석의 식사를 관찰할 수 있었다. 슬금슬금 내려온 거미는 똥구멍에서 줄을 뽑아내어 파리를 둘둘 돌려 감았다. 그리고 꼭대기까지 끌고 가더니 파리의 통통한 배에 침을 찔러 빨아먹었다. 그러고 나서 껍데기만 남은 파리는 방바닥에 미련 없이 떨어뜨렸다. 감방에도 많은 것들이 살아 있었다.[1]

감옥에서도 김대중은 살아 있었다. 그는 파리였을까, 아니면 거미였을까. 위의 글은 1977년 진주교도소로 이감되었을 때의 회고이다. 김대중의 별명은 인동초. 혹독한 겨울도 이겨내는 덩굴 식물이다. 정치인 김대중은 한국 정치사의 숱한 위기를 몸으로 겪으면서 다쳤고, 장애가 생겼고, 죽을 뻔했다.

1971년 총선 당시 김대중은 의문의 사고를 당했다. 목포에서 유세를 한 후 비행기를 이용하여 서울로 올라오려 했으나 별다른 이유 없이 비행기가 뜨지 않았다. 그래서 어쩔 수 없이 광주 비행장으로 이동하다가 의문의 트럭과 충돌한 것이다. 이 사고로 두 명이 그 자리에서 숨졌다. 김대중은 팔의 동맥이 두 군데 끊어지고 다리에 심각한 부상을 입었다. 당일 『경향신문』을 제외하면 언론에서는 이 사고를 다루지 않았다. 트럭 소유자는 여당 공화당의 비례대표 후보인 변호사로, 검찰은 뒤늦게 체포된 운전자를 살인 혐의로 기소했다. 하지만 담당 검사가 좌천되고 이후 사고를 단순 교통사고로 처리하면서 사건은 급작스럽게 마무리된다.

제8대 국회의원 선거를 앞둔 시점에 야당 신민당의 당수는 유진산이었는데, 후보 등록 당일 지역구를 포기하고 자신을 전국구 1번으로 등록하는 '진산 파동'을 일으켰다. 야당의 지도자가 지역구를 팔아먹으면서 박정희와 중앙정보부에 협조하던 시절. 간신히 살아난 김대중은 팔에 깁스를 하고 총선 지원 유세를 감행하였고, 그 결과 야당은 열세를 뒤집고 의미 있는 성과를 이루어낸다. 서울 19개 선거구에서 유진산이 포기한 영등포구를 제외한 모든 곳에서 승리했고, 심지어 대구에서도 다섯 개 선거구 중 네 곳을 차지했다. 3선 개헌을 감행하며 독재 체제를 강화하던 박정희에게 민심이 준엄한 심판을 내린 것이다. 치료도 제대로 받지 못한 채 선거 운동에 나섰던 김대중은 이후 사고 후유증으로 다리를 절게 된다.

'김대중을 죽여라.' 박정희 혹은 중앙정보부의 결정이었다. 1973년 8월 8일 김대중은 유신의 탄압을 피해 10개월째 망명 중이었다. 오후 1시 15분. 김대중은 일본 도쿄의 그랜드팰리스 호텔에서 양일동 민주통일당 총재를 만난 후 자민당의 기무라 도시오 의원을 만나기 위해 이동하던 중 괴한들에게 납치당했다. 괴한의 정체는 박정희가 보낸 중앙정보부 요원. 일당은 미리 김대중의 동선을 파악한 뒤 양일동 총재의 옆방과 앞방에서 대기했다. 일본 경찰은 호텔 욕조에서 주일 한국대사관 김동운 일등 서기관을 비롯한 범인의 지문을 채취했다.[2] 이들은 김대중을 도쿄에서 납치한 후 배에 태워 바다에 빠뜨려 죽이려고 했다. 수차례 구타를 한 뒤 두 손과 두 발을 묶고 입에는 나뭇조각을 물게 한 후 붕대를 감고 손목에 무거운 돌 혹은 쇳덩이를 달았다. "보트 위에서 사내들은 내 머리에 보자기 같은 것을 씌웠다. 갑자기 깜깜해졌다. 죽음이 가까이 온 것 같았다. 묶인 손가락으로 성호를 그었다. 죽음을 각오했다."[3]

야당의 유력한 지도자, 1971년 제7대 대통령 선거에 후보로 나와 박정희를 궁지로 몰아넣었던 정치인. 노골적 관건 선거, 금품 살포를 비롯한 부정 선거가 자행되었음에도, 박정희가 직접 두 차례에 걸쳐 "대통령 출마는 이번이 마지막"이라고 공언하였음에도 94만 표 차이로 바짝 따라붙었던 김대중. 연이어 열린 국회의원 선거에서도 신민당은 공화당을 옥죄었다.[4] 이 과정에서 김대중은 다리를 다쳤고, 목숨을 잃을 뻔했다.

1972년 11월 10일 도쿄 외신기자 클럽에서 유신 반대 투쟁을 공언한 김대중은 이후 미국과 일본을 오가며 망명 생활을 했다. 1973년 7월 6일에는 워싱턴에서 열린 '한국민주회복통일촉진국민회의', 일명 한민통 발기인 대회에 참석했다.[5] 그리고 한 달 만에 암살 위기를 겪은 것이다. 납치 2시간 만에 CIA를 통해 주한 미국대사관이 사건의 전모를 파악했다. 필립 하비브 대사는 한국 정부에 강력한 우려를 피력했고, 이 소식이 헨리 키신저 미국무장관에게까지 전달되었다. 재일교포 민주화운동가들은 기자 회견을 열어 사건을 공식화했고 결국 미국 정부가 한국을 강력히 압박하여 김대중은 목숨을 건질 수 있었다.

국내로 끌려온 김대중은 가택 연금을 당했고 1976년 3·1민주구국선언에 참여한 뒤 긴급조치 위반으로 교도소에 수감된다. 징역 5년 확정. 진주교도소 생활이 시작된 것이다. 3·1민주구국선언은 문익환, 함세웅, 함석헌 등 재야 민주 인사가 주도한 사건이었고 김대중은 이 일을 계기로 재야와 깊은 유대 관계를 맺게 된다.

> 재판관의 입 모양을 뚫어지게 보았다. 입술이 옆으로 찢어지면 사, 사형이었고, 입술이 앞쪽으로 튀어나오면 무, 무기징역이었다. 입이 나오면 살고, 찢어지면 죽었다.
> 재판관의 입이 찢어졌다.
> "김대중, 사형."[6]

전두환도 김대중을 제물로 삼았다. 1980년 9월 17일 김대중은 사형 선고를 받았다. 1970년대 내내 연금과 교도소 생활을 전전했던 김대중에게 1980년 서울의 봄은 참으로 짧았다. 전두환과 신군부는 자신들의 집권 명분을 북한의 남침 위협, 대학생들의 심각한 소요, 그리고 그로 인한 '광주사태' 발발에서 찾았다. 박정희의 죽음을 기회로 여기고 12·12군사반란을 통해 대통령 최규하를 길들였고, 공수부대를 투입하여 광주 시민들의 민주적 저항을 처참하게 진압한 전두환과 신군부는 말도 안 되는 논리로 자신들의 정당성을 쌓기 시작했다.

김대중 내란 음모 사건. 학생들의 배후에 김대중이 있고 이들의 조직적 내란 음모로 각지에서 소요가 발생했으며, 5·18민주화운동 역시 그러한 반란의 일부라는 것이 신군부의 공식 입장이었다. 김대중 내란 음모 사건은 국제적으로도 큰 이슈가 되었고 세계 곳곳에서 우려를 표명하는 목소리가 이어졌다. 그 때문이었을까. 1981년 1월 31일 무기징역으로 감형된 김대중은 청주교도소로 이감되었다. 그리고 이듬해에 쫓기듯 미국으로 망명을 떠나게 된다.

감옥 3년, 망명 3년, 연금 6년, 그리고 한 차례의 사형 선고. 가혹한 고난의 여정은 김대중을 대표적인 민주화 인사, 저명한 야당 정치인, 유력한 대통령 후보로 만들어주었다. 동시에 "나를 악선전한 종이가 수억 장은 될 것"이라고 회고할 정도로 그는 급진적이며 친북적이고 위험한 인사라는 공격을 끝도 없이 받았다.[7]

87년 필자와의 인터뷰 직전 김대중은 마침내 모든 혐의를 벗고 정치적으로 완전히 복권된 상태였다. 그는 일본에서 납치된 후 사면 복권되기까지의 14년이라는 긴 세월 동안 가택 연금, 투옥, 망명, 공직 제한 등의 탄압 조치로부터 자유로웠던 기간은 고작 2개월에 불과했다고 말했다. 긴 세월 고립된 채 홀로 역경을 이겨온 김대중은 깊이 있는 자기 성찰과 정치의식을 키울 수 있었다. 그는 남한이 당면하고 있는 주요 현안에 대한 답을 구하기 위해 꾸준히 노력했고 덕분에 명확하게 비전을 제시할

수 있었다.[8]

돈 오버도퍼는 김영삼과 김대중에 대해 다양한 평가를 남겼는데, 특히 '깊이 있는 자기 성찰과 정치의식'이라는 지점에서 김대중을 김영삼과 구분한다.

김대중 자신도 자서전을 통해 옥중에서 철학과 신학, 정치와 경제, 역사와 문화 등 다방면의 책을 섭렵했으며 "감옥이야말로 나의 대학이었다"라고 회고한다. 김대중의 독서 수준과 높은 식견은 유명하다. 그는 교도소 생활 내내 정신을 단련했다. "만약 여기 오지 않았더라면 이런 진리를 깨칠 수 없었을 것이다"라며 교도소에 수감된 것을 오히려 다행스럽게 여겼을 정도이다. 감옥에서 아널드 토인비의 『역사의 연구』, 버트런드 러셀의 『서양철학사』, 플라톤의 『국가론』, 아우구스티누스의 『신국론』과 『논어』, 『맹자』, 『사기』 등 고전을 섭렵하였고 푸시킨, 톨스토이, 도스토옙스키 같은 대문호의 작품에 푹 빠져 지냈다. "감옥 생활은 다시없는 배움의 시간이었다. 정신적으로 충만하고, 지적으로 행복한 나날이었다." 김대중에게 감옥은 대학이었던 셈이다.[9]

1만 권이 넘는 책을 소장하였으며 어떤 사안에 대해서도 수준 높은 식견을 보여준 지적인 정치인. 노무현은 김대중을 평가하면서 허점이 너무 없다는 점을 큰 단점으로 꼽았다. "논리적으로 너무 완벽하고 또 그 완벽성에 대해 자부심과 확신이 강해 다른 사람들에게 끼어들 여지를 주지 않는다. 게다가 논쟁을 하면 항상 이겨버리니까 대부분의 사람들은 말을 꺼내기를 어려워한다."[10] 그래서일까. 김영삼의 회고록이 스스로 이루어낸 성취에 대한 자부심을 잘 드러내고 있다면 김대중의 자서전은 현대사에 대한 성찰로 가득 차 있다.

비판적 현실주의자의 대안 모색

"오늘날 많은 공산 국가들이 몰락한 것은, 그 나라들이 사회주의를 했기 때문이 아니라 민주주의를 하지 않았기 때문입니다. … 20세기는 사회주의에 대한 자본주의의 승리가 아니라 독재에 대한 민주주의의 승리의 역사입니다."[11] 1991년 9월 17일 러시아 모스크바대학 초청 강연의 요지이다. 1989년 베를린 장벽의 붕괴 이후 폴란드, 루마니아 등 동유럽의 공산 국가가 순차적으로 몰락하였고 공산 진영의 맹주인 소련 역시 해체의 길로 들어서며 러시아와 여러 나라로 분리된 상황. 김대중은 이 모습을 바라보며 공산주의에 대한 자본주의의 우월성이나 사회주의에 대한 자유주의의 우월성이 아니라 권위주의에 대한 민주주의의 우월성을 강조했다. 민주주의만이 답이며 민주주의를 실천해야 사회 체제가 성장하고 성숙할 수 있다는 것이 그의 지론이다. 경제 제도의 근간에 사회주의적 목표가 뚜렷한가, 아니면 자본주의적 목표가 뚜렷한가는 본질이 아닐 수 있다는 것이다. 북유럽의 사회민주주의 국가처럼 사회주의적 이상을 바탕으로 성공한 나라도 있다. 히틀러의 나치 독일이나 도조 히데키의 군국주의 일본처럼 자본주의를 기반으로 하더라도 사회에서 민주주의가 정상적으로 기능하지 않아서 전쟁 국가가 되어 자멸한 경우도 있다.

문제의 핵심은 민주주의가 얼마나 구체적으로 이루어지느냐이다. 김대중은 현대 사회의 본질을 민주주의의 구체적 실현에서 찾았다. 그는 싱가포르의 권위주의 지도자 리콴유가 '아시아적 가치'를 이야기하며 아시아에서 자행되는 권위주의를 공동체주의로 포장할 때 직접 공박을 하며 민주주의의 가치 앞에 아시아적 특수성은 없다고 강력하게 이의를 제기했다.

나는 박정희 정권이 경제 발전을 이룬 것은 어느 정도 인정한다. '우리도 하면 된다'는 인식을 국민에게 심어준 것 또한 사실이다. 하지만 독재 정권이어야만 경제를 용이하게 발전시킬 수 있다는 견해에는 동의할 수 없다. 1950년대 후반부터 우리나라 경제는 원조 경제에서 자립형 경제로 옮겨가고 있었다. 당시 경제적 흐름은 완만했지만 상승세였고, 조짐이 좋았다. … 농촌에서는 새마을운동을 대대적으로 벌였다. 아침마다 마을에 새마을 노래가 울려 퍼졌다. 그러나 정작 농촌은 골병이 들고 있었다. 초가지붕을 슬레이트 지붕으로 바꾼 것 외에 농촌은 변한 것이 없었다. 모든 것이 도시로 몰렸다. 농민들은 정든 고향을 떠나야 했다. 새마을운동으로 농촌이 잘살게 되었다는 선전은 속임수에 불과했다. 이때부터 농촌은 몰락하기 시작했다.[12]

김대중이 보기에 박정희 정권기의 경제 성장은 과장되었다. 1950년대 후반의 사회 변화와 2공화국 당시의 경제 개발 계획, 그리고 이에 대한 미국 정부의 지지를 간과한 성급한 평가이기 때문이다. 이승만은 "경제 개발 계획은 스탈린이나 하는 짓", 즉 공산권에서 성행하는 반자본주의적 발상이라며 경제 계획안 자체를 거부했다. 하지만 2공화국은 국가 부흥에 대한 전반적인 전략을 수립했고, 이는 박정희 정권이 내세운 개발 전략과 매우 유사하다. 한마디로 박정희가 2공화국의 기획안을 가로챈 것이다. 경제 재건에 대한 다양한 아이디어는 비단 2공화국뿐 아니라 장준하를 비롯한 당시 사회 각 부문의 지도자들이 구체적으로 제안했던 것들이기도 하다. 그런데 1961년 군대를 동원하여 정권을 찬탈한 박정희가 앞서 제안된 내용을 거의 베끼다시피 하여 경제 개발을 추진했으니, 그것을 오롯이 박정희 개인의 공으로 돌리는 것은 어불성설 아닌가.

농촌 근대화의 상징인 새마을운동 또한 마찬가지이다. 새마을운동은 앞뒤가 맞지 않는 정책이다. 같은 시기에 정부가 저곡가 정책을 유지했기 때문이다. 박정희 정권은 저임금, 저곡가를 강제하여 물가를 낮게 유지하고 값싼 노동력을 바탕으로 산업 부흥을 도모하는 개발 정책을 펼쳤다. 경부고속도로를 통해 모든 물자가 수도로 몰려들기 시작한 서울 중심의 개발 시대에 새마을운동이 구체적으로 어떻게 농촌을 지켜내고 변화시켰다는 말인가. 김대중이 보기에 새마을운동은 정치적 술수이며 농민에 대한 기만책에 불과했다.

1965년 한일협정 역시 마찬가지이다. "나는 협정 내용을 보고 분노를 넘어 수치심에 어찌할 바를 몰랐다. 우선 대일 청구권 3억 달러는 역대 정부가 요구한 액수 가운데 최저였다. 이승만 정권은 20억 달러였고, 장면 정권도 국교 정상화를 위해 28억

5000만 달러를 요구했다." 김대중은 협상의 굴욕적 타결에 분노했다. 청구권 포기, 공동 어로 구역 설정을 통한 독도 주권 포기. 어떻게 이런 결론에 도달할 수 있는가.[13] 당시 대한민국은 대일본 무역에서 3억 달러로는 메워질 수 없을 정도로 거액의 적자를 기록하고 있었다. 더구나 3억 달러를 10년간 3000만 달러씩 나눠 받게 되는데, 그 10년간 일본과의 무역 적자는 30억 달러도 넘을 것이니, 이것을 어떻게 보상이라 할 수 있겠는가.[14]

김대중이 보기에 박정희는 매번 이런 식으로 문제를 처리했다. 함부로 결정하고 작은 성과를 크게 부풀렸다. 그 뒤에 도사리고 있는 문제는 무시하는 일방적이고 고압적이며 파괴적인 태도. 한일협정의 청구권 자금은 36년간의 식민 통치에 대한 역사적 문제의식이 결여된 결정이며, 수학적으로 따져도 도무지 이해타산이 맞지 않는 액수였다. 비슷한 문제가 베트남 파병에서도 반복되었다.

> 병사들의 처우는 다른 나라 파병 군인들에 비해 형편없이 낮았다. 또 베트남 파병은 순하고 여린 한국의 젊은이들을 국제 사회에 '호전적인 용병'으로 인식시키는 계기가 되었다. 죽음으로 나라에 충성했지만 젊은 그들에게 날아온 것은 국제 사회의 비난이었다.[15]

"매우 불리하고, 어찌 보면 굴욕적인" 파병이었는데 박정희는 무책임했고, 결국 그로 인한 피해는 국민 개개인에게 돌아갔다. 김대중이 보기에 박정희의 통치는 계속해서 비극만 양산했다.

대안이, 박정희를 대체할 수 있는 구체적인 변화가 필요했다.

　1970년 10월 16일 대통령 후보 김대중은 기자 회견을 열고 '4대국 안전보장론', '남북 교류와 평화통일론', '대중 경제 노선'을 주장했다. 이 밖에도 향토예비군 폐지, 공산권 국가들과의 관계 개선 및 교역 추진, 초중등학교의 육성회비 폐지, 사치세 신설, 학벌주의 타파, 이중곡가제 실시 등을 주요 공약으로 제시했다.

　김대중은 박정희가 예상하지 못한 부분에서 비전을 제시했다. 자유민주주의를 포기하지 않은 채 6·25전쟁에서 베트남전쟁으로 이어지는 동아시아의 위기를 어떻게 극복할 것인가? 대립과 반목을 낳는 반공주의는 결코 해답이 될 수 없다. 끝도 없는 대결 구도 속에서 온갖 사회적 자원을 국방에 집중시켜야 하며, 무수한 인적 자원을 소진해야만 간신히 유지할 수 있는 반공주의는 본질적으로 소모적이고 무용하다. 김신조 사건*을 비롯한 북한의 무력 도발이 1960년대 후반 이후 심각해졌고, 박정희 정권은 연간 5만 명의 군인을 베트남에 파병하고 있었다.

　'문제 해결을 위한 대범한 노력이 필요하다.' 김대중은 주변 열강을 끌어들여 다자 대화 구도를 만들고, 동시에 북한과 직접 대화를 시도하며 긴장 상태를 주체적으로 완화해야 한다고 보았다. 심지어 공산권과도 대화하고 교역을 해야 한다는 주장은 당시 야권의 입장에서도 매우 파격적인 사고였으리라.

＊　　1·21사태. 1968년 1월 21일 무장한 북한군 게릴라 31명이 청와대를 기습하기 위해 서울에 침투한 사건이다. 이 사건을 계기로 같은 해 4월 1일에 북한의 비정규전을 대비하는 향토예비군이 창설되었다.

'성장도 중요하지만 분배도 중요하다. 기업가의 창의적인 도전과 자본의 건전한 성장을 고려해야 한다.' 김대중은 박정희식 개발주의는 여러 모순과 한계를 지녔으며, 근본적으로 미국식 자본주의가 아니라고 생각했다. 자본주의는 어느 방향으로 성장해야 하는가? 미국은 어떤 자본주의를 만들어왔던가? 자본가의 창의적 도전이 시장에서 중심 지위를 차지해야 하며, 사업적 성공에 기초해 기업이 성장하고 합리적 조세 징수가 이루어져야 한다. 그것이 자본주의의 선순환이다. 이 선순환의 기초 위에서 합리적 분배를 통해 모든 국민이 경제 성과를 나누어 가지는 사회, 그것이 곧 '대중경제론'이다.

> 대통령 선거의 전초전인 '정책 승부'에서 나는 기선을 제압했다. … 이때 제시한 정책들은 의원 생활을 하면서 내 스스로가 연구하고 조사해서 만든, 그야말로 땀의 결정체였다. 나라를 개조해보겠다는 원대한 구상이며 민족의 미래를 설계한 정책이었다. 이와는 달리 공화당은 정부의 방대한 행정 기관을 이용할 수 있고, 당 자체도 많은 예산을 가진 정책 심의 기구가 있었는데도 의미 있는 정책은 하나도 제시하지 못했다. 나의 개혁적인 정책들은 선거 정국을 일찍부터 달구었다. 정책 대결은 자금과 조직이 열세인 야당으로서는 가장 효율적인 선거 방법이었다.[16]

김대중의 주장은 박정희를 위협했다. 1960년대 초반 박정희 집권의 명분은 조국 근대화. 군대를 동원해서라도 절망과 기아에 허덕이는 국민을 구하고 민생고를 해결하겠다는 것이었다. 국가가 나서서 경제를 재건할 계획을 세우고 경공업을 부흥 성장시키며, 국가가 산업 발전의 중추적 역할을 담당하겠다는 발상이다. 이러한 발상이 결국 정경 유착과 부정부패를 야기했고 3선 개헌과 유신 체제로 이어지며 민주주의를 위협하는 지경에 이르고 말았다. 정권은 반공을 국시로 삼고, 북한과의 체제 경쟁에서 승리해 '승공 통일'의 기치를 높이려 했는데, 바로 이런 시도가 안보를 위기로 몰아넣었다.

"아니다." 김대중은 박정희 정권이 추구해온 통치 방향을 바꾸려 했다. 경제는 보다 합리적으로 운영되어야 하고, 정경 유착과 부정부패 문제는 해결할 수 있으며, 그러한 방향으로 변화할 때 부의 재분배가 일어나는 건전한 국민 경제를 이룰 수 있다. 또한 반공, 승공 등 체제 경쟁과 위기를 조장하는 정치가 아닌 국제 사회를 끌어들여서 대화와 타협을 도모하는 새로운 외교 정책이 남북 관계는 물론이고 남한 사회를 안정시킬 수 있는 궁극의 방법이다. 1961년의 박정희가 당대의 비전을 제시하며 기존의 정치권을 공박했듯, 정확히 10년이 지난 1971년의 김대중은 박정희가 생각하지 못했던 대안을 제시하며 존재감을 드러냈다. 그의 존재감은 그간의 야당 정치인들이 보여주지 못했던 '정책 대결'이라는 구체적인 형태였다. 이후 김대중은 김영삼과 사뭇 다른 방향으로 자신의 정치적 리더십을 발전시켜나갔다.

세 번의 패배와
한 번의 승리

1987년 민주화가 이루어진 이후 김대중은 연거푸 두 차례 대선에서 패배했다. 13대 대통령은 노태우, 14대 대통령은 김영삼. 특히 평생의 경쟁자라고 할 수 있는 김영삼에게 당한 1992년의 패배는 너무나 치명적이었다.

> 제가 공항에 가서 배웅을 했는데 DJ가 수많은 사람이 있는데 다 뿌리치고 저보고 옆자리에 앉으라 하더니 "YS께 고맙다고 전하고 나는 이제 정치계 다 떠났으니까 YS께서 잘하시라"고 이야기를 전하라고 했어요. 그래서 그 이야기를 YS에게 했더니 대통령이 "떠나긴 뭘 떠나. 또 올 것이다"라고 했어요. 정계 복귀를 예언했던 거죠. … "외국 가는 거 다 기만이다, 기만." 그랬어요.[17]

김대중의 정계 은퇴 선언에 대한 김덕룡의 회고이다. 14대 대선 패배 이후, 즉 세 번째 대통령 선거에서 김영삼에게 패배한 김대중은 정계 은퇴를 선언하고 영국으로 떠났다. 노무현도 당시를 회상하며 김대중의 정계 은퇴는 진심이었지만 김영삼은 조금도 믿지 않았다고 말했다.

1987년 6월 민주항쟁 이후 김영삼과 김대중이 갈라지며 야권의 분열을 초래했고, 결국 노태우가 대통령이 되었다. 민주 개혁에 대한 국민의 열망에 부응하며 정권 교체를 이루어야 했는데

양 김은 서로 양보하지 않았고, 훗날 김대중은 당시의 결정에 대해 "일부 사람들의 일시적인 흥분에 말려든 것을 지금도 유감스럽게 생각한다"라고 사과했다.

강준만은 이러한 김대중의 태도를 위선적이라고 비판한다. "솔직하지 않다. 자신의 욕망을 토로하면서 '그게 뭐가 나쁘냐?'고 항변하는 게 더 솔직한 게 아니었을까"[18]라고 말이다. 하지만 김대중은 이런 사람이다. 인정할 것은 인정하고 도덕적, 논리적 정합성 위에서 자신의 존재적 당위성을 만들어가는 성찰적 현실주의자. 아마도 강준만의 비판은 이후 김대중의 행보 때문일 것이다. 김영삼의 예상과 다르지 않은 결론. 김대중은 다시 정치로 돌아왔고, 결국 네 번째 도전인 1997년 12월 대통령 선거에서 승리했다. 마침내 15대 대통령 김대중의 시대를 연 것이다.

눈앞의 지형도

: 권력이
현실화되는 자리

1987년 10월 31일 평민당
김대중 후보의 유세를 듣기 위해
모인 전주 시민들.(사진=연합뉴스)

	YS		호랑이를 잡으려 호랑이 굴로 들어가다		DJ

YS	날짜	DJ
신민당 총재 및 국회의원직 제명, 가택 연금. 이 일로 부마항쟁 발생 자택에서 신군부 비상계엄확대 규탄 기자 회견 후 가택 연금	1980.5.	신민당 김영삼 총재와 공동 기자 회견 후 신군부에 연행
	1980.9.	내란 음모 사건으로 사형 선고. 이듬해 1월 대법원에서 무기형으로 감형
광주민주화운동 3주기를 맞아 전두환 정권에 대한 저항으로 23일간 단식 농성	1983.5.	
김대중과 함께 민주화추진협의회 발족	1984.5.	김영삼과 함께 민주화추진협의회 발족
김대중과 통일민주당 창당, 이후 후보 단일화 결렬	1987.4~8.	김영삼과 통일민주당 창당, 이후 후보 단일화 결렬
13대 대통령 선거 낙선	1987.12.	13대 대통령 선거 낙선
	1988.11.	광주청문회에 증인으로 참석, '김대중 내란 음모 사건'은 전두환 신군부 세력의 정권 찬탈을 위한 조작극이었음을 증언
3당 합당. 민주정의당, 통일민주당, 신민주공화당을 합쳐 민주자유당 창당	1990.1.	
14대 대통령 선거 당선	1992.12.	14대 대통령 선거 낙선
금융실명제 실시, 공직자 재산 공개, 하나회 해체, 12·12 및 5·18 특별 담화 발표	1993.3~5.	
정치개혁법 국회 통과	1994.3.	
	1995.7.	정계 복귀
5·18특별법 국회 통과	1995.12.	
IMF 구제금융 신청 발표	1997.11.	
	1997.12.	15대 대통령 선거 당선
	1998.12.	전교조 합법화
	1999.9~11.	국민기초생활보장법 제정, 민주노총 합법화
	2000.3~12.	

3당 합당 –
기묘하고 위험한 선택

유리한 조건은 언제나 제한적이다. 어느 시대든, 어떤 상황이든, 누구에게든 그렇다. 남보다 조금 나은 상황에서 기회를 잡아 성과를 이룬다고 한들 이내 타락하고 실패한 인물이 한둘이던가. 1987년 대통령 선거와 다음 해의 13대 국회의원 선거에서 첫 번째 지형도가 만들어졌다. 1987년 13대 대통령 선거에서 36.6퍼센트의 득표로 노태우가 당선되었다. 뜨거웠던 6월의 열기를 생각해보면, 보수 기득권의 벽은 여전히 높고 공고했다. 김영삼과 김대중은 각각 28퍼센트, 27퍼센트를 나눠 가졌고, 김종필은 8퍼센트의 표를 받았다. 김영삼과 김대중의 득표를 합치면 55퍼센트. 기계적으로 환산하면 민주화를 지지하는 국민이 겨우 절반을 넘는 수준이다. 반대로 과거 군부 독재를 지지하는 국민이 민주화 이후에도 절반 가까이를 차지했다는 말이다. 더구나 이 시기는 지역주의의 절정기. 모든 후보가 경상도, 전라도, 충청도 등 철저하게 지역을 기반으로 선거전을 펼치지 않았던가. 민주주의를 향한 역사의 발전은 이토록 힘겹기만 했다.

1988년 4월 26일 13대 국회의원 선거에서도 같은 결과였다. 노태우가 이끄는 민주정의당(이하 민정당)이 125석(지역구 87, 전국구 38), 김대중의 평화민주당(이하 평민당)이 70석(지역구 54, 전국구 16), 김영삼의 통일민주당(이하 민주당)이 59석(지역구 46, 전국구 13) 그리고 김종필의 신민주공화당(이하 공화당)이 35석(지역구 27, 전국구 8)을 차지했다. 역사는 이 시기를 '여소야대 정국'이라 부른다. 세

야당의 의석을 모두 더하면 여당인 민정당보다 무려 39석이 많았다. 야당은 국회법을 개정하고 청문회를 텔레비전으로 생중계하며 전두환 정권의 비리와 5·18광주민주화운동 당시 신군부의 만행을 드러냈다.

하지만 여기까지였다. 야당의 공조는 1년을 넘지 못했다. 대한민국은 대통령중심제 국가. 국회에서 할 수 있는 일은 많지 않았다. 그리고 대선에서는 김영삼이 김대중에게 근소한 우위를 점했지만, 소선거구제로 바뀐 국회의원 선거에서는 김영삼의 민주당이 김대중의 평민당에 패배하며 제1야당의 자리를 내주었다. 김영삼에게는 그야말로 위기의 순간.

힘겹기는 노태우 역시 마찬가지였다. 사회 각 분야에서 민주화 요구가 봇물 터진 것처럼 쏟아졌다. 대규모의 정치범 석방은 재야와 운동권에 활력을 불어넣었고, 이들은 시위 현장에서 독자적인 영향력을 행사했다. 박종철 고문치사 사건, 부천경찰서 성고문 사건, 그리고 5·18민주화운동에 대한 진상 규명 요구 등이 정권을 거세게 압박했다. 사법부 개혁 요구가 법관들의 항명으로 공식화되었고 경찰 중립화를 넘어 국방부 개혁까지, 온갖 적폐에 대한 격렬한 변혁 의지가 1988년 노태우의 집권 1년 차를 강타했다.

여기에 더해 전두환 일가의 부정 비리 문제가 터졌다. 전두환의 동생 전경환 새마을운동본부 중앙회장과 전두환의 아내 이순자 새세대육영회 회장의 비리. 상상을 초월하는 수준의 부정부패가 국민의 분노를 유발하였고, 전두환은 결국 백담사로 쫓기듯이 떠났다. 노태우뿐 아니라 정부 여당이자 125석의 원내

제1당이던 민정당도 무력하기는 마찬가지. 권력은 진땀을 흘리며 간신히 유지되고 있었다.

그리고 김종필. 8퍼센트의 지지와 국회 35석. 정치 말년까지 이어진 김종필의 위상이다. 5·16군사쿠데타의 주역으로 정권에 참여한 '구시대 인물'.[1] 하지만 1980년대 후반에는 정치를 계속해나갈 명분도 여력도 부족했다. 그렇다고 35석이 무시할 수 있는 숫자도 아니었다. 또한 그는 숱한 권력자들이 숙청을 당할 때 끝내 살아남은 노련한 인물 아니던가. 무시할 수 없지만 그렇다고 단독으로 무엇인가를 이루기는 어려운, 참으로 애매하지만 정확한 김종필의 위상. 김종필은 '이인자'라는 별칭이 붙을 만큼 자신의 지위를 적극 활용하며 노태우의 시대에도, 김영삼의 시대에도, 그리고 김대중의 시대에도 살아남는다.

그리고 다시 김영삼. 김영삼은 결코 김대중과 함께하지 않았다. 1990년 1월 22일 김영삼은 노태우, 김종필과 민주, 민정, 공화 3당의 합당을 선언한다.

> 나는 통일민주당의 원내총무로서 야권 통합을 위해 동분서주하고 있었다. 통합 소식을 듣고 나는 심한 충격으로 한동안 망연자실해 있었다. … 눈 덮인 설악산을 온몸이 지칠 때까지 걷고 또 걸었다. 그리고 하늘을 우러러 대답을 갈구하기도 했다. 서울로 돌아와 동지들을 만났지만 그들 역시 방황을 거듭할 뿐이었다. 방황의 끝에서 김영삼 총재를 만났다. 결국 평생을 믿고 따라온 지도자에 대한 신뢰가 나의 방황에 종지부를 찍었다. 결국 의리를 택한 것이다.[2]

3당 합당에 대한 최형우의 회고이다. '좌동영 우형우'라고 부를 만큼 최형우는 김동영과 함께 김영삼의 최측근이자 평생의 동지. 당시 김영삼의 동지들은 4당 체제의 한계를 야권 통합으로 극복하고자 했다. 당연하지 않은가. 6월 민주항쟁의 열기가 민주화 세력의 분열로 참극을 맞이했다. 6·29선언. 전두환은 민주화 요구를 받아들였다. 개헌. 그토록 갈망했던 대통령직선제를 쟁취했고 헌법은 정상화되었다. 하지만 김영삼과 김대중의 분열로 정작 대통령 선거에 패배. 모든 것이 혼란스러워졌다. 전두환의 평생지기이자 군인 출신인 노태우가 대통령이 되었고 민정당은 정권 재창출에 성공했다. 이들에 의해 소위 '안정적인 민주화'가 이루어지고 있는 세상. 그토록 반민주적인 행보를 보이는 데 열심이던 그들이 이제는 민주화의 의미를 규정하고 속도를 조절하는 참으로 황망한 세상.

하지만 끝나지 않았다. 민주당과 평민당이 합당하면 129석으로 원내 제1당이 될 수 있다. 김영삼과 김대중이 화해하면 야권 통합과 민주화 세력의 부활이 이어질 것이고, 두 명의 걸출한 대통령 후보를 갖게 된다. 민정당에는 노태우의 뒤를 이을 인물이 없다. 김종필은 과거의 인물일 뿐, 미래의 정권과 권력은 결국 민주화 세력의 것이다! 야권 통합에 길이 있다. 그것이 정도이자 비전이다!

하지만 김영삼은 다른 길을 선택했다. 측근에게도 알리지 않은 채 홀로 결단을 내렸다. 평생을 싸워온 사람들과의 동거. 반민주 세력, 장기 독재 정권의 하수인들과 한 식구가 되기로 결심했다. 노무현을 비롯한 수많은 사람이 '야합'이라고 규정했던 도무지 이해 못 할 행동. 변절자 김영삼!

"호랑이를 잡기 위해 호랑이 굴로 들어가겠다." 김영삼은 회고록에서 3당 합당을 '코페르니쿠스적 전환'이라고 주장한다. 교착 상태의 정치 국면을 타개하며 민주 개혁으로 나아가기 위한 과감한 정치적 도전이라고 규정한 것이다. 결국 민주당의 대부분은 그를 따랐다. 의리. 김영삼을 믿고 김영삼과 함께 호랑이를 때려잡자. 그것이 길이다!

그렇게 민주자유당(이하 민자당)이 탄생했다. 5공 세력과 박정희 세력과 김영삼 세력이 결탁한 거대 여당의 등장. 지역적으로는 경상북도와 경상남도, 충청도가 전라도를 포위하는 정치 블록이 만들어졌다. 제2야당 대표였던 김영삼은 일거에 집권 여당의 지도자가 되었고 자신의 지역 기반인 경상남도를 고스란히 유지한 채 경상북도와 충청도까지 손에 넣었다. 대통령이 되기를 원한다? 바야흐로 지역주의의 시대 아니던가. 이제 김영삼은 대권으로 다가가는 가장 빠른 길에 올라탔다.

내각제의 덫에 빠지다

1990. 4. 13. 박철언 정무장관 사퇴

1990. 4. 18. 김윤환 정무장관 임명

1990. 10. 25. 내각제 각서 공개 파동

1991. 5. 24. 노재봉 총리 사퇴, 정원식 총리 임명

1991.6.20. 광역 선거에서 민자당 승리

1992.3.24. 제14대 국회의원 선거에서 민자당 참패

1992.5.19. 민자당 전당대회에서 김영삼 대통령 후보 선출

1992.8.28. 민자당 김영삼 총재 공식 선출

1992.12.18. 김영삼 대통령 당선

3당 합당 이후 김영삼이 이루어낸 찬란한 승리의 기록이다. 승리에 이르는 길은 험난했고 싸움은 치열했다. 그럼에도 김영삼은 끝내, 완벽하게 승리를 거머쥐었다. 자신에 대한 끝도 없는 믿음과 일반인은 엄두도 내기 힘든 극도의 낙관주의 때문인가, 아니면 강력한 동지애로 결속한 민주계에 대한 무한한 신뢰 때문인가.

노태우 정권과 민정당의 저항은 만만치 않았다. 김영삼에게는 김영삼의 속내가 있듯 노태우에게도 목적이 있었다. 3당 합당은 결국 노태우 일당의 정권 재창출을 위한 불쏘시개 아니었던가. 첫 고비는 6공화국의 황태자이자 노태우의 최측근인 박철언과의 싸움이었다. 1990년 냉전이 붕괴되던 해에 노태우 정권은 소련과의 관계 개선을 통해 급변하는 국제 정세에 대응하려 했다. 공산권이 무너지는 것을 앉아서 지켜보기보다는 소련과 조속히 수교하고 공산 국가들과 외교 관계를 맺어 새로운 도약의 기회를 마련하는 것이 정부의 계획이었다. 당시 민정당 최고위원 김영삼은 누구보다도 먼저 소련을 방문해 공산당 서기장이자 소련 대통령인 미하일 고르바초프를 만났다. 김영삼은 노태우의 친서를 전달하고 고르바초프의 답신을 받아서 귀국했다. 김영삼은 "한반도의 미래에 중대한 변화가 생겼다"라고 자신의 외교

2장. 눈앞의 지형도: 권력이 현실화되는 자리

성과를 자랑하며 언론의 조명을 받았다.[3]

하지만 얼마 후 소련에 동행했던 박철언 정무장관이 공개적으로 김영삼을 비난하며, 그간 숨겨둔 비화를 알리면 김영삼의 정치 생명은 하루아침에 끝난다고 공언했다.[4] 김영삼과 박철언의 갈등, 박철언에 대한 민주계의 불신은 3당 합당 이후 하루가 다르게 커졌다. 박철언은 김영삼의 영향력을 주도면밀하게 차단했고 노태우와 김영삼의 갈등도 밖으로 드러났다. 박철언의 공개 비난에 대한 김영삼의 대답은 '공작 정치' 근절.

> 공작 정치가 나 자신에게 행해지고 있다. 어떠한 공작·정보 정치도 용납하지 않을 것이며 뿌리를 뽑겠다. 당에서 위아래가 없고 순서가 없는 일들이 벌어지고 있어 당 기강을 바로잡겠다.[5]

김영삼은 정무장관 박철언의 행태를 월권으로 규정했다. 박철언이 노태우의 신임을 이용하여 당을 문란하게 만들고 있는데, 이는 불법이라는 주장이다. 이 갈등에서 결국 박철언이 패배한다. 그는 논란이 불거진 지 사흘 만에 정무장관에서 사퇴하고 말았다. 노태우의 각별한 신임을 제외하면 역량이 부족했던 박철언이 당내의 위상과 국민의 지지를 등에 업은 김영삼에게 완패한 것이다. 정무장관 자리는 김영삼에 우호적인 김윤환으로 채워졌다.

박철언은 쉽사리 물러서지 않았다. 약 6개월 만인 1990년 12월 27일 개각을 통해 체육청소년부장관으로 돌아왔다. 노태우는 여전히 박철언을 통해 김영삼을 견제하려 했다. 또한 같은 시기 노태우의 비서실장을 역임한 노재봉이 국무총리가 된다. 노재봉은 김영삼이 "나를 음해하는 인물"로 지목했을 정도로 틈만 나면 김영삼을 거세게 몰아붙였다. 국무총리 노재봉과 체육청소년부 장관 박철언은 반김영삼 라인의 대표 주자. 하지만 문제가 생겼다. 박철언과 노재봉 사이에서 갈등이 생긴 것이다. 노재봉의 뒤를 잇는 비서실장 자리를 두고 박철언은 정해창을, 노재봉은 김기춘과 최병렬을 천거했는데, 정해창이 임명되면서 노재봉이 체면을 구겼다.

국무총리가 된 노재봉은 갈등을 공식화했다. 자신의 내각에서 일할 장관은 국회의원직을 내려놓아야 한다고 주장하며 박철언의 전국구 의원직을 박탈하려 했다. 박철언도 물러서지 않았다. "의원직 사퇴 여부는 임명권자인 대통령의 고유 권한"이며 "의원직을 유지하라는 것이 대통령의 뜻"이라고 반박하며 정면으로 충돌했다.[6] 이번에도 노재봉이 패배했다. 그는 약 5개월 뒤 국무총리직에서 물러나면서 역사의 뒤안길로 사라진다.

사실 노재봉을 끌어내린 것은 박철언이 아니었다. 김영삼과 김대중. 당시 노태우 정권 최대의 권력형 비리인 '수서 사건'이 검찰의 개입으로 무마되며 큰 문제가 되었고, 낙동강 페놀 오염 사건과 명지대생 강경대 구타 사망 사건이 이어지면서 노재봉 내각은 큰 위기에 처했다. 일련의 과정에 대해 김대중과 평민당은 강경 대응에 나선 반면 민자당의 김영삼과 민주계는 적극 수습을 주장했다. 김영삼 등은 정부 여당이 강경책을 고수할 경우 '노태우 대통령의 존립'이 흔들릴 수 있다고 보고, 그나마 '재야 세력과 일정한 거리를 유지하려는 김대중'을 정치권에 남겨둔 상태에서 혼란을 수습하는 것을 상책으로 제안했다. 그러려면 총리의 조속한 사퇴가 필요했다.[7] 야당과 보조를 맞추면서 반 김영삼 노선의 선봉장을 제거한 묘수. 김영삼과 김대중은 서로를 적절히 이용하며 양 김 구도를 대선까지 이어갔다. 선택적인 공조와 지속적인 경쟁. 양 김은 서로에게 가장 강력한 경쟁 상대였다. 하지만 민주국가 실현이라는 공통의 비전에는 이견이 없었다. 동시에 두 사람은 자신들의 경쟁에 제3의 인물이 끼어드는 것을 용납하지 않았다.

가장 격렬한 당내 투쟁은 박철언이 체육청소년부장관으로 돌아오기 두 달 전에 벌어졌다. 1990년 10월 25일 노태우, 김영삼, 김종필이 연대 서명한 '내각제 개헌 합의 각서'가 공개되었기 때문이다. 평소 김영삼은 "개헌 각서란 있지도 않으며 있을 수도 없는 일"이라고 완강하게 부인했는데, 각서가 공개되면서 위기에 몰렸다. 박철언은 "정치는 신의가 바탕"이라며 김영삼의 도덕성을 정면으로 문제 삼았다. 각서 공개 이전에도 압력이 거셌다. 김종필은 직접 김영삼을 압박하면서 내각제 개헌을 종용했고, 김종필의 최측근 중 한 명인 김용환은 합의 각서의 존재를 민주계 의원들에게 알려서 혼란을 키웠다. 노태우 역시 김영삼의 편일 리 만무했다.[8]

왜 내각제 합의 각서가 문제인가? 1980년대 내내 민주화 세력이 전두환 정권 타도를 외치며 부르짖었던 말이 "대통령직선제 개헌"이다. 대통령을 국민이 직접 뽑아야 한다는 요구이다. 김영삼 본인이 주도해서 만든 민추협이 바로 직선제운동의 대표 기관 아니던가. 더구나 내각제는 전두환 정권의 꼼수로 유명했다. 민주화의 열기가 고양되자 민정당은 '내각제 개헌'을 공식화하며 당시의 정치적 요구를 미묘하게 비틀었다. 국민은 국회의원만 뽑고, 다수당의 당수가 총리가 되어 국가를 운영하는 방식. 민정당의 입장에서는 민주화 요구를 수용하면서도 자신들의 권력을 유지할 수 있는 수단으로 내각제를 받아들였다.

1987년 대선에서는 야권의 분열과 노태우라는 뚜렷한 후계자의 존재 덕분에 정권을 연장했지만, 그다음이 문제였다. 다음은 누구일까? 6공의 황태자 박철언? 세대교체론을 주장하는 민정 팔인방의 주모자 이종찬? 아니면 김종필? 이들에 대한 국민적 지지를 어찌 김영삼과 비교할 수 있겠는가. 결국 내각제만이 대안이며, 내각제야말로 김영삼과 민주계를 주저앉히며 권력을 이어갈 수 있는 수단이었다. 그런 그들이 각서를 썼고, 그 각서가 공개된 것이다. '자, 봐라. 김영삼이라고 별수 있나?'

김영삼 측근의 표현에 따르면 김영삼은 "코너에 몰릴수록 발군의 실력을 발휘하는 코너워크에 능한 선수"이다. 김영삼은 합의 각서 유출 과정을 문제 삼았고, 각서 공개의 무례함을 지적하며 당무를 거부했다. 그리고 10월 31일. 김영삼은 "개헌은 국민과 야당의 동의와 협력 없이는 결코 추진되어선 안 된다"라고 말하고 자신의 정치적 고향인 마산으로 내려갔다.[9] 다음 날에는 민주계가 들고 일어났다. 내각제를 포기하지 않을 경우 탈당도 불사한다며 배수진을 친 것이다.[10] 격렬한 진통이 이어졌고 결국 11월 6일 대통령 노태우와 대표 최고위원 김영삼이 담판을 벌였다.

'내각제 완전 포기. 대표 최고위원 중심으로 당 운영. 당 기강 훼손에 엄정 대응. 각종 민주 개혁 입법을 조속 추진.'[11] 결국 노태우는 김영삼의 손을 들어주었다. 최악의 경우 김영삼과 민주계가 탈당해 야권에 합류하면 민자당이 위기에 처할 것이기 때문이다. 더구나 내각제 개헌은 김영삼 개인을 압박하는 데는 도움이 될지 모르지만, 국민의 동의를 얻기 어려웠다. 노태우의 양보에는 여러 이유가 있었다. 후계 구도가 명확하지 않은 상황에서 김영삼의 부재가 미칠 영향과 김윤환을 비롯한 민정계 내부의 김영삼 지지 세력, 민주계의 결집과 김영삼을 지지하는 국민의 여론, 타협을 추구하며 권력을 유지할 수밖에 없는 대통령 노태우의 처지 등이 중첩되면서 내각제 파동은 김영삼의 정치적 승리로 마무리되었다.

> 우리 김영삼 대표는 단 6일 만에 (내각제를) 완전 백지화시켰다. 어디 한번 생각해봐라. 만약 김 대표가 내각제 개헌 기도를 막지 못했다면, 87년 6월 항쟁 때 그러했듯 이 같은 장기 집권 음모를 막기 위해 앞으로 얼마나 많은 국민이 피를 흘리며 죽어가야 했겠는가. … 김 대표가 온갖 비난을 무릅쓰고 3당 통합을 한 것 역시 이 같은 일을 하기 위해서였다.[12]

정쟁에서 승리한 민주계의 일성이다. 3당 통합을 한 이유는 내각제를 막기 위해서였고, 따라서 차기 대권은 김영삼이 차지해야 마땅하다는 주장. 앞뒤가 안 맞는 궤변이었다. 제2야당의 신세를 면하고 보다 수월하게 대통령이 되기 위해 내각제 각서까지 쓰면서 3당 통합을 하지 않았던가. 그러나 정치가에게 사실의 인과관계는 중요하지 않다. 정치적 승리가 새로운 논거를 만들고, 그것을 중심으로 지지자들이 결집하면 권력을 향해 앞으로 내달리기만 하면 된다. 그 과정에서 김영삼의 정치적 승리는 때로 위태로웠다.

> DJ 앞에 가면 DJ가 발산해내는 기가 느껴진다. 마치 사장님 앞에 가는 것처럼, 감히 범접하지 못할 사람처럼 어렵다. 그러나 YS 참모들은 YS 앞에서 참 편하다고 한다. YS는 1 대 1 대면에 아주 유능하다.[13]

수많은 싸움에서 빈번히 승리를 했던 이유는 어디에 있었을까. 대답으로 김영삼의 용인술이 종종 강조된다. '돈이 생기는 대로 조직 관리에 써버리는 결코 쉽지 않은 미덕', '참모들을 인정과 의리로 다스리는 능력' 등이 대표적인 이유로 꼽혔다.

완벽한 복종을 얻어내기까지

김 대표는 우선, 당내 최대 계파인 민정계를 공략하기 위해 TK의 실세인 김윤환 전 사무총장을 자기 사람으로 만들었다. 여기에다 권익현 전 민정당 대표를 자신의 지지자로 끌어들임으로써 '민정계가 김 대표를 지지한다'는 상징적인 선전 효과를 연출했다. 또 3당 합당 주역 중의 한 사람인 김종필 최고위원을 자신의 지지자로 만들어서 마치 3당 합당 자체가 자신이 민

자당의 차기 대통령 후보가 되는 것에 정통성을 부여하고 있는 인상을 심는 데 성공했다.[14]

김영삼은 서동권 전 안기부장, 금진호 의원 등 노태우 대통령에게 중요한 영향력을 미칠 수 있는 인물을 포섭했고, 무엇보다도 김윤환을 중심으로 자신을 지지하는 민정계 세력을 구축하는 데 성공했다. 이른바 '신민주계'의 등장. 이 성과를 모조리 김영삼 특유의 용인술로 돌릴 수 있을까? 그렇지는 않다. 정치적 경쟁 구도에서 누군가를 상대로 승리하고 차기 주자로 부상하기 위해서는 상대에게 강렬한 허탈감, 도무지 빠져나올 수 없는 패배감을 심어주어야 한다. '오직 김영삼밖에 없다.' 상대가 이 사실을 받아들일 수밖에 없을 때, 자신의 패배를 처절한 심정으로 인정할 수밖에 없을 때 김영삼은 진짜 대안이 될 수 있다. 인정은 한 번의 승리로 이루어지지 않는다. 승리에는 그 크기만큼의 반감이 쌓이기 마련이다. 계속해서 시기와 질투라는 방해물이 만들어진다는 말이다. 더구나 이곳은 정치판 아닌가. 없던 대항마를 만들어서라도 싸움을 붙이는 곳. 완벽한 승리를 반복해서 그 어떤 저항과 도전도 소용없음을 상대방에게 처절히 각인시켰을 때, 마침내 '자발적 복종'을 얻게 된다.

1992년 5월 19일 민자당 전당대회에서 김영삼은 4480표를 획득, 전체 6660표 중 67퍼센트의 지지를 받아 대통령 후보가 되었다. 대의원 확보에서 가장 중요한 역할을 했던 김윤환은 세 가지 측면에서 당위성을 설파했다고 한다. '3당 합당 때부터 예정된 대세였음', '김영삼을 내세워야 국민들이 6공화국을 용납할 것임', '김영삼은 김대중을 이길 수 있음'을 이유로 꼽았다.[15] 5년 단임제 상황에서 노태우는 재선이 불가능하고 김종필은 대권 주자로 한참 부족했다. 노태우 정권은 전두환 정권의 연장선에 있기 때문에 국민의 지지가 약했고, 이를 덮어줄 인물이 필요했다. 무엇보다 야권에서는 김대중이 독보적 지위를 차지하고 있었다. 이종찬 등이 세대교체론을 주장했지만 결국 당시는 '양김 대세론'의 시대. 김대중이 존재하는 한 김영삼이 있어야 한다는 것이 견고한 정치 인식이었다.

3당 합당을 통한 지각 변동. 양 김의 분열과 4당 체제라는 첫 번째 지형도는 3당 합당을 통해 근본적으로 바뀌었다. 거대 여당 대 단일 야당의 시대이자 김영삼 대 김대중의 시대. 김영삼은 3년간 치열한 정치 투쟁을 벌이며 자신이 짠 정치 지형도를 대선까지 유지하는 데 성공했다. 호랑이굴로 들어가 기어코 민자당과 대통령 후보직을 집어삼켰다는 점에서 그의 탁월하고 강력한 정치력을 확인할 수 있다.

하지만 변수는 늘 등장하는 법. 역사는 언제나 개인의 의지를 뛰어넘는다. 한국 경제 발전의 신화적 인물인 현대그룹 정주영 회장이 통일국민당(이하 국민당)을 창당하고 정치 참여를 선언한 것이다. 정주영은 1992년 1월 8일 기자 회견을 열고 노태우에게 "한 번에 최고 100억 원"의 정치 자금을 주었다고 폭로했다. 정주영은 박정희 정권 때부터 추석과 연말에 정치 자금을 상납했는데 노태우 정권 들어서는 "한 번에 20억 내지 30억씩 내다가 지난 90년 말 마지막으로 100억 원을 내고 정치 자금 헌납을 중단"했다고 밝혔다.[16] 썩어빠진 정경 유착의 고리를 폭로한 것이다.

국민당은 돌풍을 일으켰다. 두 달 후 치른 14대 국회의원 선거에서 31석을 확보하며 단숨에 제3당이 되었다. 이에 반해 민자당은 지난 총선보다 69석 줄어든 149석을 확보하는 데 그치며 과반 의석 확보에 실패했다. 더구나 민정계는 155명을 공천해서 85명이 당선된 반면 민주계는 52명을 공천하여 20명만 당선되며 당 내 소수파로 전락하고 말았다.[17]

정주영의 국민당은 반김영삼계를 결집시키는 촉매제가 되었다. 이종찬, 김용환, 김복동 등 의원 다수가 국민당으로 자리를 옮겼고,[18] 급기야 대선 두 달 전에는 노태우 대통령이 민자당을 탈당했다. 김영삼에게 총재직을 넘겨준 지 고작 한 달이 지났을 때였다. 노태우 탈당의 여파는 컸다. 이미 박철언이 탈당을 했으며 노태우의 뒤를 이어 최고위원 박태준까지 탈당하면서 집단 탈당이 이어졌다. 민자당은 집권 여당에서 김영삼이 이끄는 원내 제1당으로 미끄러졌고, 그 여파는 대통령 선거에 고스란히 반영되었다. 정주영은 388만 표를 받으며 전체 득표 중 16.1퍼센트를 차지했고 제3후보로 분류되던 박찬종 역시 151만 표를 득표하여 주목을 받았다. 무려 400~500만 표를 잃어버린 상황. 하지만 결과는 김영삼의 승리였다. 그는 997만여 표, 41.9퍼센트를 확보하여 804만 표를 받은 김대중을 크게 앞지르고 당선되었다.

여권의 분열은 결과에 큰 영향을 미치지 못했다. 왜? 탈당 러시는 찻잔 속의 태풍이었다. 박철언의 심복인 강재섭조차 박철언을 따르지 않았을 정도로 민정계 대부분이 당에 잔류했다. 탈당을 검토한 사람은 많았지만 실행한 사람은 일부였다. 게다가 대통령의 탈당은 민자당 전체에 위기의식을 불러일으켰고 김영삼 중심 체제를 강화하는 데 일조했다. 그만큼 김영삼 개인의 국민적 지지도가 높았던 것이다. 무엇보다 반김영삼 정서가 친김대중 정서로 옮겨가지 않았다는 점이 중요하다. 어차피 정주영과 박찬종이 대통령이 될 수 없다는 사실은 누구나 예견하던 바. 그렇다면 김대중을 찍어야 김영삼의 승리를 막을 수 있을 텐데, 김영삼을 떠난 500만 표는 결코 그러지 않았다. 김덕룡의 회고처럼 어차피 "그곳(김대중)으로는 갈 수 없는 표들"이었으니 말이다.[19]

때와 상황에 따라 똑같은 힘이 다른 방식으로 작동하는 법. 지역주의는 제3후보의 세력화를 방해했다. 경상도와 충청도를 대변하는 정당은 결국 민자당 아닌가. 표심이 정치 상황에 긴밀하게 반응하는 경향은 수도권에 한정되었고, 이곳에서 양 김은 호각지세였다. 재야와 운동권의 다수는 여전히 김대중을 지지했지만, 거의 같은 규모의 지식인 세력이 김영삼을 지지하고 있었다. 경상북도와 충청도는 응집력을 상실한 노태우, 박철언, 이종찬, 박태준이 아니라 민자당과 김영삼을 선택했다.

마침내 대통령이 된 김영삼은 이제 자신이 생각하고 계획한 모든 일을 실현할 수 있게 되었을까? 결코 그렇지 않다. 민주계는 소수파였고 민정계가 당내 최대 지분을 확보하고 있었으며 김종필의 세력 또한 간과할 수 없었다. 대통령 당선을 통해 박정희 계열, 전두환 계열과의 동거를 끝낸 것이 아니라 오히려 그들을 배경으로 대통령이 된 상황이다. 정쟁에서는 승리했지만 그것이 곧 민주화라는 시대정신에 부합하는 행보로 이어질지, 호랑이 굴로 들어가서 호랑이를 때려잡은 김영삼이 과연 자신이 공언했던 것처럼 민주주의와 개혁을 통치 행위를 통해 실현할 수 있을지 아무도 장담할 수 없었다.

한없이 높게 솟아 눈앞을 가로막고 있는 구체제의 유산. 이것은 3당 합당 이후 김영삼 스스로 만들어온 그의 지형도였고 그의 한계 영역이자 가능 영역이었다. 김영삼은 과연 얼마만큼 기존의 지형도를 극복하며 자신의 정치적 이상을 달성할 수 있을까. 현실은 언제나 중첩되어 있다. 장구한 민주화 투쟁의 세월과 당면한 정치 지형. 서로 어울리지 않는 두 역사가 맞닿은 바로 그곳에서 김영삼의 권력은 현실화된다.

YS		DJ
	위기를 기회로 바꾸다	

YS		DJ
신민당 총재 및 국회의원직 제명, 가택 연금. 이 일로 부마항쟁 발생		
자택에서 신군부 비상계엄확대 규탄 기자 회견 후 가택 연금	**1980.5.**	신민당 김영삼 총재와 공동 기자 회견 후 신군부에 연행
	1980.9.	내란 음모 사건으로 사형 선고. 이듬해 1월 대법원에서 무기형으로 감형
광주민주화운동 3주기를 맞아 전두환 정권에 대한 저항으로 23일간 단식 농성	**1983.5.**	
김대중과 함께 민주화추진협의회 발족	**1984.5.**	김영삼과 함께 민주화추진협의회 발족
김대중과 통일민주당 창당. 이후 후보 단일화 결렬	**1987.4~8.**	김영삼과 통일민주당 창당. 이후 후보 단일화 결렬
13대 대통령 선거 낙선	**1987.12.**	13대 대통령 선거 낙선
	1988.11.	광주청문회에 증인으로 참석, '김대중 내란 음모 사건'은 전두환 신군부 세력의 정권 찬탈을 위한 조작극이었음을 증언
3당 합당. 민주정의당, 통일민주당, 신민주공화당을 합쳐 민주자유당 창당	**1990.1.**	
14대 대통령 선거 당선	**1992.12.**	14대 대통령 선거 낙선
금융실명제 실시, 공직자 재산 공개, 하나회 해체, 12·12 및 5·18 특별 담화 발표	**1993.3~5.**	
정치개혁법 국회 통과	**1994.3.**	
	1995.7.	정계 복귀
5·18특별법 국회 통과	**1995.12.**	
IMF 구제금융 신청 발표	**1997.11.**	
	1997.12.	15대 대통령 선거 당선
	1998.12.	전교조 합법화
	1999.9~11.	국민기초생활보장법 제정. 민주노총 합법화
	2000.3~12.	

지역주의로부터
지역주의 밖으로

김 대표에 대한 호남인들의 지지는 가히 광신적이라고 할 만큼 절대적이다. 역대 '경상도 정권'에게 소외당해왔던 호남인들의 피해 의식이 박해받는 호남 출신의 정치 지도자인 그에게서 '메시아적 구원'을 찾았기 때문이다. 특히 80년 광주 학살은 호남인들이 자신들의 '한풀이 대리역'인 김 대표에게 절대적으로 의탁하게 만들었다. 이런 까닭에 87년 대선 때 김대중 후보는 광주, 전남, 전북에서 각각 94.2%, 90.3%, 83.8%의 '몰표'를 얻었다. 당시 김영삼 후보가 부산, 경남에서 얻은 56%, 53.1%의 득표율, 또 노태우 후보가 대구, 경북에서 얻은 70%, 66.4%의 지지율과 비교할 때 압도적인 수치였다. 뒤이은 88년 4·26 총선에서도 김대중 당시 평민당 총재는 호남 지역을 '판쓸이' 함으로써 '전라민국의 대통령'임을 다시 증명했다.[1]

지역주의는 김대중이 가진 힘의 근원이자 장애물이었다. 소외된 지역에서 90퍼센트가 넘는 지지를 받더라도, 그 표만으로는 대통령이 될 가능성이 없다. 그럼에도 전라도 지역에서, 그리고 도시 지역의 진보 지식인과 재야와 운동권 세력에게 광범위한 지지를 받는 독보적 존재. 1987년 6월 민주항쟁의 열기는 지역주의를 넘지 못했다. 1987년 13대 대선에서 노태우의 승리, 그리고 1992년 14대 대선에서 김영삼의 승리의 저변에는 경상도, 전라도, 충청도 각 지역의 지역주의가 깊게 뿌리내리고 있었다.

당신들이야 지역 발전을 위해서이니 하는 것이 좋고 … 노골적으로 해도 괜찮지 뭐. … 우리 검찰에서도 양해할 거야. 아마 경찰청장도 양해 … 믿을 데라고는 부산 경남이 똘똘 뭉쳐주는 것밖에는 달리 방법이 없는데, 민간에서 지역감정을 좀 불러일으켜야 … 광고주들 모아 기자놈들 돈 주면서.[2]

이른바 초원복집 사건의 한 대목이다. '우리가 남이가'라는 말로 유명한 사건인데 주모자는 김기춘. 노태우 정권에서 검찰총장과 법무부장관을 역임한 그는 14대 대선을 앞두고 지역주의를 조성하고자 활발히 활동하고 있었다. 그는 1992년 12월 11일 부산의 초원복집에 김영환 부산시장, 정경식 부산지검장, 박일룡 부산경찰청장, 이규삼 안기부 부산지부장, 우명수 부산교육청 교육감, 박남수 부산상공회의소 회장 등을 불러 모아놓고 이렇게 말했다. 지역의 사법과 행정은 물론 교육과 경제를 좌우하는 유력 인사들이 모두 연루된 사건이다. 상식적으로 용납할 수 없는 일이 벌어졌지만 선거 판도에는 영향을 미치지 못했다. 사건은 국민당의 도청으로 폭로되었는데, 민자당은 오히려 '도청은 불법'이라고 반격하여 분위기를 반전시켰다.

지역주의에 근거한 유권자의 후보 선택은 대한민국 정치의 고질병이다. 지역으로부터 자유로운 유권자가 얼마나 될까. 더구나 김영삼은 3당 합당으로 경상도를 하나로 묶었고 여기에 김종필이 충청도를 끌고 들어갔다. 야합! 김영삼이 야권을 버리고 박정희·전두환 정권 시절의 실세들과 어울려서 정당을 만든, 그 부도덕하며 불합리한 행태의 배경에 지역주의가 없었다고 말할

2장. 눈앞의 지형도: 권력이 현실화되는 자리

수 있을까? 지역주의를 활용해야만 대통령이 될 수 있는 정치 현실에서 김영삼은 그것을 극도로 강화했고, 그 결과 지역주의는 지금도 대한민국 정치의 핵심 축으로 작동하고 있다.

지역주의는 오늘날 한국 사회에 미치는 영향력에 비해 역사가 오래되지 않았다. 김대중 본인이 주장했듯 5·16군사쿠데타를 주도한 박정희에게는 호남의 표가 중요했고, 1969년 3선 개헌 이전까지만 하더라도 지역 분할에 근거한 선거 전략은 찾아보기 어렵다. 하지만 1970년대 이후 지역주의 정서가 정치에 강력히 뿌리를 내렸고 박정희 정권의 경제 개발 성과는 시간이 지날수록 경상도와 전라도의 지역 격차를 벌려놓았다. 그 결과 '직선제'가 가능해진 1987년 이후 지역주의가 선거의 가장 중요한 동력으로 작동하기 시작했다.

1980년 5·18민주화운동에 대한 가혹한 탄압과 인권 유린, 그로 인한 광주와 전라도 지역의 적극적인 정치 의지 분출, 그리고 오랜 연금과 교도소 생활 이후 내란 음모 사건에 엮여 사형 선고를 받고 망명 생활까지 한 김대중의 고난. 지역과 인물이 결합되고 출신 지역과 정치적 역량이 결착되면서 새 구조가 만들어졌다. 무엇보다 이제 야당은 하나. 평민당만 남아 있으며 김영삼이 사라진 자리에서 김대중을 상대할 만한 야권 주자는 존재하지 않았다. 지역주의가 한국 사회에서 전라도의 지위를 특별하게 만들었다면, 김영삼의 부재는 김대중의 위상을 더욱 높이는 기묘한 정치적 결과를 낳았다.

DJ는 지난 대통령 선거를 끝으로 정계에서 은퇴함으로써, 존경받는 훌륭한 지도자의 세계로 넘어갔다. 그리고 그 후의 모습들을 통해 국민들로부터 많은 신뢰를 받아온 것이 사실이다. … 그렇기에 더욱 지금의 DJ는 그 이미지의 세계, 존경받는 지도자의 세계에서 이 현실 정치판이라는 세계로 돌아오면 안 된다. 그 길은 이미 '돌아올 수 없는 다리'가 되어 있는 것이다. 그 다리를 넘어오려고 첫발을 내딛는 순간부터 존경받는 지도자의 이미지는 한순간에 무너져버릴 것이다. 그리고 한국 정치는 영원히 도덕적 신뢰를 회복할 수 없게 될 것이다.[3]

김영삼의 3당 합당을 거부하고 '꼬마 민주당'을 이끌던 소신파 노무현의 김대중에 대한 소회이다. 14대 대선에서 김영삼에게 패배한 김대중은 정계 은퇴를 선언하고 영국으로 떠났다. 김영삼은 김대중의 정계 은퇴를 조금도 믿지 않았다고 한다. 반면 노무현은 김대중의 정계 은퇴가 불변의 사실이 되고, 그로 인해 한국 정치가 양 김 이후의 새 단계로 접어들기를 바랐다. 그렇다면 정계 은퇴 이후의 김대중은 무엇을 준비하고 있었을까?

남한의 경제력은 서독에 비하면 약합니다. 따라서 많은 면에서 남한뿐만 아니라 북한에게도 바람직하지 못한 흡수 통합에 의한 통일 정책을 추구할 수는 없습니다. 어떠한 경우에도 저는 통일이 평화 공존, 평화적인 상호 교환 및 평화적인 통일의 원칙에서 이루어져야 한다고 믿고 있습니다. … 북한의 정권이 갑자기 붕괴됨으로써 남한이 북한을 흡수 통합할 수밖에 없는 그 상황을 어떻게 타개할 것인가 하는 문제 … 저는 갑작스러운

흡수에 의한 통일이 일어나지 않기를 소망합니다.[4]

1993년 5월 10일 영국 케임브리지대학 국제문제연구소에서 한 김대중의 연설이다. 그는 '한국 민주화 투쟁에서의 나의 역할'이라는 제목으로 200여 명의 학자, 관료, 언론인, 학생 앞에서 연설했다. 그 자리에서 6월 말에 한국으로 돌아갈 것이며 국내 정치에는 손을 대지 않고 통일 활동을 이어가겠다고 공언했다.

한국 현대사에서 민주 세력의 기둥 역할을 하며 살아온 삶에 대한 자부심은 김영삼과 김대중 모두에게 나타나는 특징이다. 김대중은 자신이 해온 투쟁의 과정을 '마하트마 간디, 마틴 루터 킹의 비폭력 저항'에 견주고, 민주주의는 단지 서구의 유산이 아니라 '동학의 근본이념인 인내천' 등 아시아에서도 발견할 수 있다고 주장하며 비폭력적 민주주의의 가치를 설파했다.[5] 또한 민주화운동과 경제 성장 같은 그간의 성취에 머물지 말고 민주주의적 가치를 지속적으로 발전시켜야 한다고 주장하며, 노동을 비롯한 사회 각 분야의 적극적인 문제 해결을 촉구했다. 무엇보다 남북 관계 개선과 통일에 관하여 구체적인 의견을 피력했다.

당시 세계는 냉전 붕괴 이후의 혼란기. 1989년 베를린 장벽이 붕괴하자 동유럽의 공산주의 국가들도 연달아 무너졌고, 급기야 공산주의 국가의 수장이라 할 수 있는 소련까지 무너졌다. 국내에서도 '북한 붕괴론'이 기정사실이 되었다. 더구나 서독이 강력한 경제력을 바탕으로 동독을 흡수 통일했기 때문에 남북 통일의 방법을 놓고 의견이 분분했다. 김대중은 흡수 통일 반대를 분명히 했다. 대북 정세를 분석하고 방향을 제시하는 대목에서 그의 이론가적 풍모가 여실히 드러난다.

> 현재 남한은 북한에 비교해 압도적으로 우월한 위치를 점하
> 고 있습니다. … 우리는 북한 근본 이념에서 온건파의 입지를
> 강화할 수 있도록 우리의 정책을 변화시켜야 합니다. 북한의
> NPT(핵확산금지조약) 탈퇴 선언은 북한 군부 세력이 주도하는 강
> 경파 나름의 돌파구라고 생각합니다. … 저는 한반도의 통일은
> 자립과 자결의 원칙하에 이루어져야 한다고 믿고 있습니다. 한
> 국이 4강, 즉 미국, 일본, 중국, 러시아뿐만 아니라 유럽과도 협
> 력하는 것이 매우 중요합니다. … 우리 남한은 성급한 북한 흡
> 수 통일을 추구하지 않는다는 것을 명백히 해야 합니다. 여러
> 분은 이솝우화에서 북풍이 나그네로 하여금 외투를 꼭 여미게
> 만든 반면 태양은 그를 따듯하게 만들어 차츰 그가 외투를 벗
> 게 만들었다는 이야기를 익히 알고 계실 것입니다.[6]

유럽의 공산권 붕괴는 동아시아로 이어지지 않았다. 폴란드
레흐 바웬사의 민주노조운동, 루마니아의 독재자 니콜라에 차우
셰스쿠의 몰락, 서독 기민당의 지도자 헬무트 콜 총리의 동독 흡
수 통일 정책, 무엇보다 개혁과 개방을 외치던 소련 서기장 고르
바초프의 몰락이 모두를 놀라게 했다. 그런데 동아시아는 어땠던
가. 1989년 천안문의 시위는 덩샤오핑의 강경 진압으로 단말마
의 비명처럼 끝나고 말았다. 중국 대학생들의 민주화 요구와 중
국 공산당의 강경 대응은 전대협에서 한총련으로 이어지던 한국
의 운동권 대학생들과 마르크스-레닌주의를 비롯하여 사회주의

사상에 호의적 태도를 보이던 지식인 사회를 혼란에 빠뜨렸다.

1990년 소련과의 수교, 1991년 '남북기본합의서' 채택과 남북한 유엔 동시 가입, 1992년 '한반도비핵화선언' 및 한중 수교. 공산권이 붕괴하는 상황에서 노태우는 이른바 '북방정책'을 추진하며 '경제 영토 확장'이라는 미명으로 보수 진영의 동의를 구하였고, 이념을 뛰어넘는 '평화 체제 달성'이라는 방향성을 강조하여 진보 진영에게도 환영을 받았다. 바로 그때 북핵 문제가 터졌다. 북한의 핵 개발을 미국이 알아채면서 상황이 급속도로 악화되었다. 1993년 북한이 NPT 탈퇴를 선언하고 미국은 북한 폭격을 검토하는 상황. 한반도 전쟁설이 파다하게 퍼지면서 생필품 사재기 현상이 일어났다. 하지만 정권을 이어받은 김영삼은 이 사안에 대해 리더십을 발휘하지 못하며 혼란을 가중시켰다. 냉전 붕괴가 열어준 기회가 남북 관계 개선으로 발전하지 못하고 핵 문제로 인해 혼돈에 빠진 것이다.

> 북한의 입장에서 보면 중국은 아시아에서 유일한 사회주의 동맹국입니다. 현실적으로 중국 없는 북한의 존립이라는 것은 상상할 수도 없습니다. 그런 중국이지만 북한의 핵 보유만큼은 절대 찬성하지 않습니다. … 북한과 중국 관계는 절대적인 관계입니다. 이것이 제가 중국 활용론을 주장하는 핵심입니다. … 이것과 병행해서 한미일 공조 체제를 확고하게 유지해나가야 한다는 것입니다.[7]

1994년 제네바 합의 이후 김대중의 발언이다. 김대중은 남북 관계의 해결은 남한의 적극성과 남북한의 주체성에 달려 있다고 밝혔다. 동시에 주변국의 적극적인 참여를 주장하며, 특히 대중국 외교 활용법을 개진한다. 김영삼 정권은 대북 위기 관리에 실패했다. 북한 붕괴론을 신봉하면서 노태우 정권 시기에 쌓아놓은 대북 평화 기조를 무너뜨렸다. 대북 정책이 흔들리면서 핵위기라는 돌발 변수를 제어하지 못했고 무엇보다 미국이 이 문제를 주도하게 만들었다. 김영삼 정권은 문제를 해결하기는커녕 국가 비상 상황에서 무능한 모습을 보였다. 근본적 문제는 무엇인가. 남북 관계 개선에서 통일로 이어지는 국정 철학도, 장기 로드맵도, 정치적 리더십도 모두 부재했다. 그렇다면 누가 이 문제를 해결할 수 있겠는가.

정계를 은퇴한 지 2년 7개월 만에 김대중은 복귀를 선언한다.

준비된 지도자 혹은 대통령병 환자

김 이사장의 정계 복귀의 '일등 공신'은 누구일까. 그것은 바로 김 대통령이다. 김 대통령의 개혁 중단, 인사 정책과 인재 부족, 독선적인 통치 행태, 인재로 인한 대형 사고 등이 민심의 이반을 불렀고 그것이 김 이사장의 정계 복귀 토대를 마련해주었다. … 김 대통령은 자신이 놓은 덫에 자기가 걸려들었다. 3당 합당은 명백한 반호남 전선이었고, 호남 고립을 통한 정권 획득이었다. 지역성을 볼모로 자신의 정치적 이해를 실현시킨 김 대통령이 국민이 납득할 만한 명분 없이 김종필 전 대표를 축출함으로써 6·27선거에서 반PK 전선이 광범위하게 형성되게 만들었고, '반민자 바람'이라는 부메랑으로 돌아오게 한 것이다.[8]

대통령 김영삼의 위기가 김대중에게는 기회였다. 김영삼이 민주자유당을 해체하고 신한국당으로 개편하는 과정, 즉 민정당계와 공화당계를 배제하고 민주당계 중심으로 정당을 운영하는 과정에서 김종필과 공화당계가 축출당했다. 더구나 집권 3년 차에 접어들면서 김영삼 정권에 대한 지지도가 급락하고 있었다. 초기에 보여주었던 개혁의 참신성은 사라졌고 앞서 시행한 개혁의 성과도 지지부진했다. 3당 합당이라는 기묘한 정치적 동거가 여러 부분에서 잡음을 일으키고 북핵 위기가 1994년을 통째로 뒤흔드는 가운데, 10월에는 서울 한강의 성수대교가 붕괴되는 사고까지 일어났다. 위기가 닥치면 뚜렷한 통치 철학을 가진 정치 지도자가 절박해진다. 반짝하는 아이디어가 아니라 오랜 경륜과 분명한 해법을 가진 관록의 지도자.

김 이사장 복귀의 '이등 공신'은 이른바 세대교체론자들이다. 이기택, 박찬종, 이부영, 김덕룡, 노무현으로 대표되는 이들은 "정치 발전을 위해서 세대교체가 필요하다"라는 정당한 주장을 하면서도 실제로 국민들로 하여금 '정권을 맡겨도 좋겠다'라는 신뢰를 얻는 데 실패했다. … 세대교체는 인물만 바꾼다고 되는 것이 아니다. 국정 운영에 대한 각론도 없이 원칙만 떠든다고 세대교체가 되는가? … 이들은 "3김 세력이 너무 강하기 때

문에 어렵다", "국민들의 호응이 없어서 힘들다"라는 변명만 늘어놓고 있었다.[9]

김대중 말고 대안이 있는가? 김대중의 재기는 대안 부재에 기반하고 있었다. 수도권과 전라도 지역의 탄탄한 지지와 진보 지식인부터 재야와 운동권 세력을 포괄할 수 있는 설득력. 이 부분에서 김대중에 비견할 인물이 누가 있단 말인가. 당시의 세대교체론은 앞선 40대 기수론만큼 파장을 일으키지 못했다. 언론은 이기택, 박찬종, 노무현 등을 가혹하게 몰아세웠다. 하지만 세대교체론자들의 고백은 정확했다. 당시는 역시 3김의 시대. 국민들은 김영삼, 김종필, 김대중 옆에 박찬종이나 노무현을 세우지 않았다. 김대중에 대한 국민의 지지는 공고했고, 그에 대한 비난의 논리는 빈약했다. 훗날 노무현 정부에서 대통령의 경제 교사로 평가받게 되는 유시민은 이 시기에 독일에서 유학하던 중 김대중으로는 정권 교체가 절대 불가능하다는 의견을 공론화했다. 유시민의 논리도 지역주의에 기반하고 있었다. '김대중은 이회창이나 박찬종에 크게 뒤지고 있기 때문에 여권의 분열은 의미가 없다. 또한 김종필이 김대중을 지지하더라도 충청 표가 모조리 김대중에게 올 리 만무하다.' 유시민이 보기에 김대중은 전라도라는 지역적 한계에 갇혀 있는 구시대 인물이었다.[10] 이 시기 유시민의 관심은 조순에게 집중되어 있었다. 그렇다고 대안이 조순일 수는 없지 않은가. 당대 저명한 경제학자, 서울시장에 당선이 되어 정치적 관심을 한 몸에 받고 있던, 놀랍게도 지역주의 발언을 이어가며 결국 이회창과 연합한 조순이 대안이 될 수 있었을까. 그 밖에도 갖가지 비판과 비난이 김대중에게 쏟아졌다. 네 번째 대선에 도전하는 '대통령병 환자'라는 비난 말이다.

김대중은 각종 정쟁에 대응하며 자신의 자리를 지켜야 했다. 우수천석雨垂穿石. '떨어지는 빗방울이 돌을 뚫는 것'은 세상의 이치이다. 김대중은 "만약 내가 대안이 아니라면 스스로 물러나겠다"라고 말하며 자신을 둘러싼 온갖 비판을 하나하나 논박했다.

지역주의는 지역 등권론을 통해 해결할 수 있다. 지역 등권의 출발점은 지방 자치이다. 세대교체론은 김영삼 대통령이 만든 또 다른 '김대중 죽이기'이다. 전두환·노태우 세력과 손잡는 일은 없다. 내각제는 더더욱 불가하다.

첫째, 지역주의 문제. 지역 대결을 극복하기 위해서는 영남 사람들과 머리를 맞대고 해결해야 하는데, 현실적으로 많은 노력을 기울였지만 모조리 실패했다. 지역패권주의가 너무 강하기 때문이다. 우선은 지방 자치를 통해 분권을 일구어내는 과정이 필요한데 이것이야말로 지역 등권의 가장 효과적인 방편이다. 김대중은 '지방 자치 자체가 등권'이라고 주장하며 이를 위한 노력을 마다하지 않겠다고 공언했다.

둘째, 세대교체 문제. 세대교체는 인위적으로는 불가능하며, 누구나 나이가 드는 만큼 자연스러운 과정을 통해 이루어질 것이다. 김대중은 김영삼이 자신을 몰아내기 위해 의도적으로 세대교체라는 말을 만들어냈으며 이에 일부 야당 의원들이 호응하면서 불필요한 논란이 벌어졌다고 주장했다.

셋째, 김영삼 대통령 문제. 김대중은 김영삼 대통령에게 실책이 있다고 하더라도 임기 도중에 하야를 요구하는 것은 잘못이라고 보았다. 직선제 대통령의 권위를 존중해야 한다는 뜻이다. 김영삼 대통령도 정신 똑바로 차려야 한다. 열린 마음으로 자신을 비롯한 야당 지도자들과 만나고 소통해야 한다. 그러나 지금은 '문민독재'라는 말이 나올 정도로 권위적인 모습이 엿보인다.

넷째, 대통령중심제 문제. 대통령중심제에 대한 생각은 변함이 없으며 내각제 등 잘못된 방식의 정치 공학으로 권력을 장악할 생각은 눈곱만큼도 없다. 아무리 힘들어도 전두환·노태우 세력과 손을 잡는 일은 없을 것이다. 3당 야합같이 원칙을 깨는 일은 하지 않는다. '솔직히 말해서 민자당은 부산과 경남뿐'이다. 하지만 내가 이끄는 새정치국민회의(이하 국민회의)는 서울을 포함한 수도권과 전라도에서 고르게 득표했다.

복귀한 정치인 김대중은 꼼꼼했다. 국가보안법을 민주질서수호법으로 대체하여 인권 유린을 막는 동시에 남북한 관계 개선의 기틀을 마련하려 했다. 한편 그는 1국가 2체제라는 북한의 연방제 주장은 비현실적이기 때문에 남북한이 긴밀한 화해와 협력의 과정을 거치며 단계적 통일로 나아가야 한다고 보았다. 재벌의 독과점 문제 또한 심각하기 때문에 공정거래법 도입 등 보다 강력한 입법 질서를 구축하고자 했다.[11] 김대중 특유의 정책 중심적 리더십이 발동하기 시작했다.

"김대중 씨가 출마하면 불행한 일이 발생할 수 있다." 1987년 대선 당시 박희도 육군참모총장이 한 발언이다. 소위 군부를 비롯한 보수층의 김대중 비토 현상을 잘 보여주는 대목이다. 이 부분에 대해서도 김대중은 기민하게 반응했다. 김대중은 미국과 두터운 관계를 형성해왔으며 오랫동안 '온건 보수 노선'을 강화했다. 김영삼이 정승화를 영입했듯 김대중은 강창성 전 보안사령관 등 군 인사를 대거 등용하여 중산층과 보수층을 끌어안고자 했다. 정승화는 12·12군사반란 당시 전두환과 신군부에게 체포되었던 계엄사령관이고 강창성은 유신 시절 하나회를 척결하려다 밀려난 인물이다. 전두환에 의해 오랫동안 삼청교육대에서 고초를 겪는 등 두 사람 다 신군부와 다른 길을 걸었다. 김대중은 자신이 온건 보수를 수용할 수 있다는 사실을 공천과 선거 과정에서 증명했다. 김대중이 정계에 복귀하고 대선에 나서기까지 참으로 많은 논쟁이 있었다. 그렇다고 이러한 숱한 논쟁이 김대중의 지위를 흔들었던가. 그렇게 말할 수 없을 것이다.

김대중의 정계 은퇴와 복귀, 그리고 야권 대통령 후보에 이르는 길에는 수많은 잡음이 있었지만, 결국 전반적인 과정은 무난하게 김대중의 뜻대로 되었다. 강력한 지지층과 특유의 돌파력은 김영삼의 전유물이 아니었다. 하지만 가장 큰 문제가 남아 있었다. 유시민이 지적한 것처럼 지지 기반의 한계를 어떻게 극복할 것인가. 여권이 보다 확실하게 몰락해야 김대중은 대통령이 될 수 있었다. 그런데 1997년 대선을 앞두고 정말로 그런 일이 일어났다. 정치란 생물은 도무지 이해할 수 없는 법. 역사는 매번 다음 장을 초월적으로 그려나가니 말이다.

동료의 손을 함부로
뿌리치지 마라

토사구팽兎死狗烹. 사냥이 끝나면 쓸모없어진 개는 잡아먹는다는 고사이다. 1995년 김종필의 처지가 딱 그랬다. 김종필은 김영삼과 민주계에 밀려 민자당에서 굴욕적으로 쫓겨났다. 세계화 시대에 어울리지 않는 구시대 인물. 집권 초기만큼은 아니더라도 여전히 국민의 지지를 받던 대통령 김영삼은 그를 노골적으로 당에서 몰아냈다. 이대로 끝? 1995년 3월 30일 김종필은 자유민주연합(이하 자민련)을 창당한다. 의외의 행보였다. 자민련은 이듬해 4월 11일에 치른 15대 국회의원 선거에서 충청 지역을 기반으로 50석을 확보하며 제3당이 되었다. 탈당한 민정계와 여러 군소 후보들의 안식처로 자리 잡은 것이다. 양 김만 못할지언정 3김은 3김. 김종필은 무너지지 않았고, 탄탄한 인지도를 바탕으로 이번에는 김대중을 선택한다.

전라도와 충청도의 만남. 그렇게 한국 정치사에 'DJP연합'*이 출현했다. 1997년 10월 27일 김대중 총재의 국민회의와 김종필 총재의 자민련은 첫째 대선 후보를 김대중으로 단일화하여 수평적 정권 교체를 이루고, 둘째 양당이 각료를 동등한 지분으로 나눈 후 1999년 12월까지 내각제로 개헌한다는 합의문에 서명했다.

---

*   과거에는 정치인 이름의 이니셜이 정치 용어로 자주 활용되었다. 김영삼을 'YS'로, 김대중을 'DJ'로, 김종필을 'JP'로 호명한 예가 대표적이다. DJP연합은 김대중과 김종필의 대선 후보 연대를 뜻한다.

김대중 입장에서 DJP연합은 지역 구도를 극복할 거의 유일한 수단이었다. 15대 총선에서도 김대중은 여전히 수도권과 전라도에 머무르면서 79석에 그쳤는데, 여기에 김종필의 50석을 합하면 129석이 된다. 대통령이자 당 총재였던 김영삼을 중심으로 재정비를 마치고 당명을 신한국당으로 바꾼 여당의 139석과 비등한 형세. 대선 승리에 한 발 더 다가간 것 아닌가. 내각제 문제? 대통령이 된 뒤 적절하고 우아하게 처리하면 된다. 실제로 이후 대통령이 된 김대중은 김종필을 국무총리로 세웠지만 내각제 개헌은 거부하면서 김영삼보다 말끔하게 자민련과 결별했다.

신한국당 경선에서 승리한 이회창과 경선 패배 후 당을 뛰쳐나온 이인제 경기도지사는 DJP연합을 맹렬히 비난했다.

> 'DJP연합'을 한 것이나, '반DJ연대'를 하자는 것 모두 민주주의를 망치는 것 … DJP연합은 미래에 대한 비전도 없이 오로지 권력만 나눠 갖기 위한 것이며, 김대중 총재에 맞서 무조건 한 사람을 내세우자는 것 역시 정도가 아니다.[12]

> 이번 대선은 낡은 가치와 새로운 가치의 대결이지 DJ와 반DJ의 대결이 아니다. … 저쪽(DJP)이 연대하니까, 그쪽에 정권을 줄 수는 없고 해서 반대하는 사람들은 다 모여라 하는 식에는 의미를 두지 않는다.[13]

야권이 연대했다고 여권마저 그럴 필요가 있느냐는 말은 결국 이회창, 이인제 둘 다 대선에 나서겠다는 뜻이다. 김영삼의 임기는 1998년 2월까지. 김영삼 이후를 두고 신한국당은 이회창과 이인제 사이에서 크나큰 내홍을 겪게 된다.

초기에는 순조로웠다. 이회창이 등장했기 때문이다. '대쪽', '원칙' 등의 수사가 상징하듯 이회창은 준비된 후계자처럼 감사원장과 국무총리를 거치며 국민의 지지를 확보했다. 황해도 출신은 지역감정이 극단으로 흐르는 시대에 오히려 좋은 배경이었다. 경기고를 나와 서울대 법대를 졸업한 최고 엘리트임에도 불구하고 평생 청렴하게 생활했고, 소수의견을 자주 내며 사법부의 명예를 지킨 인물. 최연소 대법관을 거쳐 1988년에는 제8대 중앙선거관리위원회 위원장을 역임하며 민주화 이후의 공명 선거를 이끌고 1993년 김영삼 문민정부의 제15대 감사원장으로 발탁되어 크게 주목을 받았다. 그리고 같은 해 12월 17일 제26대 국무총리가 되면서 정부의 이인자로 자리매김한다. 그는 김영삼 정부가 지향한 개혁과 변화라는 가치에 어울리면서도 보수 정체성이 확고한 인물이었다.

하지만 김영삼과 이회창은 갈등했다. 이회창은 법과 원칙을 강조하면서 헌법에 나온 국무총리 고유의 권한을 주장했다. 공개적 갈등은 총리로 임명된 지 4개월 만인 1994년 4월 22일, 국무총리 이회창이 "통일안보 정책 조정회의에 회부, 조정된 안건은 관계 장관이 사전에 총리의 승인을 받아 시행토록 하라"고 지시하면서부터이다.[14] 대한민국 헌법에 의원내각제적 요소가 담겨 있는바, 국무총리의 법리적 위상은 상당하다. 하지만 현실 정치에서 국무총리는 오랫동안 대통령을 보위하는 역할에 그쳤다. 더구나 김영삼의 집권 초기 통치 행위는 극도의 비밀주의와

　　　　　2장. 눈앞의 지형도: 권력이 현실화되는 자리

개인적 결단을 통해 이루어졌다. 이 사실을 이회창이 모를 리 없었다. 결국 총리로 임명된 지 128일 만에 이회창은 자리를 내려놓았고 김영삼은 사임을 즉각 수락했다. 그 결과는 극적으로 나타났다. 대통령 국정 지지도가 50퍼센트 아래로 떨어진 반면 이회창은 차기 대권 후보이자 대통령에게 담대하게 맞서는, 법과 원칙을 지키는 청렴한 지도자로 급부상했다. 이회창 대세론의 서막이 오른 것이다.

하지만 대선을 앞두고 신한국당 대선 예비 주자에 대한 호감도 조사에서 이인제가 이회창을 앞지르기 시작했다.[15] 그는 노무현과 더불어 김영삼이 발탁한 인물로서, 5공청문회 당시 크게 활약하며 스타 정치인으로 떠올랐고 김영삼 정부의 초대 노동부장관이 되면서 주목을 받았다. 젊고 유능한 국회의원을 대통령이 파격적으로 기용한 것이다. 노동부장관 시절 이인제는 '무노동 부분임금'이라는 급진적 주장을 펼치며 논란이 되기도 했지만 최초로 고용보험을 도입하는 등 대중에게 뚜렷한 인상을 남겼다. 그리고 이어진 경기도지사 선거에서 승리를 거두었다. 당시 새로 도입된 후보자 TV 토론회에서 탁월한 언변을 펼치고 젊은 리더십을 선보인 이인제는 이회창의 대항마이자 김영삼의 후계자로 급부상했다.

이후 여당에서 벌어진 혼란은 엉뚱한 지점에서 김대중에게 유리하게 작용했다. 김영삼은 차남 김현철 스캔들로 인해 정국의 주도권을 상실해갔고 여당은 이회창, 이수성, 이인제 등 여러 잠룡 사이에서 갈팡질팡했다. 신한국당의 중진 의원들도 우왕좌왕하기는 마찬가지. 젊은 개혁가로 주목을 받았던 박찬종은 더욱 젊은 후보 이인제로 인하여 국민의 관심에서 멀어졌다. 이회창은 자녀의 병역 문제로 주춤했지만 조순 서울시장과 대통령 후보 단일화에 성공하면서 대세론을 유지했다. 1997년 7월 21일 신한국당 경선에서 이회창은 1차에서 40.9퍼센트, 2차에서 60퍼센트의 대의원을 확보하며 이인제를 따돌렸다. 그런데 이인제가 경선 결과에 불복하고 신한국당을 탈당, 신당을 창당하며 대통령 선거에 출마한다. 그는 박정희를 흉내 내며 끝까지 독자 행보를 이어갔다.

1997년 12월 18일 제15대 대통령 선거. 불과 1.5퍼센트, 39만 557표 차이로 김대중이 이회창을 이겼다! 김대중은 1032만 표, 이회창은 993만 표, 이인제는 492만 표. 보수가 분열하지 않았다면, 그리고 이인제가 없었다면 김대중이 대통령이 될 수 없었을 것이다. 지역주의와 DJP연합도 효과적이었다. 그렇게 할 수 있는 일을 다 한 끝에 김대중은 대통령이 됐다. 하지만 감격도 잠시. 김대중의 대통령 임기는 폭풍 한가운데서 시작되었다. 1997년 말 외환 위기가 본격화되었기 때문이다. 사상 초유의 경제 위기. 대통령 김대중 앞에 놓인 현실은 시작부터 버겁기만 했다.

혁명보다 어려운 게 개혁이다

: 집권 초기의 개혁

1987년 7월 6일 서대문구치소에서 석방된 시국 사건 구속자들과 함께 행진하는 김영삼과 김대중. (사진=연합뉴스)

단호하게 결심하고 철벽같이 밀어붙이는 속도전의 대가

YS		DJ
김대중과 통일민주당 창당, 이후 후보 단일화 결렬	1987.4~8.	김영삼과 통일민주당 창당, 이후 후보 단일화 결렬
13대 대통령 선거 낙선	1987.12.	13대 대통령 선거 낙선
	1988.11.	광주청문회에 증인으로 참석, '김대중 내란 음모 사건'은 전두환 신군부 세력의 정권 찬탈을 위한 조작극이었음을 증언
3당 합당, 민주정의당, 통일민주당, 신민주공화당을 합쳐 민주자유당 창당	1990.1.	
14대 대통령 선거 당선	1992.12.	14대 대통령 선거 낙선
금융실명제 실시, 공직자 재산 공개, 하나회 해체, 12·12 및 5·18 특별 담화 발표	1993.3~5.	
정치개혁법 국회 통과	1994.3.	
	1995.7.	정계 복귀
5·18특별법 국회 통과	1995.12.	
IMF 구제금융 신청 발표	1997.11.	
	1997.12.	15대 대통령 선거 당선
	1998.12.	전교조 합법화
	1999.9~11.	국민기초생활보장법 제정, 민주노총 합법화
	2000.3~12.	베를린 선언 발표, 남북 정상 회담 개최, 노벨 평화상 수상
	2001.1~7.	여성부 출범, 국가인권위원회법 제정, 부패방지법 제정
	2003.2.	대통령 퇴임

"위로부터의 개혁이
시작됩니다"

  5년 단임제 대통령. 1987년 헌법 개정 이후 대한민국 대통령
이 연임할 가능성은 없다. 주어진 시간은 오직 5년. 집권 후 3년
이 경과하면 차기 대권 주자에 대한 관심이 끓어오를 터. 결국
가장 강력한 힘을 갖고 무엇인가를 추진하고 이룰 수 있는 시간
은 초기 한두 해가 전부라고 해도 과언이 아니다. 집권 직후에
가시적 성과를 만들어내야 2~3년 차까지 변화를 이어갈 수 있
고, 그러한 성공을 바탕으로 강력한 권력을 유지해야 집권 후반
기에 새로운 시도를 할 수 있는, 한계가 명확한 구조가 바로 현
행 대통령 단임제이다. 실제로 김영삼과 김대중 모두 집권 말기
언론에 의해 몽둥이질을 당하지 않았던가.

  개혁이라는 것은 미래에 대한 투자입니다. 현실적으로 일반 국
  민들 외에 관계인들은 반대하는 경우가 많아요. 실명제를 한다
  고 한 후 3~4개월이 지나니까 언론이 반대를 했습니다. … 내
  가 돈 부치는데 주민등록등본을 가져가야 되고, 뭐 이렇게 불
  편합니까? 막 그랬다고요. 『조선일보』는 12월에 금융 대란이
  난다고 얘길 하는 겁니다. 그렇게 국민들에게 불편한 점이 더
  많았어요. 현상을 고치는 건데, 버릇을 고치는 건데 좋아할 사
  람이 어디 있습니까? 개혁을 하면 꼭 거기에서 걸림돌이 생깁
  니다. … 정말 개혁이라는 것은 혁명보다도 어렵다고 말을 했
  습니다. 개혁이라는 것은 모든 국민이 동의를 해야 성공하는데,

자기가 피해 보는 개혁은 싫어하는 거예요. 혁명은 총칼에 눌리니까 꼼짝을 못 하지만, 개혁은 살아 있는 여론 가운데 추진을 해야 하니까 얼마나 어렵습니까?[1]

문민정부 당시 비서실장을 역임한 박관용의 회고이다. 김영삼은 대통령 취임식에서 "위로부터의 개혁이 시작됩니다"라고 말했다. 1980년대의 경이로운 경제 성장, 1988년 서울올림픽의 성공에도 불구하고 1990년대 초반의 경제 상황은 여전히 넉넉하지 못했다. 가난했던 나라가 어느 정도 잘살게 되었다는 것에 보람을 느끼는 경우가 더러 있었지만 한계가 명확했다는 말이다. 무엇보다 사회는 여전히 전반적으로 부패했다. 기득권, 정경 유착, 부정부패. 힘 있는 자들은 높은 곳에 앉아서 위세를 부리고 그 아래에 깔린 대부분의 국민은 알아서 기어야만 자리를 보존하고 가정을 지킬 수 있던 시절. 1990년대 초반에도 신흥 산업국가 대한민국은 여유롭지 못했고, 여전히 자기 비관의 늪에서 벗어나지 못한 '자긍심 없는 나라'였다.

누군가가 잘 먹고 잘사는 것과 내가 잘 먹고 잘사는 문제는 질적으로 다르다. 더불어 사람이 사람답게 살기 위해서는 먹고사는 문제 이상의 사회적 품격이 필요하다. 지금이야 박정희가 경제 성장의 상징이고 일각에선 '그래도 전두환이 경제는 잘했어'라는 말이 들리지만 이러한 담론은 모두 1997년 외환 위기 이후에 나온 말들이다. 박정희와 전두환은 어두웠던 장기 군부독재의 상징이었고 이들이 만든 구조화된 병폐가 일상이었으니, 개혁을 향한 열망은 당시 국민 일반의 정서였다고 할 수 있다.

과감한 변화가 필요하다. 개혁이 필요하다. 그래서 이전과 확실히 다른 국가 발전을 이루어야만 한다. 무엇을, 어떻게, 어떤 과정으로? 대통령 김영삼은 그것을 보여주어야 했다.

> 이분은 어떤 얘기를 들으면 대답을 안 하고 혼자서 골똘하게 생각을 하는 성격이에요. 한번 골똘하게 생각을 하면 옆에서 누가 얘기를 해도 몰라요. 혼자서 무슨 결심을 참 잘하는 분이에요. 다른 사람의 말을 듣고 이것을 자기 것으로 만들어서 생각합니다. … 결단력이 아주 강했습니다. 김영삼 대통령은 밤새 고민하고 나와서 한번 한다고 하면 안 하는 게 없어요. 어떤 저항이 있더라도 해내는 사람이에요.[2]

박관용은 결단력을 김영삼의 큰 장점이자 특징으로 꼽았다. 상황과 조건을 고려하기보다는 무엇을 이루어야 하는지 당위성에 집중한다는 점에서 박관용의 분석은 적절하다. 그러나 보충 설명이 필요하다. 결정을 내린 후 실행을 해야 하고, 어떠한 방해에도 불구하고 초기의 목표를 관철해야 한다. 결단이 단호한 결정을 뜻한다면, 김영삼의 결단력에는 '집중력'이라는 설명을 덧붙일 수 있을 것이다. 집중력을 유지하기 위해서는 단호하고 적절하고 과감한 선택이 중요하다. 시작부터 결과를 정밀하게 예측하고 오직 그 결과만 추구하는 간명한 목표 지향성 또한 필요하다. 단호함, 과감함, 간명함, 뚜렷한 목표 지향성. 김영삼의 집중력은 이런 요소를 두루 갖추고 있었다.

김영삼은 집권 1년 차 때 다른 정치가에게서는 찾기 힘든 놀라운 집중력을 선보이며 가공할 개혁을 추진해나갔다. 결정은 단호했고 과정은 목표를 향해 신속하고 정확하게 진행되었다. 누구도 쉽사리 바꿀 수 없을 것이라 생각했던 대한민국의 근본적인 부분, 어쩔 수 없다고 여기던 것들이 대통령 김영삼의 뚝심과 저력을 통해 가장 단단한 곳에서부터 깨지기 시작했다.

김영삼은 자신이 추진한 개혁에 '윗물맑기운동' 같은 이름을 붙였는데, 핵심은 대통령이 주도하는 대대적인 행정 변화에 집중되었다. 개혁이 가능했던 배경에는 높은 지지율이 있었다. 1992년 제14대 대통령 선거에서 42퍼센트를 득표하며 당선된 그는 집권 초기에 강력한 개혁 행보를 통해 국정 지지율을 90퍼센트 수준으로 끌어올렸다. 국가 개혁과 지지율 상승의 선순환을 일군 것이다. 이후에도 오랫동안 50퍼센트 이상의 지지율을 유지했고, 그만큼 국민 여론에 민감하게 반응했다.

역대 청와대는 주인이 바뀔 때마다 식기와 가구를 바꾸느라 소란을 떨었다. 전두환 시절에는 대통령 전용 별장 청남대까지 지어서 호사스러움을 극대화하였다. 신임 대통령은 달랐다. 정권이 바뀌었음에도 불구하고 식기는 그대로였고 식사는 담박한 칼국수. 칼국수는 김영삼의 청교도적이고 소박한 식사 습관만 상징하지 않는다. 그때까지 '대통령 오찬'은 구체적인 논공행상의 자리였으며, 재벌·기업인과 대통령·정치인이 정례적으로 모이는 협상 테이블이었다. 김영삼은 그 전례를 깨트렸으니, 정권의 시작부터 분위기가 심상치 않았다.

1993.02.25.	김영삼, 제14대 대통령 취임
03.01.	삼일절 경축사에서 '부패와의 전쟁' 선포
03.04.	안전가옥 12개동 철거 지시
03.08.	하나회 출신 육군참모총장 및 기무사령관 전격 경질
04.01.	경복궁 복원을 위해 조선총독부 건물 철거 지시
04.19.	현직 대통령 최초로 4·19묘소 참배 및 성역화 지시
05.13.	5·18 관련 특별 담화를 통해 '5·18은 민주화운동, 12·12는 군사쿠데타'로 규정
06.03.	취임 100일 기자 회견을 통해 '5·16은 군사쿠데타'로 규정
06.26.	현직 대통령 최초로 백범 김구 묘소 참배
08.10.	박은식, 노백린, 김인전, 신규식, 안태국(이상 임시정부 요인) 유해 국립묘지 안장
08.11.	청와대 내 조선총독 관저 철거 지시
08.12.	금융 실명 거래 및 비밀 보장에 관한 대통령 긴급 재정경제명령 발동

〈1993년 김영삼 집권 1년 차의 개혁〉

조선총독부 해체 -
민주공화국의 정통성은 어디에서 나오는가?

1993년 3월 김영삼은 청와대 출입 기자 간담회에서 "임기 중 기업이든 일반인이든 어떠한 사람한테서도 돈을 받지 않겠다"라고 선언했다. 같은 시기에 청와대 앞길과 오른편에 있는 인왕산 등산길을 개방했다. 청와대 주변에 있던 안전가옥도 철거하고 이곳에 시민 휴식 공간인 무궁화동산을 조성했다. 무궁화동산 맞은편에 있는 분수대공원에는 작은 동판이 하나 박혀 있는데, 4·19혁명 당시 이 자리에서 시민들이 민주주의를 요구하다 경찰이 쏜 총에 맞아 죽고 다친 사건을 기리고 있다. 그러나 오랫동안 4·19혁명은 한국 현대사의 기억에서 지워졌고 박정희는 현재의 무궁화동산 자리에 안전가옥을 짓고 자신의 권력을 강화했다.

박정희는 4·19를 '의거'라고 불렀다. 시민들의 의로운 도전이라고 보고 그 가치는 수긍하였지만 혁명성은 부정했다. 왜였을까? '5·16군사혁명'이 연이어 일어났기 때문이다. 4·19로 분출된 국민의 열망을 5·16을 통해 이루어내겠다는 박정희식 논리였다. 이 주장이 박정희 정권기의 헌법 전문에 고스란히 반영되었다. 그런데 김영삼이 4·19를 '의거'에서 '혁명'으로 격상했다. 그는 대통령 취임 후 4·19 관련 법령을 개정하고 희생자 및 관련 단체의 위상을 제고하기 위한 각종 조치를 취했다. 그리고 1995년 5월에는 161억 원을 투입하여 서울 강북구 수유동 소재의 4·19묘역을 총 4만 1100평, 기존의 4배 크기로 확대 조성했다.

우리 대한국민은 3·1운동의 숭고한 독립정신과 4·19의거 및 5·16혁명의 이념을 계승하고 - **유신헌법 전문 중**
우리 대한국민은 3·1운동으로 건립된 대한민국 임시정부의 법통과 불의에 항거한 4·19민주이념을 계승하고 - **현행 헌법 전문 중**

정통성. 김영삼은 집권 기간 내내 정통성을 강조했다. 대한민국의 정통성이란 무엇인가? 국가의 통치는 정통성을 기반으로 해야 한다. 나는 민주주의를 위해 헌신했고, 당당하게 국민투표로 당선되어 정통성을 확보했다. 또한 현재의 대한민국은 4·19혁명부터 6월 항쟁으로 이어진 자랑스러운 민주공화국이다! 더불어 대한민국은 임시정부로부터 비롯된 독립운동사에 기초한 나라이다. 정통성. 그것에 준하여 역사를 바로 세워야 한다. 이를 실현하기 위해 김영삼은 4·19의거만 혁명으로 격상한 것이 아니다. 유구한 역사와 문화 전통을 자랑하는 한민족은 비록 일제강점기라는 고난의 시간을 보냈지만 이 기간은 '독립운동사'라는 치열한 각성의 시간이었다. 그렇게 만들어진 정체성이 반독재 민주화 투쟁으로 이어지며 오늘에 이르렀다. 이는 누군가의 개인적 자각이 아니라 6월 민주항쟁 당시 모두가 외치고 요구해 헌법에 새겨 넣은 국가의 정체성이자 정통성이다. 김영삼은 집권 기간 동안 상하이와 충칭의 임시정부 청사를 복원하고 임시정부 요인을 비롯한 독립운동가의 유해를 국내로 봉환했으며 국립현충원에 임시정부 묘역을 조성했다.

절정은 1995년 8월 광복 50주년을 맞이하여 진행된 조선총독부 건물 철거 작업이었다. 3·1운동이 실패로 끝난 뒤 조선총독부의 위상을 제고하기 위해 일제는 1920년대 중반 경복궁 정면을 비스듬히 가로막는 거대한 건물을 세운다. 조선총독부 건물. 어디 그뿐인가. 북악산 기슭에는 총독 관저가, 남산에는 이토 히로부미를 섬기는 박문사가 차례차례 들어서며 경성에는 씻을 수 없는 일제의 흔적이 새겨졌다. 500년 전 정도전이 북악을 주산으로 하고 목멱을 남산 삼아 한양을 설계했던 그때의 숭고한 가치가 모욕당했다. 더구나 해방되고 50년의 시간이 흘렀건만 조선총독부 건물이 서울 중심부에 그대로 있지 않은가. 하루빨리 철거해야 마땅하다.

사실 조선총독부 건물 철거에 대해서는 반발이 컸다. 이 건물은 단지 일제의 식민통치 기관에 그치지 않고 한국 현대사의 다양한 순간을 기억하고 있었기 때문이다. 김종필은 청와대 주례회동에서 대통령의 결정을 대놓고 문제 삼았다.

> 건물의 중앙홀은 48년 출범한 제헌국회 의사당으로 쓰인 역사적 장소입니다. 그 중앙홀만은 부수지 말고 독립기념관으로 이전하시지요. … 국기게양대도 마찬가지입니다. 우리나라가 해방됐을 때 가장 처음 태극기를 올린 게양대입니다. … 이 국기게양대도 함께 독립기념관으로 옮겨 남겨놓으시죠.[3]

김영삼의 대답은 "쓸데없는 소리 마십시오"였다고 한다. 여당인 민자당이 작성한 「국정 쇄신 방안」 보고서에도 옛 '중앙청' 건물의 철거 재고를 요망한다는 의견이 올라왔고 야당인 새정치국민회의의 박지원 대변인은 "치욕의 역사도 결국 역사"라며 중앙청 건물을 보존하자고 주장했다.[4] 중앙청. 김영삼은 이 건물을 조선총독부라고 불렀고 반대쪽에서는 중앙청이라 불렀다. 김종필 등은 이 건물을 '국립중앙박물관'이라 부르기도 했다. 건물을 세운 건 일본제국이지만 1945년 해방 이후에는 미군정청 청사였고, 1948년 정부가 수립되는 과정에서는 제헌국회가 열리고 정부 수립을 선포한 장소이며, 오랫동안 중앙청이라는 이름으로 정부 청사 역할을 담당한 곳이다. 그리고 1995년에는 국립중앙박물관으로 활용되고 있었으니 그 의미를 기억해야 한다는 것이 반론의 요지였다. 강원룡 목사, 함세웅 신부 등 사회 각계인사 1117명은 '우리의 문화유산을 사랑하는 사람들'이라는 단체를 만들었는데, 이 단체가 1995년 7월 21일에 '국립중앙박물관 건물 보존을 위한 시민의 모임'으로 확대되면서 총독부 철거 반대 운동을 주도했다. 이들은 5000여 명이 철거 반대에 서명한 편지를 대통령에게 보냈고 이회창 전 국무총리, 김대중 아태재단 이사장 등 수많은 인사가 여기에 동조했다.[5]

찬성 의견도 만만치 않았다. 사회학자이자 한국사 연구에 큰 영향을 미친 신용하 교수는 조선총독부 철거를 '친일 청산'으로 규정했다. 광복 후에도 친일파들이 살아남아 독재 정권에 부역하고 기생하며 대한민국의 정통성을 훼손한바, 총독부 해체는 정통성 쇄신 차원에서 반드시 필요하다는 입장이었다.[6] 더구나 정부가 앞장서서 정통성 회복을 요구하는 상황은 결코 흔치 않은바, 자칫 논란을 지속하다가는 일이 흐지부지될 수도 있었다.

조선총독부 해체 논의는 1990년 노태우 정권에서 시작되었다. 경복궁 복원 사업과 조선총독부 건물 해체가 맞물려 있었기 때문이다. 조선총독부 건물을 해체해야 광화문을 제대로 복원할 수 있고, 광화문을 시작으로 경복궁을 재건해서 전통문화 회복의 중요한 전기를 마련코자 한 것이다. 하지만 노태우 정권은 이 문제에 관심이 없었다.

김영삼은 왜 총독부를 부수려고 했을까. 박관용 비서실장은 대통령이 청와대에 들어오기 전에 총독부 철거를 결심했다고 추정했다. 경복궁에서 일본인 관광객이 "이게 우리가 지어준 건물이래"라고 말하며 기념사진을 찍는 모습을 본 일과 야당 의원 시절에 일본 국회의원 집에 초대받아 갔을 때 벽에 걸린 총독부 사진을 본 일 등 김영삼의 개인적 경험을 원인으로 추측했다.[7]

개인적 동기가 어찌됐든, 조선총독부 철거는 '정통성 회복'에 초점을 맞추고 진행되었다. 독립운동사와 민주화운동사가 우리 역사의 중추라면 친일 부역과 독재 정권은 우리 역사의 치욕스러운 순간이다. 조선총독부 해체는 중심을 바로잡고 치욕을 청산하는 매우 가시적이며 상징적인 조치가 될 것이다. 서울 심장부를 차지한 거대한 상징물을 해체하는 것만큼 눈에 띄는 정치 쇼가 대관절 어디에 있단 말인가. 더구나 시대 분위기는 개혁을 갈망했다. 대통령 지지율이 90퍼센트에 육박하는 상황에서 그의 의지를 꺾을 방법은 어디에도 없었다.

과거 청산의 예행연습은 한 해 전인 1994년에 시작되었다. 17층짜리 남산외인아파트 발파 해체 작업. 당시 남산 중턱에는 두 동짜리 호화 아파트가 서 있었다. 외국인을 위해 지은 고급 주택인데 남산을 떡하니 가로막고 있어서 서울 어디에서든 잘 보였다. 이 건물은 1972년 박정희 정권이 한국으로 건너온 외국인 기업가·기술자들을 위해 지었다는 특별한 사연을 지니고 있었다.

조선은 1392년에 건국되었지만 서울로 천도한 것은 2년 후인 1394년. 1994년은 이로부터 꼭 600년째 되는 해였다. 그동안 자연 경관을 해친다는 모진 비난을 받아온 남산외인아파트는 '남산 제 모습 가꾸기'라는 이름으로 국내에서 최초로 시도된 발파 해체 작업을 통해 단숨에 사라지게 된다. 관영 매체 〈대한뉴스〉*

---

* KTV 대한늬우스, 〈대한뉴스 제2037호-서울 남산외인아파트 철거〉, 1994.11.23. 〈대한뉴스〉는 1953년부터 1994년까지 매주 대한민국 정부가 제작하여 영화관에서 상영했던 영상 보도물이다. 1994년 12월 31일 2040호를 끝으로 종영했으며, 기존의 역할은 케이블TV 채널인 KTV(현 KTV 국민방송)로 대체되었다.

는 이날의 모습을 보도하며 "이렇게 해서 남산은 본래의 모습을 되찾았고 잘못된 도시 계획은 바로잡게 됐습니다"라고 설명했다. 이처럼 남산외인아파트 해체는 박정희 정권의 잘못된 도시 계획을 바로잡고 남산이라는 자연환경과 서울 시민의 조망권을 회복하기 위해 기획된 대형 이벤트였다. 김종필은 이를 두고 1800억 원짜리 정치 쇼라고 비판했다.

얼마 후인 1995년 삼일절 문화 축제에서 조선총독부 철거 선포 고유제告由祭를 열고, 8월 15일 광복 50주년 경축 행사를 맞이하여 건물의 상징인 '첨탑'을 제거하는 철거 의식이 진행되었다.[8] 더욱 크고 화려한 쇼가 펼쳐진 것이다.

김영삼의 총독부 철거 결정을 두고두고 비판하는 목소리를 찾기란 쉽지 않다. 건물 철거가 많은 것을 변화시켰기 때문이다. 우선 광화문 전면에 있던 조선총독부 건물과 청와대 안에 있었던 총독 관저, 남산에 있었던 외인아파트 등을 철거하면서 서울의 경관이 눈에 띄게 좋아졌다. 청와대는 오롯이 대통령 공관으로 자리 잡았다. 그리고 1993년 인왕산 등산로 개방 이후 2020년 북악산 등산로 개방까지, 무궁화동산부터 광화문에 이르는 길이 단계적으로 개방되면서 대통령의 집무실은 점점 더 국민과 가까워졌다. 이 중 가장 중요한 일이 경복궁 복원 사업이다. 경복궁을 중심으로 가로로 경희궁과 창덕궁, 창경궁이 이어지고 세로로 덕수궁에 이르는 구간이 완성되면서 전통문화 재현에 중요한 사회적 자원을 확보했고 광화문광장은 그 기능과 개방감이 한층 커졌다. 더불어 궁궐 일대에 다양한 역사박물관과 전시관이 문을 열고 각종 문화재 활용 사업이 성공을 거두면서 세

종로 일대가 국민의 공간으로 되돌아왔다.

건물 해체의 명분으로 등장한 '친일 논리' 역시 의미심장하다. 그간 한국 사회에서 공개적으로 친일을 문제시했던 적이 있던가. 하지만 김영삼 정권을 거치면서 친일 행위에 대한 역사적 단죄 문제가 대두되었고, 이러한 논의는 독재 정권에서 승승장구하던 사람들의 사회경제적 성공을 비판적으로 인식할 수 있는 계기가 되었다. 불공정하고 불의한 성공을 비판할 수 있게 되었다는 점에서 친일 논의는 의미를 지닐 수밖에 없다. 다소 과격하더라도 새로운 역사 담론이 만들어지기 시작했고 그것이 오랜 세월 쌓여온 적폐의 본질을 건드리기 시작했다는 말이다.

그렇다면 모두가 식민지 시기의 기억을 지우려고만 했을까? 그렇지 않다. 아무리 고통스럽고 외면하고 싶은 기억이더라도 그것 또한 우리의 역사 아닌가. 더구나 식민지 시절에도 사람들이 살고 있었고 그들에 의해 이야기가 만들어지지 않았던가. 조선총독부를 둘러싼 광범위한 사회적 논쟁은 결국 일제강점기 건축물을 '근현대 문화유산'으로 이해하는 계기가 되었다. 정부의 계획과는 다른 주장들이 살아남아 이후의 문화 정책에 중요한 영향을 미친 것이다. 이 또한 앞 시대와 확실하게 구분되는 특징이라고 할 수 있다.

공직자 재산 등록 –
역사를 바꾸는 명예혁명

　김영삼은 대통령 취임 사흘째인 2월 27일에 자신의 재산을 전격 공개했다. 총 17억 7800만 원. 곧바로 경제부총리 이경식이 바통을 이어받았고 3월 5일에는 민자당 당무회의에서 소속 국회의원과 당무위원 전원의 재산 공개를 결정한다. 결정할 수밖에 없었다는 표현이 정확할 것이다. 3월 12일에는 당의 중역인 김종필 대표 최고위원, 최형우 사무총장, 김종호 정책위의장, 김영귀 원내총무 등이 자신과 직계존비속의 재산을 공개했다. 3월 20일 정부는 "고위 공직자 임명 시는 물론 퇴임할 때도 의무적으로 재산 내역을 공개할 방침"이라고 공언했다. 이때 밝힌 까닭은 "재임 기간 중 직위를 이용한 축재 등의 비리를 철저히 차단할 계획"이기 때문이다.[9] 그리고 3월 21일에는 예정대로 민자당 의원의 재산이 공개되었다.

　　이명박 의원은 논현동 저택은 현대건설 회장으로 재직 시 외국 바이어 접대를 위해 회사 측에서 지어준 것이라고 밝혔으며 서울 시내의 대지도 지하철 공채를 서울시 측이 돈 대신 체비지로 상환한 것을 받았던 것이라고 해명했다.[10]

　민자당 소속 의원의 재산 공개 파문은 엄청났다. 정치권 사상 초유의 재산 공개 과정이었고 당연히 재산 목록을 고의로 누락하거나 과소 책정하는 시도가 빈번했다. 대부분의 의원은 그림과 골동품 등의 신고를 거부했지만 그럼에도 상당수 의원이 두 세 개의 골프장 회원권을 소유한 사실이 공개됐다. 일부 의원은 아파트와 주택을 위장 매매한 사실이 드러나기도 했다. 헌정사 상 처음 겪는 소동을 보며 언론은 "대입 원서 접수를 방불케 하 는 눈치작전"이라고 평했다.[11] 고위 공직자의 재산 내역이 언론 을 통해 적나라하게 국민에게 전달되었다. 박준규 국회의장을 비롯하여 일부 의원의 재산 내역이 큰 논란을 불러오자, 며칠 뒤 대통령이 "철저한 진상 조사와 그에 따른 조치"를 지시했다. 민 자당은 '재산 공개 진상 파악 특별위원회'를 구성하여 물의를 빚 은 몇몇 의원을 추가 조사하고 단호한 조치를 취하기로 약속했 다. 동시에 "공직자윤리법 개정에 박차"를 가하겠다고 선언했 다.[12] 이틀 후 민자당은 박준규 등을 '투기탈세 혐의자', 이명박 등은 '불성실 신고자', 김영진 등은 '비리축재 혐의자'로 분류했 다. 결국 부동산 문제로 비판을 받던 박준규 국회의장은 사의를 표명하고 만다.

이미 3월 18일에 국무위원과 청와대 수석비서관들의 재산이 공개되었고 27일에는 차관급 공무원 125명의 재산 공개가 이루 어진다. '대검 중수부장 62억 1위', '경남 교육감 1억 1000만 원' 등 언론은 여러 면에 기사를 쓰고 공개 내용을 상세하게 보도했 다. 재산이 많든 적든 그리고 공개된 내용이 사실이든 허위이든, 앞으로 고위 관료가 되려면 재산을 공개해야 하는 상황. 특히 차 관급의 재산을 공개하면서 '토지는 공시지가', '아파트와 연립주 택은 기준시가', '동산은 시가 또는 감정가', '주식 등 유가증권 은 액면가' 등으로 기준을 통일하였고, 이후 언론은 본격적으로

공직자의 재산 내역을 분류하고 평가하는 작업에 착수했다.[13]

차관급 재산 공개 역시 논란을 일으켰다. 엄삼탁 병무청장은 1990년 안전기획부 기획조정실장에 임명된 직후 서울 서초구 서초동에 당시 가격으로 14억 원에 이르는 건물을 사들였으나 구입 자금을 제대로 설명하지 못했고, 언론 인터뷰에서 계속 말을 바꾸면서 의혹을 키우기도 했다. 변재일 부산고검장은 서울 강남구 도곡동 등 두 필지 대지 120평을 가족 간 단순 명의신탁이라고 해명했으나 나중에 구입액을 축소한 정황이 드러나기도 했다.[14] 안기부 실장, 고검장. 세상이 다 아는 권력자라고는 할 수 없지만 그들만의 세계에서는 출세 가도를 달린 이들이 온갖 연줄과 힘을 활용하여 다양한 방법으로 재산을 불려온 방식이 국민에게 공개되었다. 대관절 이럴 수가 있단 말인가.

파문이 커지는 가운데 사법부와 군부는 공직자윤리법이 개정되면 그에 따라 재산을 공개할 것이라고 밝혔다. 공개를 미룬 명분은 현행 방식에는 문제가 많다는 것이었다. "특히 사법부의 경우 법을 다루는 중추 기관으로서 정치권의 초법적 재산 공개 흐름에 휩쓸리는 것은 결코 바람직하지 않다"는 소식통의 발언이 보도되기도 했다.[15] 가당키나 한 얘기인가. 군인과 사법부 소속의 관료도 국민의 공복이 아닌가. 이런 식의 거부권 행사와 고고한 논리를 어떤 국민이 납득할 수 있단 말인가. 군부는 얼마 전까지만 해도 세상을 좌우하던 세력이다. 사법부? 사법부가 군사 정권하에서 바른 말을 하며 국민을 대변한 적이 있단 말인가. 재산을 공개하면 그동안의 비리가 드러날 것이고, 거부하자니 마땅한 명분이 없었다. 어느 경우든 국민의 비판과 청와대의 후속 조치를 피하기 힘든 상황에 몰렸다.

민자당 의원들의 재산 공개 파문은 야당과 시민단체에도 영향을 미쳤다. 야당인 민주당은 금융실명제 실시를 촉구하면서 보다 체계적인 재산 공개 법안을 만들겠다고 공언하였고, 경실련 등 시민단체 역시 공직자윤리법과 금융실명제 실시를 촉구했다.[16]

그동안 공직자윤리법이 없었던 것일까? 그렇지 않다. 당시에도 공직자윤리법에 따라 "국회의원, 법관, 검사 등 국가기관 3급 이상 공무원 등은 매년 1월 중에 재산을 등록"하고 심사를 받아야 했다. 하지만 1983년에 제정된 공직자윤리법은 제대로 운영되지 않았고, 검찰에 조사 의뢰된 공직자는 단 한 명도 없었다.[17]

파문이 커지는 가운데 몇 가지 변화가 시작되었다. 민자당 김재순, 유학성, 김문기 의원이 의원직을 내려놓았고 박준규, 임춘원 의원은 탈당했다. 이원조, 금진호, 조진형, 김영진, 남평우 의원은 김영삼 민자당 총재로부터 공식 경고를 받는 등 총 20여 명의 의원이 재산 문제로 탈당을 하거나 징계 처리되었다. 정동호 의원도 추가로 제명되었다. 또한 정부는 정성진 중앙수사부장, 최신석 강력부장, 조규일 농림수산부차관, 강신태 철도청장, 강두현 경찰위 상임위원 등 차관급 공직자를 해임하고 그 밖에 혐의가 있는 인사를 경고 혹은 전보 조치했다.[18] 대통령의 재산 공개로 시작되어 3월 한 달간 정국을 뒤흔들었던 파문은 5월 21일 공직자윤리법 개정으로 귀결된다. 하지만 상황은 여기에서 멈추지 않았다. 국세청은 고위 공직자에 대한 소득세 조사를 대폭 강화하겠다고 예고했고 자체 감사도 진행하여 70억 이상의 재산을 소유한 200여 명의 직원을 파악, 그 가운데 비리가 드러난 직원을 퇴직시켰다. 공직자윤리법. "김영삼 개혁의 첫 결실"로 불리며 여야가 합의하여 처리한 「공직자의 재산 등록 및 공개 등에 관한 법률」이 오히려 새로운 신호탄이 되었다. 법이 만들어졌으니 이를 기준으로 재산 등록과 공개 과정이 진행되어야 하기 때문이다. '재산 등록 대상은 2만 6000여 명, 공개 대상은 6500여 명.' 여당 당직자와 청와대 관계자, 그리고 고위 공직자들 중 상당수가 이전 신고에서 재산의 상당 부분을 누락했을 게 불 보듯 뻔했다. 또한 재산 공개 범위가 지방의원 단위로까지 확대될 예정이라 논란은 전국으로 확산되었다.[19]

아니나 다를까. 몇 달 후인 9월 7일 개정 공직자윤리법에 따라 행정부 709명, 사법부 103명, 중앙선관위 19명, 입법부 325명, 헌법재판소 11명 등의 재산이 공개되었다. 고위 공직자의 재산 규모는 총 1조 6000억 원, 그들이 전국 각지에 소유한 땅은 1480만 평, 각종 주택은 2200여 채.[20] 일반 국민은 엄두를 내기 힘든 엄청난 수준의 재산이 곧장 화제가 되었다. 정부는 별도 대책반을 구성하거나 국무총리실 제4조정관실을 통해 공직자의 재산 형성 과정을 면밀히 추적하고 문제가 발견되면 응징하겠다는 입장을 거듭 천명했다.[21]

더 이상 피할 수 없는 새로운 사회적 과정이 만들어진 것이다. 앞으로 공직자가 되기 위해서는 투명하게 재산을 축적해야 하며 그것을 깨끗하게 공개할 의무를 져야 한다. 공직자의 재산 형성 과정에 국민의 관심과 언론의 분석이 집중될 것이고, 그 결과에 따라 공직 생활이 끝장날 수도, 연장될 수도 있다. 공직 사회를 송두리째 바꿀 새로운 규칙의 등장.

만약 김영삼이 자신에 대한 도덕적 확신이 없었다면 재산 공개는 불가능했을 것이다. 하지만 대한민국의 정치 문화에 보다 중요한 영향을 미친 것은 재산 공개 후 진행된 여파, 그 자체이다. 권력 핵심부의 재산이 연쇄적으로 공개되면서 그들의 축재에 온 관심이 쏠렸다. 다양한 비판과 비평이 잇달았고 대통령과 정부는 단호하게 대응했다. 대통령의 인기는 날로 치솟았고 새 정부는 국민의 호응에 힘입어 공직자윤리법을 완성했다. 파행과 진통, 여러 논란을 입법 과정에 수렴하여 새 법률을 만들어내고 그렇게 만들어진 법이 다시 새로운 파문과 논란을 낳으면서, 장기적 관점에서 공직 사회가 맑아질 수밖에 없는 선순환 구조가 만들어졌다. 선례가 곧 절차가 된 것이다.

공직자의 재산 공개는 현재도 중요한 검증 수단으로 기능하고 있으니, 김영삼의 기묘한 책략이 오늘날까지 이어지며 공직 사회의 도덕성을 검증하고 있는 셈이다.

하나회 해체 I – 별들의 이전투구

김영삼 대통령이 재임 초기에 시도한 사회 개혁 가운데 눈여겨봐야 할 또 다른 사건이 있다. 대통령 취임 후 얼마 지나지 않은 3월 5일에는 육군사관학교 졸업식이 있었다. 그날 김영삼은 졸업식 치사에서 "올바른 길을 걸어온 대다수의 군인에게 당연히 돌아가야 할 영예가 상처를 입은 불행한 시절이 있었다"라고 말한 뒤 "이렇게 잘못된 것을 다시 제자리에 돌려놓아야 한다"라고 했다. 그날 대통령이 한 말의 의미를 누구도 크게 신경 쓰지 않았다. 당시 김영삼에 대한 언론의 평가는 '군에 대해 잘 모른다'였다. 군을 잘 모르는 데다 인맥도 없고, 더구나 3당 합당을 통해 대통령이 되면서 실상 군부의 지원을 받는 구조였으니 군부를 건드리지는 못할 것이라는 예상.

하지만 돌이켜보면 그가 군 개혁에 착수할 것이라는 조짐은 있었다. 대통령 취임 직전 경호실장에 통례대로 육군 고위 장성을 임명하는 대신 순수 경호실 출신인 박상범을 임명했고 국방부장관으로 육군 소장 출신의 권영해를, 차관으로 재무 관료 출신의 이수휴를 발탁했기 때문이다.[22] 권영해는 이후 안기부장을 역임하는 등 김영삼의 총애를 받은 인물이다. 그는 1988년 말 예비역 소장으로 전역하였지만 몇 달 후 베트남전쟁 당시 인연을 쌓은 오자복 장관에 의해 국방부 기획관리실장으로 발탁되면서 새로운 기회를 맞았다. 1990년에는 국방부차관이 되면서 그때까지 예비역 중장을 임명하던 관례를 깨기도 했다.[23] 그는 노태우 정권에서 급성장했는데, 군 전력 현대화 사업인 '율곡사업'을 추진하는 과정에서 구설수에 오르며 일은 잘하지만 흠결은 꽤 있다는 하마평이 돌기도 했다. 말하자면 노태우 정권에서 기회를 잘 잡은 비주류계였던 셈이다. 김영삼은 그런 권영해를 앞세워 하나회 숙청을 비롯한 군부 개혁을 추진한다.

원체 기밀을 중시하는 사람이어서요. 틀림없이 군 중에서 상당한 사람과 접촉이 있었는데 일체 말씀을 안 해요. 누구도 몰라요. 그래서 제가 권영해 국방장관에게 물어보았습니다만, 아무도 몰라요. 얼마나 많은 정보를 가지고 있는지 우리가 궁금해했는데 말을 안 해요.[24]

문민정부 당시 청와대 정무수석비서관을 역임한 이원종의 회고이다. 최측근까지도 행보를 예측할 수 없는 리더십. 김영삼의 초기 개혁에서 특히 주목해야 하는 측면이다. 김영삼은 솔직했다. 매우 직설적으로 자신의 의견을 피력했다. 그러면서도 큰 틀에서는 지도부와 생각을 공유했고, 국민을 향해서는 항상 자신이 목표한 개혁의 방향과 일치하는 연설을 했다. 하지만 행동은 비밀스러웠다. 어느 시점에 무엇을 어떻게 할 것인가, 무엇을 바꾸고 누구를 제거하고, 결과적으로 어떤 변화를 일굴지에 대해서는 극도의 비밀을 유지했다. 그리고 행동했다. 단칼에 개혁을 시작하고, 개혁의 대상들이 눈앞에서 벌어진 일에 당혹하여 어찌할 바를 모르는 사이 대다수 국민은 입이 떡 벌어져 환호하는 모양새를 만들어가는 방식이 김영삼식 추진력의 특징이다.

김영삼은 집권 초기에 중요한 정책을 집행하기 위해 빠르고 정확하게, 그리고 구체적으로 적을 제압하고 제거하는 형태로 일을 추진해나갔다. 결국 기득권은, 부패한 구조는 '사람'들로 이루어진 것 아닌가. 누군가를 제거하고 몰아내야 그 빈자리에 새로운 구조를 만들 수 있다. 일처리가 재빠르지 못해서 시작하기도 전에 사람들이 알아버리면 말이 행동을 덮고 결과는 빛 좋은 개살구가 되고 만다. 김영삼은 비밀주의와 속도전을 통해 다수의 기득권층을 제거하며 오랫동안 뿌리박혀 있던 군사주의를 척결해나갔다. 작게는 하나회를 비롯하여 전두환과 노태우 뒤에 섰던 고위 장성들을, 크게는 안전기획부, 보안사령부, 군부로 이어지는 대한민국의 주류 권력층을 제거하고 재조정하는 작업을 거침없이 해나갔다.

도대체 하나회란 무엇일까. 그들은 어떤 기득권을 어떻게 나누어 가지고 있었을까. 1980년 5월 당시 계엄사령관은 육사 8기 출신의 이희성으로, 전두환의 선배였다. 그는 광주 시민을 폭도와 북괴의 위협으로 규정한 후 잔혹한 진압 작전을 주도하였고, 1988년에 열린 광주청문회에서도 앞장서서 군부의 입장을 대변했다. 최소한의 책임만 인정하며 애매한 답변과 모르쇠로 일관하던 그는 오직 과잉 진압의 불가피성을 강조할 때만 목에 핏대를 세웠다. 1980년 당시 그는 육군참모총장을 겸임했고, 전두환 정권이 들어선 1981년 12월에 육군 대장으로 예편했다. 이후 방직협회 회장을 역임한 뒤 1982년 5월에 교통부장관으로 입각, 1984년에는 주택공사 이사장이 되었다. 전두환은 참으로 세심하게 선배의 공을 챙겼다.

황영시. 그는 12·12군사반란 당시 1군단장으로 대통령 최규하의 재가를 받아 육군참모총장 정승화를 체포한 인물이다. 육사 10기로, 역시 전두환의 선배이다. 그는 1981년 12월 육군참모총장으로 영전했고 1983년에 예편했다. 그리고 이듬해에 감사원장에 임명되었으니 이희성과 유사한 경로라고 할 수 있다.

그리고 노태우. 그는 12·12군사반란 당시 9사단장이었다. 그리고 1980년 8월에 보안사령관으로 임명된다. 이즈음에 통일주체국민회의 선거를 통해 대통령이 된 전두환은 자신의 최측근이자 평생을 함께해온 동반자 노태우에게 군 권력을 넘겼다. 그는 1981년 7월 육군 대장으로 예편한 후 곧바로 정무2장관(외교, 안보 담당) 겸 대통령 외교안보 특보로 취임한다. 연이어 체육부장관, 내무부장관 등 요직을 거친 뒤 1985년에는 민정당 대표위원이 된다. 그리고 1987년 6월 10일 민주항쟁이 본격화된 바로 그날 민정당 대통령 후보가 된다.

전두환과 가까웠던 인물들은 대부분 이런 형태로 관운을 누렸다. 전두환의 오른팔로 불리던 장세동은 1981년부터 1985년까지 대통령 경호실장을 역임했고 1987년까지는 안기부장을 맡았다. 5·18광주민주화운동 당시 특전사령관이자 신군부의 핵심 인사였던 정호용은 내무부장관, 국방부장관을 거쳐 김영삼 정권 때까지 국회의원직을 유지했다. 반면 평소에는 친절하고 소탈하지만 권력 쟁탈에 있어서는 신군부의 어떤 인물보다 신속하고 냉철했던 박희도는 전두환과 정호용의 뒤를 이어 특전사령관, 육군참모총장을 역임하다 노태우에 의해 제거되었다.[25]

전두환의 리더십은 화끈했다. 자신을 따르고 자신의 결단과 선택에 동의한 사람들에게는 두둑한 대가를 돌려주었다. 전두환의 군부 인맥을 보통 '하나회'로 치환하지만 이희성, 황영시 등의 사례에서 알 수 있듯 중요한 것은 하나회라는 조직이 아니라 전두환과 구성원 각자가 맺은 관계였다.

전두환의 통치술을 분석할 때 결코 빼놓을 수 없는 부분이 보안사령부이다. 중앙정보부와 비견되던 군 내 최고 정보기관 보안사. 공교롭게도 유신 체제 말기 박정희 대통령의 총애를 받던 차지철 경호실장을 견제하기 위해 당시 정승화 육군참모총장과 노재현 국방장관이 전두환을 보안사령관으로 추천했다고 한다.[26] 1979년 전두환은 보안사령관에 임명되었고 이때 보안사령부에서 그를 보좌한 권정달(육사 15기), 허화평(육사 17기), 허삼수(육사 17기), 이학봉(육사 18기) 등은 12·12군사반란부터 전두환 정권 수립에 이르는 과정에서 가장 중요한 역할을 담당했다. 이들은 하나회 소속인 동시에 보안사의 중추였다.[27]

1979년 10월 26일 대통령 박정희와 경호실장 차지철이 사망하고, 중앙정보부장 김재규가 체포된 상황에서 보안사령관 전두환은 합동수사본부를 설치한다. 합동수사본부. 전두환이 권력을 장악해가는 과정을 설명할 때 통상 12·12군사반란과 5·17비상계엄확대를 꼽는데, 이는 사건사적 고찰이지 권력 획득의 과정은 아니다. 보안사령관, 합동수사본부장, 중앙정보부장 서리. 세 직함의 결합은 대한민국의 모든 정보 권력을 전두환에게 집중시킨 사건이다. 1979년 10월 27일 새벽 대통령 급서에 따라 국무회의는 비상계엄 선포를 의결했다. 곧바로 보안사령관 전두환이 참모들을 소집해 계엄하의 포고령 기안에 대한 지침을 하달하는데 이때 중앙정보부의 기능을 정지시켰다. 중앙정보부장 김재규가 대통령을 시해하고 중정 요원 일부가 여기에 가담했기 때문에 이루어진 결정인데, 결과적으로는 보안사령부가 종래 최고 정보기관을 짓밟는 형국이 되었다. 그리고 합동수사본부 설치 과정에서 '계엄 공고 제5호'가 발효되면서 모든 정보 수사 기관(검찰, 군검찰, 중앙정보부, 경찰, 헌병, 보안사)의 업무를 감독하는 역할을 보안사령관인 전두환 자신에게 집중시켰다. 전두환이 단숨에 권력의 최정상에 오른 것이다. 권정달, 허화평, 허삼수, 이학봉 등 보안사의 핵심 엘리트는 전두환을 보좌하며 제2의 쿠데타를 준비했다. 바로 이 시기에 그간 중지되었던 보안사의 민간인 사찰 기능이 부활했다.[28]

하나회의 기원을 이야기할 때 보통 '윤필용 사건'(1973)을 언급한다. 당시 군부의 실세였던 수도경비사령관 윤필용이 박정희의 후계자를 거론했다가 대통령의 눈 밖에 났다. 보안사령관 강창성은 대통령의 지시로 윤필용 계열을 수사하다가 전두환이 이끄는 군대 내 사조직 하나회를 발견했다. 문제는 박정희가 윤필용 일당은 제거하고 하나회는 용인했다는 점이다. 그로 인해 전두환과 일당이 살아남을 수 있었다. 대강 이 정도의 이야기이다.

윤필용, 강창성, 그리고 전두환을 둘러싼 이야기는 다양한 방식으로 회자된다. 윤필용과 강창성이 경쟁 관계였고 양대 파벌이 대결을 벌이던 중 하나회가 드러났다는 주장과, 오히려 하나회에 윤필용이 엮여 있었고 강창성계는 신군부의 상대가 될 수 없었다는 주장[29] 등 해석이 분분하다. 핵심은 박정희가 군부를 통제하는 동시에 두각을 나타내는 장성을 지속적으로 처단했고, 그 과정에서 전두환을 비롯한 신군부를 군부 통솔의 하위 조직으로 운영했다는 점이다. 실제로 하나회가 어떻게 운영되었는지에 대해서는 구체적인 기록을 찾기 어렵다. 명단도 없고 정확한 구성원도 알려지지 않았다. 새 회원을 뽑을 때는 입회를 오랫동안 검토했다는 등 마치 일본 막부의 쇼군과 가신처럼 신입 회원은 엎드려서 잔을 받았다는 등의 이야기만 떠돈다.

분명하게 확인된 내용만 정리해보자면 1966년에 손영길, 전두환, 노태우, 정호용 등 육사 11기가 주도하여 사조직을 결성하고, 여기에 12기 박희도, 17기 허화평, 허삼수 등이 합류한 뒤 전두환을 하나회 회장으로 선출했다. 그리고 1972년 무렵에는 육사 24기까지 약 150명이 가입한 거대 조직으로 발전했고, 1973년에는 11기 가운데 무려 네 명이 장성 진급을 하면서 그 위상이 한층 높아졌다는 것 정도를 가늠할 수 있다.[30]

> 박 대통령이 하나회를 인정, 회원들에게 군도나 휘호를 선물하는 등 그 활동을 조장한 면이 있지요. 하나회 핵심 장교 50여명의 명단을 박 대통령에게 보고했더니 그분이 직접 구속, 예편, 감시 등으로 분류했어요. 정호용, 박준병 두 대령도 예편 대상으로 돼 있었는데 박 대통령이 빼주었어요.[31]

윤필용 사건 당시 하나회를 수사한 강창성의 회고이다. 전두환을 중심으로 한 하나회가 비단 박정희의 총애만 받은 것 같지는 않다. 정권의 실세인 박종규, 김재규 등으로부터도 총애를 받았다. 5·16군사쿠데타 당시 육군 대위였던 전두환은 육사 교장 강영훈을 밀어내고 사관생도들을 거리로 끌고 나와 '5·16군사혁명 지지 행진'을 했을 정도이니 상관들이 눈여겨봤을 만하지 않겠는가. 윤필용 사건을 통해 하나회가 노출되면서 비하나회 계열의 견제를 받은 것도 사실이다. 하지만 하나회 소속 장교들을 비교적 한직으로 전보 처리한 뒤 지속적으로 관리하지 못하면서 견제는 흐지부지되었다고 한다.[32]

전두환은 계속 승승장구했다. 국가재건최고회의 의장 민원비서관, 중앙정보부 인사과장, 수도경비사령부 대대장, 육군참모총장 수석부관, 공수여단장, 대통령 경호실 차장보, 사단장, 국군보안사령관 등 전두환의 이력은 화려하기 짝이 없다. 그중에서 주목해야 할 부분은 공수여단장. 이 시기에 전두환은 특전사 인맥을 촘촘히 구축한다. 육사 12기 박희도, 장기오, 13기 최세창, 오한근과 이어졌고, 이들은 12·12군사반란 때 전두환 편에 섰다.

하나회와 보안사의 최측근들은 신군부 정권 수립 과정에서 가장 중요한 역할을 담당했다. 국가보위비상대책위원회(이하 국보위). 광주를 무참히 짓밟은 신군부는 국가를 지키겠다면서 초법적 기구인 국보위를 만들었다. 육사 16기 최평욱(운영분과 위원), 육사 14기 이춘구(재무분과 위원), 육사 14기 안무혁(건설분과 위원), 허삼수(사회정화분과 위원)가 모두 하나회 소속이었다.[33] 1987년에 최평욱은 보안사령관, 이춘구는 민정당 국회의원, 안무혁은 안기부장을 역임하는데, 이런 식으로 하나회 멤버의 출셋길을 설명하다 보면 끝이 없을 지경이다. 전두환과 그 일당이 모든 것을 손에 쥔 세상. 보안사 정보처는 헌법 개정과 민정당 창당까지 주도했다. 일련의 과정이 5·16군사쿠데타 이후 국가재건최고회의, 중앙정보부 창설, 공화당 창당, 헌법 개정으로 이어진 1961년 박정희 일당의 집권 과정과 꼭 닮았다.

전두환은 집권 명분으로 유신 체제 극복을 내세웠다. 장기 집권과 연임. 지긋지긋한 박정희 시절의 역사를 본인이 해결하겠다고 공언한 것이다. 그리하여 등장한 것이 대통령 7년 단임제. 깨끗이 한 번만 하고 대통령 자리에서 물러나겠다는 발상인데, 어찌 그것이 본심이겠는가. 가장 충직하며 믿음직한 동료 노태

3장. 혁명보다 어려운 게 개혁이다: 집권 초기의 개혁

우를 후임 대통령에 앉히고 일해재단을 세워 마치 칠레의 피노체트처럼 국가 원로로서 지속적 영향력을 행사할 계획을 세운 전두환은 집권 말기에 대대적 군 인사 개편에 착수했다. 갑자기 육군 80명, 해군 16명, 공군 17명 등 총 113명의 장성에게 별을 하나씩 더 달아주는 승진을 단행했는데, 이 과정에서 국방장관을 따돌리고 박희도 육군참모총장을 움직였다. 임기 말의 대통령이 직접 대한민국 육군의 최고 지휘관을 통해 별들의 이동을 시도한 사건이다. 보안사령관 고명승은 대장 진급 및 3군사령관으로, 7군단장 최평욱은 보안사령관으로, 육군3사관학교장 김영진은 중장 진급 및 수방사령관으로 승진했는데 이들은 명실상부 전두환의 직계 라인이었다.[34]

하지만 1987년 이후의 상황은 전두환의 의지와 정반대로 흐르고 있었다. 무엇보다 6·29선언 이후 민주화 조치를 주도하며 13대 대선에서 김영삼과 김대중을 꺾은 직선제 대통령 노태우가 그의 기대와 전혀 다르게 행동했다.

1987년 6월의 민주항쟁은 거셌다. 전두환 정권이 민주화를 용인하게 만들었으며 노태우 정권이 들어선 뒤에도 다양한 분야에서 민주화에 대한 열망이 끓어올랐다. 노태우는 대통령직선제, 언론 자유화, 자유민주주의의 기본 원칙 확립 등 '온건한 민주화'를 표방하였고 스스로를 군부의 후계자가 아닌 '보통 사람'으로 내세웠다. 6공화국 초기에 전두환 정권의 온갖 비리가 터져 나오는 가운데 여소야대 국회에서 5공청문회와 광주청문회를 의결했다. 노태우는 '자유민주주의 수호'를 외치며 자신의 집권 명분을 강화했다. 그는 대한민국의 민주화를 미국이 지지하고 있으며 다시는 쿠데타 같은 불상사가 일어나지 않을 것이라고 공언했다. 또한 냉전이 붕괴하는 상황에서 '북방정책'을 통해 과거 공산주의 국가들과 외교 관계를 수립하면서 탈냉전 시대의 신질서를 구축해나가려 했다.

노태우가 계획한 변신의 가장 큰 걸림돌이 바로 전두환이었다. 하지만 노태우는 끝내 전두환을 버리지 않았다. 버릴 수 있는 관계가 아니었다고 보는 편이 정확할 것이다. 노태우는 전두환의 해외 도피 혹은 사법 처리를 반대하며, 온갖 방법을 동원해 5공청문회와 광주청문회를 방해했다. 그렇다고 전두환의 상왕 노릇을 용납하지도 않았다.

1988년 6월, 노태우는 임기가 6개월 남은 육군참모총장 박희도를 전격 경질했다. 전두환의 직계 라인이자 군부에 남아 있는 하나회 최고 실세를 직접 도려낸 것이다. 균열. 전두환 계열과 노태우 계열의 싸움으로 상황이 복잡하게 돌아갔다. 전두환 정권에서 온갖 호사를 누린 정호용은 천덕꾸러기처럼 국회의원직을 유지했고, 그가 청문회장에서 내뱉은 뻔뻔한 말은 군의 수치처럼 비쳤다. 육사 17기이자 당시 총무처장관이던 김용갑은 사표를 내면서 대한민국의 좌경화를 비판했고, 육군사관학교 교장 민병돈은 졸업식장에서 대통령에게 경례를 생략한 채 단상에 올라가 "가치관의 혼란", "환상과 착각" 등의 표현을 사용하며 민주화 과정에 대한 불만을 표현했다.[35] 한마디로 노태우가 주도하는 온건한 민주화에 대한 비판인데, 육사 17기 대부분이 전두환과 밀접했고 민병돈은 노태우에 의해 특전사령관에서 육사 교장으로 좌천되었다는 점을 고려하면 이념 논쟁보다는 세력

3장. 혁명보다 어려운 게 개혁이다: 집권 초기의 개혁

갈등으로 보아야 할 것이다.

당시 노태우의 측근으로는 이상훈 국방장관, 이종구 육군참모총장 등이 손꼽힌다. 노태우는 1989년 3월 28일에도 대대적인 군 인사 개편을 지시하여 최세창 합참의장(육군 대장)과 정진태 연합사 부사령관(육군 대장)을 해임했다. 또한 김진영, 최평욱, 민병돈 등을 포함한 중장 이상의 고위 장성 20여 명을 전역, 좌천 조치했다. 결과는 육사 17기의 대대적으로 은퇴로 이어졌다. 이제 육사 18기의 전성시대가 도래한 것이다.[36]

> 군이 정치에 개입하는 일은 절대 없을 것이다. 개입할 수도 없고 하려 들지도 않을 것이다. 설령 해본댔자 국민들이 용납지 않을 것이며, 삼일천하도 못될 것이다.[37]

이상은 이상훈 국방장관 취임사의 일부이다. 노태우의 생각을 대신 말한 것이라 할 수 있는데, 이종구 육군참모총장 역시 비슷한 말을 하며 군부 내 '정치중립위원회'를 만든다고 소란을 피우기도 했다. 세대교체를 표방하며 전두환 계열을 숙청한 사건이지만, 이를 통해 하나회를 비롯한 정치 군인의 본질이 바뀌었다고는 볼 수 없다. 노태우뿐 아니라 이상훈, 이종구 역시 하나회와 신군부의 핵심이기에, 당시의 인사는 신군부 내부의 집안싸움에 불과하다. 하지만 변화는 분명 변화였다. 전두환은 청문회 정국에서 백담사에 은거하고 있었고 신임 대통령은 인사권을 통해 군을 장악했다. 박정희 때부터 이어진 독재자에 의한 군부 단속 시대가 끝나고 민주화 이후 군부 내 이전투구, 세력 다툼이 벌어진 것이다. 그야말로 과도기였다.

하나회 해체 II –
단칼에 베다

그리고 다시 김영삼의 시대. 1993년 봄 한미 연합 팀스피릿 훈련에 전군의 관심이 집중되어 있던 그때, 대통령이 갑자기 육군참모총장과 기무사령관(1991년 보안사령부의 이름이 기무사령부로 바뀌었다. 2018년에는 기무사령부를 해체하고 군사안보지원사령부로 재조직되었다)을 경질했다. 김진영 참모총장은 전역, 서완수 기무사령관은 보직 해임. 군부에서는 이를 '3·8사태'라고 불렀다. 신임 육군참모총장에는 한미연합사 부사령관 겸 지상구성군 사령관 김동진 대장이, 기무사령관에는 기무사 참모장 김도윤 소장이 임명되었다. 전임자의 임기가 9개월여 남은 상황에서 단행한 기습 인사였다.[38]

> 김영삼: 장차관 인사도 끝냈으니 군 인사도 시작해야 하겠지요.
> 권영해: 군 인사는 매년 6월과 12월 두 차례에 걸쳐서 정기적으로 해왔습니다. 지금 인사를 해야 할 특별한 이유라도….
> 김영삼: 참모총장과 기무사령관을 바꿔야겠습니다.
> 권영해: ….
> 김영삼: 기무부대는 차후 보고받겠지만 축소 조정되어야 합니

다. 그것은 내 선거 공약이었습니다. … 육군참모총장은 국군 통수 차원에서 교체하겠습니다.[39]

『월간조선』을 통해 보도된 권영해 국방장관의 회고이다. 대통령은 지나가는 말처럼 화두를 던졌고 장관이 놀란 것을 아는지 모르는지 계속 말을 이어갔다고 한다. 기습 인사에 군부가 술렁였지만 김영삼은 멈추지 않았다. 3월 29일에는 '기무사 개편안'을 최종 확정하여 발표했다. 민간인 사찰 등으로 물의를 일으키던 정보처를 폐지하고 사령관의 대통령 직접 보고도 금지했다. 또한 국방부장관이 기무사를 지휘 감독하게 하고 기무사 요원의 정부 기관·민간 단체 출입을 금지했으며 사단급 이상의 부대에만 기무부대를 파견하는 것으로 규모를 축소했다. 기무사령부는 교외로 옮기고 시도 단위의 지구 부대에서는 완전 철수하며, 사령부 인원은 1000명 감축하는 것이 골자였다.[40] 며칠 전 진행한 안전기획부(중앙정보부의 후신이다. 김대중 정부 시절에 이름을 다시 국가정보원으로 바꾸었다) 개혁안과 유사한 내용이다. 이로써 군사 독재 시절에 대통령의 손과 발 역할을 한 두 정보 기관이 몰락했다.

이는 5·16군사쿠데타 이후 줄곧 몸집을 불려온 정보 기관을 처음으로 축소한 사건인데, 대통령이 기무사령관의 직접 보고를 받지 않고 장관을 통해 받기로 한 부분이 변화의 핵심이다.[41] 강창성의 회고에 따르면 보안사는 단 한 번도 군의 정식 지휘를 받은 적이 없었다. 1971년 8월 보안사령관에 임명된 강창성은 전임자인 김재규에게 업무를 인계받으면서 "매일 청와대에 서류 보고를 올리되 대통령에게 직접 보고하고, 육군참모총장과 국방장관에게는 필요한 것만 골라서 보고하라"라는 설명을 들었다. 또한 박정희는 강창성에게 "정보 보고는 총리를 거치지 말고 직접 가져오라"라고 지시했다.[42] 김영삼은 대통령 취임 후 수차례에 걸친 기무사령관의 독대 요청을 거절하였으며 기무사 개편안을 통해 기능을 명확히 정의하고 그 역할을 일반 행정체계 아래로 편입했다. 개편안을 발표한 뒤 3월 30일과 4월 6일 두 차례에 걸쳐 기무사에 속한 준장, 영관, 위관, 준사관, 하사관 400여 명을 원대 복귀시키고 오직 순수 정보부대 역할만 담당할 것을 분명히 하였다.

3월 말 공직자 재산 공개 정국에서 군부는 재산등록제를 거부하여 국민의 비난을 받고 있었다. 이때 김영삼이 또다시 군 인사를 단행한다. 4월 2일 수방사령관 및 특전사령관을 전격 경질한 것이다. 안병호 수방사령관, 김형선 특전사령관을 보직 해임하고 도일규 한미연합사 부참모장과 장창규 육군본부 동원참모부장으로 대체했다. 수방사와 특전사 수장의 교체는 권영해 국방장관과 의논해 결정한 사안인데, 전두환·노태우가 육군참모총장이나 합참의장을 조정해 군 인사를 좌우하던 방식과는 전혀 달랐다. 대통령이 임명한 국무위원 중 한 명인 국방부장관이 직접 인사를 관리하며 헌법과 법률에 명시된 정상적인 통치 행위를 회복하자 군부는 혼란스러울 수밖에 없었다.

4월 8일과 15일에도 군사령관 두 명과 공석이던 합참 1차장 (대장급), 그리고 중장·소장 인사가 단행되었다.[43] 하나회는 줄줄이 잘려나가고 군의 조직은 급격하게 바뀌었다. 김영삼의 군 인사 개혁은 노태우 때의 군부 길들이기와 질적으로 달랐다. 취임

후 50일 만에 네 차례나 군단장, 사단장급 인사를 단행한 결과 하나회와 노태우 시절 성장한 소위 '9·9인맥'*이 모조리 몰락하고 말았다. 개혁은 하나회 숙청만을 목표로 하지 않았다. 파격적인 인물이 등용되고 육사 기수에 따라 늘어섰던 서열 또한 파괴되었다. 김영삼은 김동진, 김도윤, 장창규를 비롯하여 평장원 교육사령관, 윤용남 합참 전략기획본부장 등을 대장으로 진급시켜서 그동안 군부 내 비주류로 분류된 인물을 전면 발탁했다. 헌법에 명시된 합리적이고 절차적인 통치 행위를 통해 김영삼은 군 인사 제도의 형평성을 회복하고 군의 능력을 향상시켰다.

하나회 숙청은 군부 쿠데타의 가능성을 일소하며 군의 정상화를 도모한 정치사적 사건이다. 동시에 오랫동안 꿈꿔왔던 민주공화정의 적법한 행정 행위를 회복한 사건이기도 하다. 이로써 군부의 시대가 종료되었다. 이후에도 하나회와 관련된 이야기로 간혹 세상이 떠들썩했지만 더 이상 과거와 같은 군대 내 사조직은 존재할 수 없게 되었다. 더불어 이후에 진행된 '역사바로세우기'와 전두환·노태우를 비롯한 군부 지도자들에 대한 대대적 구속 수사는 이들의 지위를 더욱 위태롭게 만들었다.

김영삼이 집권 초기에 군부를 제압하는 모습을 보면서 의문이 생기기도 한다. 지난 시기에 대한민국을 쥐락펴락한 천하의 하나회를 어떻게 이렇게 쉽게 무너뜨릴 수 있었을까? 또 다른 군부 내 사조직은 없었던 것일까? 군부의 쿠데타 음모는 정말로

---

* 　노태우가 지휘했던 9공수여단과 9사단 출신의 인맥을 가리킨다.

영원히 사라진 것일까?

　라틴아메리카의 군사쿠데타와 달리 한국의 군인들은 권력을 장악한 후 서둘러 군복을 벗었다. 또한 스스로 '불행한 대통령', '다시 벌어지면 안 될 과정을 거친 대통령'이라고 말하며 자위했다. '4·19의거 완수', '유신 체제 극복', '민족문화 창달' 등의 말로 권력 찬탈에 정당성을 부여하기도 했다. 시민혁명이 군사쿠데타보다 먼저 일어났기 때문에 벌어진 일이다. 그 결과 독재의 시간이 길었지만 민주화운동 역시 그만큼 길고 끈질겼다. 육사 출신의 군인들이 온갖 요직을 움켜쥐고 사회를 주도하며 자신만의 세력을 구축했지만, 이들은 반드시 군복을 벗고 민간 사회에서 자리를 차지했다. 박정희뿐 아니라 전두환과 노태우도 '군인'이 아니라 '대통령'이 되어 대한민국을 지배하려 했다. 즉 라틴아메리카나 미얀마같이 군부가 민간보다 우월하다 여기며 군복을 입고 민간을 직접 통치하는 문화는 한국에서 뿌리를 내리지 못했다. 또한 군대 내 사조직의 역할은 권력을 장악하는 과정에서 제한적으로 기능했을 뿐 결국 박정희, 전두환 등 지도자를 보좌하고 그의 비호를 받으며 혜택을 누리는 수준이었다.

　전두환이 설계한 세계는 곧바로 후계자 노태우에 의해 비틀렸다. 무엇보다 1980년 5·18광주에서 1987년 6월 민주항쟁으로 이어지는 강력한 민주화 투쟁의 역사가 김영삼의 도발적이며 충격적인 정치 행보에 크나큰 힘을 보태주었다.

　대부분의 개혁은 물거품이 된다. 이유를 찾자면 한도 끝도 없다. 역사에는 '개혁'이라는 이름이 붙은 수많은 시도가 보잘것없는 실패의 변명과 함께 너저분하게 늘어서 있다. 하지만 1993년 김영삼의 개혁은 달랐다. 하나회 해체, 기무사와 안기부 개혁, 공직자 재산 공개, 조선총독부 건물 해체 등으로 이어지는 그의 행보는 짧은 시간에 획기적 변화에 성공하며 대한민국 행정 권력이 할 수 있는 일의 '선례'를 만들어냈다. 무엇보다 '개혁의 메커니즘'이 이후에도 계속 작동했다는 점이 중요하다. 누가 개혁을 주도했는지가 아니라 개혁 과정에서 만들어진 '방법'이 지속적으로 활용되었다는 점이 중요하다. 개혁은 단순한 선례여서는 안 된다. 하나의 개혁은 연속적 인과 구조로 바뀌어서, 집권자가 물러난 후에도 후임자에 의해 이어져야만 한다. 대통령 김영삼이 보여준 개혁은 당시의 수많은 비판에도 불구하고 연속성의 선례가 되었다는 점에서 매우 중대한 의의를 지닌다.

**텅 빈
국고의
열쇠를
받은 후
새로운 질서를
만들다**

YS		DJ
김영삼과 통일민주당 창당, 이후 후보 단일화 결렬	**1987.4~8.**	김상삼과 통일민주당 창당, 이후 후보 단일화 결렬
13대 대통령 선거 낙선	**1987.12.**	13대 대통령 선거 낙선
	1988.11.	광주청문회에 증인으로 참석, 김대중 '내란 음모 사건'은 전두환 신군부 세력의 정권 찬탈을 위한 조작극이었음을 증언
3당 합당: 민주정의당, 통일민주당, 신민주공화당을 합쳐 민주자유당 창당	**1990.1.**	
14대 대통령 선거 당선	**1992.12.**	14대 대통령 선거 낙선
금융실명제 실시, 공직자 재산 공개, 하나회 해체, 12·12 및 5·18 특별 담화 발표	**1993.3~5.**	
정치개혁법 국회 통과	**1994.3.**	
	1995.7.	정계 복귀
5·18특별법 국회 통과	**1995.12.**	
IMF 구제금융 신청 발표	**1997.11.**	
	1997.12.	15대 대통령 선거 당선
	1998.12.	전교조 합법화
	1999.9~11.	국민기초생활보장법 제정, 민주노총 합법화
	2000.3~12.	베를린 선언 발표, 남북 정상 회담 개최, 노벨 평화상 수상
	2001.1~7.	여성부 출범, 국가인권위원회법 제정, 부패방지법 제정
	2003.2.	대통령 퇴임

문민정부,
환란의 전주곡을 듣다

변화는 어떻게 시작되는가. 입으로만 문제점을 나열하는 정치가와 공허하게 쇄신을 역설하는 공무원은 많다. 사실 우리는 불평을 통해 변화를 체감하는 경우가 더 많다. "이러자고 개혁을 이야기한 것인가. 예전만 못하다. 차라리 이전이 낫다." 지식인들은 '근본적'이라는 단어를 연발하며 개혁 조치의 구체적인 단점을 보란 듯이 들추는 데 능숙하다. 보통의 시민들은 원론적 차원에서 변화에 동의하고 때로는 열광적으로 지지하지만, 그 효과가 가시적이지 않거나 시간이 오래 걸리거나 복잡한 문제여서 이해하기 어려울 때는 "바뀐 게 아무것도 없다. 기대했던 것은 이게 아니다. 이렇게밖에 못하나"라고 비판하는 데 거리낌이 없다.

그 밖에 변화의 중요한 구성원—이해 관계자, 기득권, 개혁을 수행해야 하는 공무원—들에게 변화는 어떤 의미일까. 그들은 변화가 싫다. 그리고 변화를 거부하고 그것에 저항할 수단도 넉넉히 갖고 있다. 대통령이나 해당 부처장의 임기를 정확히 알고 있으며 새로 도입될 정책의 암적인 부분을 어떻게 자신에게 유리하게 이용할지를 꿰고 있다. 그러다 보니 개혁, 쇄신, 변화, 혁신, 변혁 등 현상을 깨트리려는 시도는 대부분 실패하고 만다. 의지와 능력과 진정성? 현실 앞에서 이런 속성은 환상에 불과하다. 진심으로, 그리고 지속적으로 변화를 이루고자 하는 이는 늘 소수에 불과하다. 그래서 우리는 누군가가 국가 권력을 손에 넣고 행정 조치를 통해 변화를 시도할 때마다 미리 생각하지 못한 난관에 부딪히는 장면을 번번이 목도하게 된다.

> 외환 위기는 오직 성장에만 매달려온 '박정희식 발전 모델'의 종말을 가져왔다. 노동자와 중소기업의 희생 위에 지어진 정경 유착의 부실 건물이 붕괴하기 시작했다. 이는 우리가 제대로 된 민주주의를 하지 않았기 때문에, 어찌 보면 예고된 재앙이었다. 민주주의와 병행해서 경제를 발전시켰더라면 정경 유착과 관치 금융을 불러들이는 대형 부정부패는 발을 붙일 수가 없었을 것이다. 시장 경제를 하더라도 민주주의를 하지 않으면 결국 나라가 기울기 마련이다.[1]

1997년 말 외환 위기. 'IMF'라는 단어로 회자되는 그때 그 엄청난 충격과 여파. 김대중은 외환 위기의 원인을 오랫동안 쌓여온 박정희식 경제 모델의 한계에서 찾았다. 정부 주도형 경제 성장은 숱한 병폐에도 불구하고 1990년대 말까지 대한민국의 발전 모델 그 자체로 작동하고 있었다. 정부가 국가 발전의 종합 모델을 설계하고, 차관을 기업에 저리로 제공하고, 기업의 수출 및 이윤 활동을 관리하는 모델. 결과는 매우 성공적이었다. '한강의 기적과 압축 성장.' 그동안 한국 경제는 10년 단위로 변화하고 발전했다. 경공업에서 중화학 공업으로 전환하며 단숨에 북한을 앞질렀고, 1960~70년대에 일군 여러 사회적 자본은 1980년대 이후 고도성장의 중요한 밑거름이 되었다.

동시에 온갖 부작용이 속출했다. 정부가 기업에 차관을 분배

할 때마다 필연적으로 불법 정치 자금 요구가 뒤따랐고, 정부가 추진하는 각종 개발 계획 사업은 권력자와 기업가의 논공행상 자리가 되고 말았다. 정부는 불필요한 외채를 과다하게 빌리고, 기업은 권력자에게 빌붙은 순서대로 그 돈을 나누어 가지면서 경제가 성장한 만큼 중복 투자, 부실기업 등의 문제가 쌓이는 모순 구조가 고착되었다. 유신의 몰락과 1980년대의 시작은 이 모순을 일부 교정할 기회였지만, 단지 거기까지. 1993년 김영삼의 원대한 개혁도 경제 분야에서만큼은 큰 효과를 발휘하지 못하는 가운데, 경제 정책은 1994년 말 이른바 '시드니 구상'*에서부터 비틀리기 시작한다.

김영삼은 극구 '세계화'와 '국제화'는 다르다고 주장했다. 그리고 새로운 경제적 도약이 필요하다며 1995년 집권 중반기에 종래의 개혁과는 사뭇 다른 선택을 하게 된다. 이미 1980년대부터 세계는 변하고 있었다. 겉으로는 냉전 구조가 유지되었지만 이미 중국은 사회주의 개방경제라는 새로운 길을 걷기 시작했다. 1980년대 중반 남한과 중국의 무역은 중국과 북한의 무역량의 몇 배에 달했다. 그리고 1990년대. 상황은 더욱 빠르게 변했다. 냉전 붕괴, 소련과의 수교(1990), 중국과의 수교(1992), 우루과이라운드 협상 타결(1993), 세계무역기구WTO의 등장(1995). '신자유주의'라는 말로 간략히 설명하기에는 너무나 복잡한 변화가 세계를 뒤흔들었다.

---

* 1994년 11월 7일 김영삼 대통령이 시드니 방문 중 밝힌 세계화의 다섯 가지 방향으로, 일류화·합리화·일체화·한국화·인류화를 표방했다.

우리도 변화에 능동적으로 대처해야 한다. 이제 한국은 중견 산업 국가로서, 이미 넉넉한 역량을 보유하고 있지 않은가. 무엇보다 미국의 태도, 동맹국을 대하는 태도가 바뀐 지 이미 오래이다. 미국은 일본의 경제 성장을 억누르기 위해 플라자 합의*를 강요했고 슈퍼301조**를 운운하며 한국을 일본처럼 다루려 했다.

또한 전임 정권의 성과도 고려해야 한다. 전두환 정권은 유신 체제 때 발생한 석유 파동의 이득을 톡톡히 누렸다. 애초에 기름이 부족해서 벌어진 사태가 아니었다. 1980년대 초반이 되자 과잉 공급으로 인해 유가가 폭락하고 같은 시기 미국이 일본 엔화의 환율을 강제로 올리면서 저유가, 저달러 현상이 벌어졌다. 대한민국의 입장에서 저유가 덕분에 제품 생산 단가가 낮아지고, 일본 제품의 가격이 비싸지니 수출 경쟁력은 올라가는 상황. 이보다 좋을 수 없었다. 그리고 저금리. 시중에 낮은 금리로 자금을 푼 결과 1983년부터 1988년까지 경제가 연평균 10퍼센트 이상 성장했다. 단군 이래 최대의 호황.

노태우 정권은 어땠는가. 수많은 비판이 있더라도 북방정책만큼은 탁월하지 않았는가. 이제 공산 국가와의 수교는 빨갱이와

---

*   1985년 미국, 프랑스, 독일, 일본, 영국 등 G5 국가의 재무장관이 뉴욕 플라자호텔에 모여 공동으로 외환 시장에 개입해 달러화 가치를 하락시켜 달러화 강세를 시정하기로 합의했다. 그 결과 미국 경제는 회복세로 접어든 반면, 일본은 엔고로 인해 버블이 붕괴되는 등 심각한 타격을 받았다.

** 미국이 자국의 무역을 보호하기 위해 1988년 개정한 통상무역법 301조의 특별 조항이다. 의회의 동의 없이 대통령의 행정명령만으로 무역 상대국에 15퍼센트의 보복 관세를 부과할 수 있다.

손을 잡는 것이 아니라 '경제 영토'를 확장하는 일이 되었다. 헝가리를 필두로 소련과 중국까지. 공산권이 무너질 때마다 무역 상대국을 늘리면서 북한이 차지하고 있던 국제 사회에서의 지위를 빼앗았다. 실익과 명분을 동시에 취할 수 있는 유리한 환경에서 한국은 세계로 뻗어나갔다. 그렇다면 정통성을 강조한 문민정부는 경제 분야에서 어떤 실력을 보여줄 수 있었을까.

'재벌의 해외 투자 허용. 해외 금융 자본에 대한 규제 조치 해제.' 수년 만에 상황이 바뀌었다. 전 지구적 자본주의가 일반화되고 자본이 빠르게 이동하고 있으며, 외국 자본은 눈에 불을 켜고 새로운 투자처를 찾고 있다. 동남아시아 같은 후발 국가에서 선진국과 경쟁하며 기회를 잡으려면 최대한 규제를 풀고 해외 투자와 자본 수출 같은 새로운 방식으로 경제를 성장시켜야 한다. 집권 초기 개혁의 목표였던 재벌은 신성장의 도구로 역할이 바뀌었고, 김영삼 정권은 이러한 기조 아래에서 400억 달러 수준이던 외채를 단숨에 1600억 달러까지 끌어올렸다.[2]

한보 사태 – 1997년 1월의 삭풍을 누구도 제대로 해석하지 못했다

"한보 사태 확대일로." 1997년 1월 25일. 언론은 '한보 사태' 관련 보도를 쏟아냈다. 시작은 한보그룹 계열사인 한보철강의 부도였다. 이어서 ㈜한보, 한보에너지, 상아제약 등이 연쇄 도산했다. 부도 금액은 약 800억 원. 한보건설이 추진 중이던 82곳의

건설 현장과 거기에 관련된 1200여 개의 하청 업체는 물론이고 제2금융권으로까지 문제가 번졌다. 도미노식 도산이 우려되는 상황. 한보그룹의 부채는 총 5조 8000억 원. 문자 그대로 상상을 초월하는 수준. 당장 800억 원이 문제가 아니었다. 한보철강의 경우 1월 10일 기준으로 은행권 부채가 3조 5000억 원, 갚지 못한 이자만 수천억에 달했다. 대우증권 300억 원, 산업증권 270억 원, 장은증권 230억 원, 고려증권 145억 원 등 주로 증권사가 피해를 입을 것으로 추정되었다.[3] 재계 14위 그룹의 부도.

사태의 여파는 곧장 정치권을 압박했다. 야당은 "한보 사태를 정권 차원의 비리"로 규정하고 "배후에 현 정권의 핵심 실세가 관련"돼 있다며 의혹을 제기했다.

900억 원의 자본금으로 5조 7000억 원 규모의 사업을 하겠다는 터무니없는 계획을 정부가 승인해준 자체가 납득하기 어렵다.[4]

국회 재경위 소속 국민회의 김원길, 정세균 의원의 주장이다. 정동영 국민회의 대변인은 "대출을 꺼리던 은행들이 현 정권이 들어선 이후 돌연 줄줄이 한보에 자금 지원을 한 것"이라며 은행권 대출금 3조 5000억 원 중 1조 5000억 원이 여당의 대선 및 총선 자금과 연관이 있다고 보았다. 자민련도 1조 원이 정치권으로 흘러들어갔다고 주장하는 등 한보 사태는 김영삼 정권의 비리 게이트로 성격이 바뀌고 있었다.

언론도 검증에 나섰다. 사태의 원인이 된 한보철강의 경우 1996년 6월 말에 부채가 4조 2000억 원을 넘었고 자기 자본은 절반에도 미치지 못하는 상황. 당기순이익은 900억 원 순손실을 기록했다. 부채 비율이 극도로 높은 데다 적자는 눈덩이처럼 불어나고 있었으니 충분히 도산을 예측할 수 있었을 것이다. 하지만 은행감독원은 이를 문제 삼지 않았고 주거래 은행인 제일은행은 "30대 재벌에는 예외가 적용된다"는 이유를 들어 한보철강을 부실기업으로 분류하지 않았다. 더구나 한보철강은 기이한 성장을 거듭하고 있었다. 이전 4년간 매출 증가는 369억 원에 불과한데도 은행권 대출은 기하급수적으로 늘어났다. 심지어 담보도 부정확했고, 1월 23일에 부도가 났음에도 하루 뒤인 24일에 공시되었다. 오래전부터 한보 관련 문제는 모든 측면에서 이상하게 돌아가고 있었다. 불과 몇 달 전 재계 28위 우성건설이 부도났음에도 불구하고.

 '한보는 지난 대선에서 김영삼 후보 측에 얼마를 지원했는가? 일명 정태수 리스트에 포함된 홍인길 총무수석을 비롯한 정권 실세들 중 누가 얼마를 받았는가? 대통령의 아들 김현철은 한보 사태에 어떻게 연루되었는가?' 엄청난 대출의 배경에는 정권의 실세가 연루되어 있을 것이다. 따라서 그들이 누군지를 밝혀내 보다 상세히 규명해야 했다. 한보 관련 청문회는 철저하게 정치적이었다. "재벌들 100억씩 제공설 파다", "한보는 최소 600억이 정설", "베일 싸인 대선 자금 조 단위 실체 보인다" 등 정경 유착의 단서가 구체적으로 폭로되었다.[5]

 같은 아파트에 살던 신한국당 김명윤 의원을 통해 홍인길 의원에게 '고스톱' 친구로 접근한 것은 로비에 관한 그(정태수 한보그룹 회장)의 천재성을 보여주는 예이다. 그는 민주당 이중재 의원에게는 부인의 치료비로 3000만 원을, 지난해 총선 직후 선거법 위반 혐의로 구속됐다 풀려난 김현욱 의원에게는 수감 생활 위로비로 5000만 원을 줬다. 하순봉 의원은 정씨와 동향이자 초등학교 동창이며, 노기태 의원은 지역구가 정씨 고향과 가까워 정 총회장의 덫에 걸려든 케이스다.[6]

한보 사태는 재벌이 정치인을 어떻게 상대하는지, 정치인이 재벌과 어떻게 관계 맺는지를 적나라하게 보여주었다. 청와대 인사, 여권 중진, 관련 국회 위원회 의원들, 사업 담당 고위 공무원 등 재벌 수뇌부는 온갖 꾀를 내어 정치인과 공무원을 돈의 사슬로 옭아맸다. 그 결과는 엄청난 규모의 개발권 확보와 신규 사업 진출, 그리고 천문학적 대출금.

한보그룹의 기업 운영 방식도 도마에 올랐다. 정情의 경영을 강조하며 합리적 경영을 등한시했고, 로비의 귀재라고는 하지만 정치 실세에 접근하는 '성층권 로비'에만 익숙할 뿐 전문 경영인이 지녀야 하는 '땅바닥 로비'에는 완전히 실패했다는 것이다.[7] 쉽게 말해 그룹 내에 전문 경영인은 없고 총수의 말에 복종하는 가신만 즐비한 상태에서 주먹구구로 기업을 경영했다는 뜻이다. 보다 심각한 문제로 '차입 경영'이 지적됐다. 1995년 11월 한보철강이 시설 자금으로 2500억 원을 제일은행에서 대출받을 때 정태수 회장이 제출한 자금조달계획서의 핵심은 '서울 개포동과 장지동 부지 매각, 유상증자 단행, 전환사채 발행'이었다. 문제는 제대로 실행된 것이 하나도 없었다는 점이다. 부동산은 부도 사태가 일어날 때까지 매각되지 않았고 유상증자는 적자가 지속되면서 무산, 전환사채 발행은 겨우 100억 원 수준이었다. 결국 2500억 원에 대한 담보가 불확실한 상태였다.[8]

1월 말에 본격화된 한보 사태는 5월 중순이 되도록 가라앉지 않았다. 국정조사권이 발동되어 청문회가 열리고 검찰 수사가 진행되면서 국회의원과 고위 공무원 여럿이 구속되었다. 이 와중에 온갖 소문이 무성하게 퍼진다. 최형우, 김덕룡 등 김영삼 측근의 반목부터 1992년 대선에 관한 뒷이야기들. 그리고 청문회 때마다 관련 공무원의 모르쇠 발언이 반복되면서 대기업의 부도 사태가 사회 전반을 들쑤셨고, 결국 정태수 회장이 15년형을 받은 것을 비롯하여 관련자 사법 처리가 진행되었다.[9]

"연쇄 도산과 신용 불안. 실업과 노사 분규. 외채 증가와 외환 위기. 증시 침체와 투자 급랭." 한보 사태를 두고 삼성그룹 산하 삼성경제연구소에서 「한국 경제 10대 당면 과제」라는 보고서를 발표했다. 보고서는 한보 사태를 '대형 경제 사고'로 보고 이를 통해 한국 경제 전체가 위기에 빠질 수 있다고 분석했다. 기업의 연쇄 도산, 노사 분규의 확산, 정부의 영향력 약화와 정책 혼선 등이 예상된다는 것이다.[10] 사실 보고서의 내용은 특별할 게 없었다. 당시 수많은 지식인과 언론이 똑같은 분석을 쏟아내고 있었으니 말이다.

한보 사태로 전국이 혼란스럽던 3월 20일, 재계 26위 삼미그룹의 계열사 삼미특수강이 4억 4000만 원의 어음을 결제하지 못하면서 그룹 도산으로 이어졌다. 위기는 더욱 구체화되기 시작했다. 주가지수가 650선까지 하락했고, 종금·파이낸스·할부 금융사 등 제2·3금융권은 대출 기준을 높이고 부실 대출 회수에 나섰다. 자금 흐름이 막힌 상황에서 부실한 기업의 연쇄 도산이 예상된다는 기사가 잇따랐다. 결국 4월에는 진로그룹이, 5~6월에는 대농그룹과 한신공영그룹이 한보와 삼미의 뒤를 따랐다.

7월이 되자 재계 순위 8위의 기아그룹까지 좌초했다. 총부채는 9조 4000억 원, 5000여 협력·하청 업체까지 연쇄 도산 위기에 직면했을 정도로 파장이 심각했다. 이번에도 주거래 은행은 제일은행이었는데 기아자동차와 아시아자동차 등 18개 계열사는 '부도방지협약 대상 기업'으로 선정된 상태였다. 부도방지협약은 말 그대로 국가가 부도 기업을 구제해주는 제도인데, 실상 부도를 공인하는 수순이 되고 말았다.[11]

> 부도 유예를 적용한 후에 경영진 교체와 3자 인수의 수순을 밟게 한다는 게 음모론의 내용이다. 즉 정부와 채권은행단 관계자들은 자금난에 빠진 기아를 정리해서 '구조 조정 보고서 파문을 일으켰던 3자'에 인수시킴으로써 자동차 산업 구조 조정을 진척시키기로 사전 합의했다는 것이다. 더욱이 공기업 포항제철이 한때 기아에 철강 공급을 중단키로 했던 것도 루머 확산에 일조를 했다.[12]

이번에는 기아 사태에 관해 '사전 각본설'이 돌았다. 정부와 재계가 기아그룹을 해체한 뒤 다른 기업에게 넘기기로 사전 합의했다는 주장인데, 그 배경에 '삼성자동차'가 있었다.

삼성 보고서가
불러온 파란

기아그룹 부도 약 한 달 전인 6월 5일, 삼성그룹은 「자동차 산업의 구조 개편 필요성과 정부의 지원 방안」이라는 보고서를 작성했다. 삼성은 10대 그룹 중 일부 업체가 경영 부실 상태에 있고 이 상황이 지속되면 한국 경제 전반에 문제가 생기기 때문에 기업 구조 조정이 필요하다고 역설했다. 보고서는 매우 구체적이었다. 삼성을 비롯해 현대와 대우 등은 기초가 탄탄하지만 기아나 쌍용은 자력갱생이 불가능하다고 언급하고, 결국 삼성이 기아 등을 인수하여 자동차 산업에 뛰어들겠다는 것이 요지였다.[13] 이 보고서는 재정경제원과 통상산업부 등에 제출된 공식 문서였다. 한보 사태 때 작성한 「한국 경제 10대 당면 과제」까지 고려한다면 결국 삼성 중심의 재계 개편안으로 요약할 수 있다.

당시 삼성은 현대그룹을 좇고 있었다. 정주영은 1992년 대선에 출마하여 김영삼과 경쟁했고 이후 김영삼이 현대를 집요하게 박해했다는 것은 널리 알려진 사실이다. 같은 시기에 삼성은 김영삼 정권의 지원을 받으며 현대를 턱밑까지 추격했다. 그리고 외환 위기를 6개월 앞둔 시점, 삼성은 자사에 유리한 방향으로 현실을 해석하고 활용하려 했다.

기아는 즉각 대응에 나섰다. 김선홍 회장이 직접 삼성을 겨냥했다. "삼성의 자동차 산업 진출은 재벌 독점 체제와 공급 과잉 문화를 심화시킬 것이다. 기아처럼 소유 분산이 잘된 자동차 업체의 성장을 지원하는 것이 정부의 역할이다." 기아그룹은 김선

홍 회장이 주재한 긴급 비상 대책 회의에서 삼성 측에 명예훼손과 경영상의 손실에 대한 법적 보상을 요구하기로 결정하고 이어서 전국경제인연합회(이하 전경련) 회장단 회의, 자동차공업협회 대책 회의 등을 소집했다. 삼성 보고서 파란은 결국 삼성 대 기존 자동차 업계의 대결로 번졌다. 쌍용자동차는 GM 등 해외 기업이 삼성과의 합병설을 이유로 투자를 꺼리고 있다고 발표하며 기아와 발을 맞췄고, 대우자동차와 현대자동차도 삼성과 정부를 비판했다.[14] 자동차노조연맹도 규탄 시위를 벌이며 강력히 대응했다. 연맹은 삼성의 자동차 산업 구조 조정 주장을 '고용 불안과 경제 혼란을 초래할 수 있는 사안'으로 규정하고 이 문제를 단지 기업 간의 문제가 아니라 노동의 문제, 고용의 문제로 확장시켰다. 또한 "삼성은 반도체로 벌어들인 돈을 자동차 사업에 퍼부었으나, 오히려 두 사업 모두 악화됐다"라고 비판했다.[15]

논란이 가속되던 7월, 결국 기아그룹은 부도를 피하지 못했다. 그러자 정부가 기아를 삼성에 넘기기 위해 부도를 유도했다는 음모론이 퍼졌다. 삼성자동차 문제는 8월 들어서 또다시 쟁점으로 부상한다. 이미 3월 초 한보 사태로 시끌시끌하던 시절부터 삼성이 기아차 인수를 추진했다는 '비서실 내부 보고서'가 공개되었기 때문이다. 보고서에는 "후발 자동차 업체로서의 핸디캡을 보완하기 위해 쌍용 및 기아자동차의 전략적 인수를 추진"한다고 적혀 있었고, 무엇보다 "정책 건의를 강화하고 정부와 공조 체제를 구축해나갈 계획"이라고 명시되어 있었다. 실제로 강경식 경제부총리, 김인호 청와대 경제수석 등은 자동차 산업에 관한 논란이 생길 때마다 기업의 인수 합병 문제는 정부 소관이 아니라는 태도를 고수했다. 특정 대기업과 정부의 유착 관계에 대한 혐의가 짙어질 수밖에 없었다.[16]

한편 재계를 대표하는 전경련은 한보 사태 때와 마찬가지로 기아 사태 때도 정부의 조속한 문제 해결만 촉구했다. 전경련은 4월 22일 한보 사태로 인해 "재계가 위험에 빠지면 전반적 경제 활동이 위축된다"라고 강조했다.[17] 기아 사태 때도 마찬가지였다. "정부가 사실상 은행장을 임명하는 등 금융 기관을 완전히 장악하고 있는 마당에 시장 경제 원리를 내세워서 방관자적 자세를 취하는 것은 책임 회피"라며 자금 부족을 타개하기 위한 적극적 대출 정책을 주문했다. 정부가 부실 금융 기관에 대해 채무 보증 등 실질적 지원 조치를 취해야 경제를 회복시킬 수 있다는 논리였다.[18] 재계의 주장은 일관적이었다. 전경련이 보기에 금융 위기를 악화시키는 주범은 정부였다.

> 물가 안정을 이유로 통화 확대를 반대한다는 것은 결국 기업 위기에 대한 정부의 정책 포기 선언이다. 기업의 연쇄 부도 위기 상황을 극복할 수 있는 방안은 금융 시장 안정이고, 정부는 적극적으로 통화 신용 정책을 추진해야 한다. 그 밖에도 기업의 자구 노력을 위해 각종 규제, 과중한 세금 부담, 공정거래법 등에 명시된 출자 규제 등 여러 불필요한 기업 옥죄기를 멈추어야 한다.[19]

전경련이 말하는 문제의 핵심은 통화 정책. 정부가 대출을 옥죄서 기업이 도산하고 있다는 것이다. 그동안 해오던 것처럼 대출을 잘 해준다면 기업이 도산할 일도 없지 않겠느냐는 강변이다. 한보나 기아 등 일부 기업의 부실한 운영을 인정하더라도 정부가 기업 대출 문제부터 우선 해결해야 한다는 주장인데, 1년 내내 대기업이 연쇄 도산하는 상황에서 재계는 정부의 적극적 부도 방지 정책만을 손 놓고 기다린 꼴이다.

삼성 문제를 차치하더라도, 기아 사태는 한보 사태와 다른 방향으로 전개되었다. 우선 두 기업은 지배 구조가 상당히 달랐다. 기아의 경우 전문 경영인 체제로 운영되었으며, 그만큼 노조의 영향력이 다른 대기업에 비해 강했다. 따라서 오너 일가의 전횡이나 정경 유착 같은 문제는 덜했지만, 반대로 시장 변화에 빠르게 반응하며 이익을 극대화하려는 적극적인 리더십이 부족하고, 결정을 내리더라도 노조의 동의를 구하기까지 시간이 걸렸다. 기아는 위기를 겪으며 기존의 장점이 단점으로 바뀌는 수난을 겪게 된다. '전문 경영인의 역량이 어디까지인가? 노조의 경영 참여는 어느 수준까지 보장해야 하나?' 등 수개월 전과 정반대의 논쟁이 발생한 것이다.

우선 기아는 자체적으로 향후 3년간 무교섭·무쟁의, 그동안 경영권 침해라고 비판받은 단체협약 갱신, 생산직 인력 감축 등을 골자로 포괄적 노사 합의를 이루었다. 또한 전문 경영인 체제를 보다 공고히 하되 기존 경영진을 교체하는 부분에 대한 논의도 진행했다.[20]

그럼에도 상황은 해결되지 않았다. 무엇보다도 정부가 애매한 태도를 취했다. 한보 사태부터 이어진 위기를 관리하지 못한 당시 재정경제원장관이자 경제부총리였던 강경식은 큰 비판에 직면했다. 가뜩이나 삼성과의 관계가 석연치 않은 상황에서 채권단은 자구책을 마련한 기아 경영진과 힘겨루기에 들어갔다. 채권단은 회장을 포함한 '임원 21명의 자필 사직서와 주식 포기 각서' 그리고 '노동조합의 임금 삭감 및 반납에 대한 동의서'가 없다는 이유로 추가 자금 지원은커녕 채권 유예도 거부했다.[21] 정부가 애매한 자세로 기아 문제에 대처하는 가운데 현대, 대우 등 기존의 자동차 업계까지 기아그룹 인수전에 뛰어들면서 사태는 타개책을 찾지 못했다.[22]

7월 중순에 시작된 기아 사태는 9월 말까지 이어졌다. 결국 9월 27일 기아 노조는 파업 출정식을 열고 계열사 및 협력업체 노조와 민주노총도 여기에 동참할 움직임을 보인다. 약 7000여 명이 참여한 파업 출정식에서는 29일부터 무기한 전면 파업에 돌입하고 아시아자동차 노조를 포함한 40개 협력사 노조까지 파업에 동참한다고 선언했다. 같은 시기 기아자동차 화의신청* 사건을 맡은 서울지법 남부지원 민사1부는 재산보전처분 결정을 내리고 채무 이행을 동결했다.[23] 그간 부도유예협약을 통해 근근이 버티던 경영진에게는 단비 같은 소식이었다. 채권단과의 협상에 여유가 생겼음은 물론이고 3개월 후 대선을 통해 만들어질 새 정부와 보다 유리하게 협상을 할 여지가 생긴 것이다.

민주노총은 독자 행동에 나섰다. 약 1만 명의 노동자가 종묘

---

* 　화의 제도는 법원이 법정관리인을 선정하고 기업 경영까지 책임지는 법정관리와는 달리, 기업 경영에 전혀 개입하지 않고 기존 경영주가 경영을 계속 맡는다는 점에서 큰 차이가 있다. 기업이 법원에 채무 변제 방법, 채권·채무자 열람표 등을 갖춰 화의를 신청하면 법원은 감정인을 선임해 이 서류들을 심사한다.

에 모여 기아 사태를 비롯한 경제 위기 극복에 정부의 역할을 요구하며 고용 안정을 주장했다. 이에 대해 재정경제원과 노동부는 공권력 행사를 시사하며 파업을 저지하려 했다.

갈등이 심화되는 가운데 상황은 계속 악화되었다. 기아 사태의 장기화는 중소 협력업체의 몰락을 재촉했다. 금강산업은 1억 원짜리 어음을 결제하지 못하고 부도, 전년도 매출 159억 원의 상진은 어음 56억 원을 해결하지 못하면서 부도. 7월 중순부터 10월 초까지 28개의 업체가 도산했다.[24] 10월 21일에는 정부가 증시 안정책을 발표했음에도 불구하고 570선이 붕괴되었고 환율은 1달러당 924원까지 치솟았다. 증시는 1992년 10월 24일 이후 최저치, 8월 말에 700선이 무너진 이후 바닥이 보이지 않았다. 환율은 1990년 3월 시장평균환율제* 도입 이후 처음으로 915원을 돌파했다. 기업의 흑자 도산이 예상되면서 정부는 종금사 등 금융 기관의 기업어음 만기 연장을 독려하는 등 새로운 해법을 찾기 시작했다.[25]

속수무책. 1997년 내내 기업의 부도가 이어졌다. 이 상황을 타개할 어떠한 리더십도, 구체적인 해결법도 보이지 않았다. 온갖 이해관계와 입장 차이, 그리고 이를 둘러싼 끝도 없는 삽바 싸움만 진행될 뿐이었고 김영삼 정부는 이 지점에서 의아할 정도로 무능했다.

---

* 전날 시중 은행의 외환 거래 환율과 거래량의 가중평균으로 다음 날 환율을 결정하는 제도이다. 국내 외환 시장의 활성화와 자본 및 금융의 국제화를 촉진하기 위해 도입되었다. 이후 외환 위기를 겪으며 1997년 12월 자유변동환율제로 넘어간다.

얼어붙은
아시아 금융 시장

온 나라가 혼돈에 휩싸인 1997년. 타이를 필두로 동남아시아, 그리고 홍콩까지 증시가 폭락하고 유동성 위기가 닥치면서 국제 경제 환경이 최악으로 치달았다. 투자한 돈을 회수하지 못하면서 외국인 투자 자금이 빠져나가는 외환 위기가 수면 위로 부상한 것이다. 당장 내일을 예측하기도 어려운 상황. 미국과 유럽 국가들은 신자유주의의 파고에 비교적 능숙하게 대처할 수 있었던 반면, 대한민국을 포함한 아시아의 국가들은 그러지 못했다.

1997년 타이에서 시작된 아시아 증시 폭락과 경제 위기의 원인은 무엇이었을까. 설명이 간단하지 않다. 타이를 비롯한 동남아시아 국가의 무리한 개발 전략 때문이다? 유효한 지적이기는 하지만 동남아시아 각 국가의 경제 상황은 물론이고 정치 변동을 비롯한 사회 환경의 복잡성까지 고려해야 한다. 다만 신흥 국가들이 재벌과 종금사 등을 통해 해외 투자라는 명목으로 경제 성장을 도모하고, 또한 정부가 그 상황을 방기했기 때문에 충격이 컸던 것은 자명하다.

미국과 유럽의 투기 자본으로 인해 아시아 증시가 혼란에 빠졌다? 이 또한 일부만 사실이다. 서방의 금융 자본은 냉전 붕괴와 신자유주의라는 새로운 환경에서 자신들이 상상하고 계획한 것보다 훨씬 더 빠른 형태로 이득을 취했다. 신흥국에 돈을 넣었다 빼는 것만큼 손쉬운 투자 방식이 어디에 있는가. 더구나 압도적 자금과 선진화된 금융 기법을 이용하여 아시아의 어느 나라의 증시가 폭등하면 이득을 얻고, 그 돈으로 다른 나라 증시가 폭락하면 이를 사들여 또다시 이득을 얻는 구조. 서방 선진국의 투자(혹은 경제적 공격)를 아시아 신흥국 정부가 방어하기는 어려웠다.

더욱 복잡한 부분은 국제 관계와 금융 정책을 주도하여 세계 시장에서 우월한 위치를 유지하려는 미국이라는 나라와 당시 투기 자본이라고 불린 서방 금융권의 자율적이며 능동적인 행태이다. 신자유주의 시장에서 국가와 자본, 정부와 금융 세력을 구분하여 이해하는 것은 사실상 불가능하다. 미국의 거대한 영향력, 그 아래에서 비호받는 금융 자본, 어지간한 개발도상국보다 훨씬 많은 자산을 보유한 금융 회사. 그리고 1980년대 이후 놀라운 속도로 성장하는 동아시아의 경제. 선진국은 동아시아의 성장을 견제하기 위해 노력을 아끼지 않았으며 금융 자본은 미국과 유럽의 증시는 물론이고 라틴아메리카와 여타의 지역을 오가며 동아시아에서 자신들의 이득을 만들 만반의 준비가 되어 있었다. 정치권력과 경제 권력이 자유롭게 횡행하는 가운데 서방 국가들이 각각 혹은 연대하여 신흥국에서 이득을 취하는 상황이 반복되었는데, 당시 그것을 확인할 수 있는 유일한 방법은 신문에 나오는 증시표뿐이었다.

중요한 사실은 1990년대의 급변하는 국제 환경, 특히 경제 부문에서 혼돈에 가까운 변화에 휩쓸린 대한민국이 선진 금융의 집요한 영향력에 대한 적절한 대비책을 마련하지 못했다는 점이다.

한보 사태에 이어 삼미그룹 부도로 소란스럽던 4월 초, 타이를 시작으로 동남아시아 각국의 증시가 동반 폭락했다는 기사가 심심치 않게 보도되었다.[26] 기아 사태가 발발하기 약 일주일 전(7월 초)에는 상황이 더욱 나빠졌다. 주가 폭락에 이어 환율까지 폭등하며 통화 위기가 동남아시아 전체로 퍼졌다. 언론에서는 '테킬라 효과'를 말하기 시작했다. 1994년 멕시코의 경제 위기와 유사한 현상이 발생했기 때문이다.

약 3년 전 국제 수지가 악화되면서 멕시코 페소화가 약세로 돌아섰고, 이 와중에 화폐 가치를 유지할 능력이 없었던 멕시코 정부는 고정환율제를 포기하고 자유변동환율제를 실시했다. 그러자 페소화의 가치는 1달러당 6페소로 4분의 1이나 곤두박질치면서 위기가 심화되었다. 멕시코의 외환 위기는 곧장 라틴아메리카 주변국에도 영향을 미쳤는데, 이 과정이 타이에서 똑같이 반복된 것이다. 타이도 바트화 폭락을 해소하려 변동환율제를 도입했고, 그 결과 필리핀, 말레이시아 등 주변국의 화폐 가치까지 폭락했다.[27] 같은 시기 외신은 미국을 비롯한 서방의 자금과 아시아 시장의 상관관계에 관심을 보이기도 했다.

뮤추얼 펀드들이 최근 성과가 나쁜 아시아권 신흥 증시에 대한 투자 비중을 줄이고, 미국 증시와 상대적으로 수익률이 높은 남미, 동유럽, 남아프리카 등지로 포트폴리오를 변경하고 있다.[28]

자본의 세계화가 거의 완전한 수준에 이르고 해외 투자와 자본 시장이 완벽한 수준으로 개방된 현재의 입장에서는 철 지난 일간지 기사처럼 읽힌다. 하지만 당시에는 낯선 현실. 불과 수년 전까지도 동유럽은 공산 진영이었고 라틴아메리카는 미국 자본의 앞마당이었다. 대한민국도 좋은 제품을 만들어 수출하던 신흥개발국이었다. 1994년 세계 경제를 흔든 멕시코 사태가 3년 만에 아시아에서 재현될 위기였다. 위의 기사에 따르면 1995년 이후 1997년 3월 한보 사태가 일어나는 시점까지 미국 증시는 71퍼센트, 독일은 61퍼센트, 영국은 57퍼센트 상승했고, 러시아는 150퍼센트, 브라질은 114퍼센트 성장했다. 반면 타이는 48퍼센트, 한국은 37퍼센트 하락했다. 특히 외국 자본은 한국 증시에서 1997년 2월부터 4월 2일까지 두 달간 총 3203억 원을 순매도했다고 지적한다.[29] 눈치껏 빠져나갔다는 말이다.

7월 들어 동남아시아는 금융 위기에 속수무책이었다. 타이 바트화의 가치는 변동환율제 도입 이틀 만에 20퍼센트 폭락했다. 비슷한 위기를 겪던 필리핀이 금리를 인상하자 이번에는 인플레이션 우려가 대두했다. 말레이시아는 '투기꾼'에 대응하기 위해 중앙은행이 시장에 개입하여 통화 방어 전략을 짜느라 분주했다.[30] 아시아 각국은 매우 생소한, 눈에 보이지 않는 적과 전투를 벌이고 있었다.

투기꾼, 투기 자본. 전 세계 언론이 일제히 이들에 관해 보도했다. 8월 말까지 홍콩과 동남아시아국가연합ASEAN은 2000억 달러에 달하는 손실을 보았는데, 이 금액은 당시 말레이시아, 싱가포르, 필리핀 세 나라의 국내총생산을 모두 더한 수준이다.[31] 그렇다면 미국이나 유럽은 어땠을까. 같은 시기 미국의 다우지수가 사상 최초로 8000포인트를 돌파했는데, 해외 자본이 유입되었기 때문이라는 분석이 나왔다. 특히 플라자 합의 이후 일본 경기가 둔화되고 버블 붕괴가 시작된 가운데 동남아시아까지 흔들리자 오히려 미국이 투자처로 떠오른 것이다.

그리고 10월. 아시아 증시 사상 최악의 순간이 찾아왔다. 홍콩 주식 시장의 붕괴. 홍콩 항셍지수는 9월부터 외국계 펀드가 이탈하며 급격히 추락했다.[32] 그리고 10월 25일, 이날 하루 동안 무려 1211.47포인트 하락하면서 약 37조 원이 증발했다. 아파트 값도 10퍼센트 이상 폭락했다.[33] 타이에서는 변동환율제가 폭락의 원인이었다면, 홍콩은 고정환율제를 고수한 것이 패착이었다. 도대체 어쩌란 말인가. 홍콩 증시의 붕괴는 중국 반환(1997년 7월 1일)에 따른 시장의 불신이 한몫했으며, 타이완 경제에도 영향을 미쳤다. "마지막 안전지대", "배수진"으로 불리던 홍콩 주식 시장의 붕괴는 '아시아 한파'의 극적인 상징이자, 아시아 시장에 대한 서방 투기 자본의 승리로 묘사되었다.[34]

완벽한 패배. 승리의 주역이 누구인지, 무엇인지는 중요하지 않다. 그것이 투기 자금이든, 미국 금융 당국이든, 서방 각국이든, 신자유주의의 예상치 못한 결과이든 혹은 김영삼 대통령이 외쳤던 세계화와 국제화의 어느 지점이든. 결국 아시아 금융 시장은 참패했고 기업의 연쇄 부도로 경제가 위축된 대한민국은 이 격랑에서 가장 극적인 결말을 맞게 된다.

재벌 중심의 성장과
독점의 결말

11월 초. 블룸버그, 아시안월스트리트, 헤럴드트리뷴, 비즈니스위크 등의 언론사가 한국의 금융 위기와 국제통화기금IMF의 구제 금융 가능성을 구체적으로 언급하기 시작했다. 단기 상환해야 할 외채만 650억 달러인데, 재벌 그룹의 잇단 부도로 인해 이를 막아낼 능력이 없다는 것이다. 동남아시아에 이어 한국과 일본까지 위기에 휩쓸린 상황. 도쿄 증시가 폭락하면서 한국과 일본의 침몰이 몰고 올 파장에 관한 논의가 본격화되는 가운데 12월 초가 되자 미국과 유럽의 다국적 금융 기관이 아시아 금융 위기를 계기로 기업 인수 합병에 적극적으로 나선 상황도 관측되었다.[35]

1달러에 1719원. 환율이 2배나 올랐다. 1997년 12월 12일 종합주가지수는 377.[36] 무엇을 어떻게 할 것인가. 무엇이 사태를 여기까지 끌고 왔나. 할 수 있는 일, 해야만 하는 일을 구체적으로 정하고 각고의 의지로 관철시켜야 하는 절체절명의 순간.

'재벌 중심의 성장과 자원 독점.' 박정희 정권 이래 근본 문제는 바뀌지 않았다. 오히려 독재 정권하에서는 정치적 권위가 재벌을 통제했다면 이제는 그렇지도 않다. 1995년의 경제 성장률은 9퍼센트였지만 중소기업의 부도율은 사상 최대였다. 경제의 성장이 사회의 성장으로, 혹은 대기업의 성장이 기업 전반의 성장으로 이어지지 않고 있다는 방증이다.[37] 주요 산업을 재벌이 독점한 상황에서 성장이 정체되면 그 피해는 중소기업이 먼저 볼 수밖에 없다. 오랜 기간 누적된 재벌 독점 구조와 정경 유착, 갖가지 부정부패. 더구나 철강과 자동차 산업에서 보듯 재벌의 성장 의지는 공급 과잉을 부추기고, 국가의 발전을 왜곡하는 지경에 다다랐다. 대안은 재벌 개혁. 재벌 중심의 경제 구조를 바꾸어야 한다. 재벌을 해체하고 선진 경제 체제로 나아가야 한다.

조금 더 구체적으로 들어가 보자. 은행, 금융 자본의 문제. 정부는 돈줄을 쥐고 기업에 영향력을 행사하고, 반대로 기업은 은행 돈을 빌려서 사업을 확장하고 있었다. 은행이 재정 건전성을 유지하며 투자와 대출을 관리하는 역할을 얼마나 제대로 수행하고 있는지는 한 국가의 재정은 물론이고 그 나라 기업의 경쟁력을 확보하는 데도 중요한 지표이다. 그러나 기업이 연쇄 도산하기 시작했을 때 시중 은행이 우성건설, 한보철강, 삼미그룹, 한신공영, 진로그룹, 대농그룹, 기아그룹 등에 빌려준 돈이 무려 8조 4632억 원에 달했다. 제일은행의 경우 기업에 2조 3102억 원을 빌려주었고, 그 결과 1997년의 순손실이 1조 원에 달할 것으로 예측되었다.[38]

당시 한국의 은행들은 재벌 이상으로 정부에 종속되어 있었다. 은행의 투자가 정치권 실세에 의해 결정되는 경우가 많았고, 대출의 실행도 대부분 이러한 이해관계의 결과였다. 한신공영은 '금융계에선 이미 다 아는 대표적 부실기업'이었음에도 서울은행에서 무려 800억 원을 추가 대출받았다.[39] 직원의 만류를 무릅쓰고 은행장이 직접 결정했으니, 그 배경을 짐작할 수 있다. 주인 의식이 없는 은행장의 무분별한 재정 집행, 승진을 위해 단기 실적에 집착하는 행태가 만연했다. 더구나 통계는 이들의 불성실한 활동을 눈감아주는 보증 수표였다. 대표적 방법이 '부실여신(부실 대출금과 부실 지급 보증 금액을 합친 금액)' 지표. 수단을 가리지 않고 이 지표만 낮추어 재정 건전성을 유지하고 있는 것처럼 꾸미는 관행이 오랫동안 이어졌다. 1997년 기준 공식 부실여신은 전체의 약 1퍼센트에 불과했지만, 금융개혁위원회는 실제로 14.3퍼센트에 달할 것으로 예상했다.[40]

일부 은행이 개혁에 착수하기도 했다. 팀장 제도를 도입하여 직원의 의견을 빠르게 파악하고 의사 결정에서 불필요한 과정을 제거하거나, 크레디트 라인을 설계해서 신용도에 따라 대출 한도를 합리적으로 조정하는 방식 등이 대표적이다. 하지만 근본 병폐를 도려내지 못했을 뿐 아니라 오랫동안 쌓여온 관습에 의해 개혁 시도가 무력화되었다.[41] 사실 금융 기관은 정부뿐 아니라 재벌과도 긴밀한 관계다. 증권사, 종금사는 대부분 재벌 소유이고 은행의 주식 역시 상당수를 재벌이 보유하고 있었으니, 은행이 재벌을 상대로 건전한 금융 제도를 관철시키는 것은 불가능했다.

더구나 금융권은 단순히 시중 은행으로만 구성되어 있지 않다. 은행으로 불리는 1금융권, 종금사로 분류되는 2금융권, 할부 금융, 파이낸스 등의 3금융권까지 금융 생태계는 복잡하게 구성되어 있었다. 중소기업의 경우 각자의 재정 상황에 따라 다양한 금융 기관에서 돈을 빌리고 있었다. 1997년 경제 위기가 시작되었을 때 2·3금융권의 종금사와 파이낸스사가 조용히 연쇄 부도를 일으키고 있었다. 3금융권으로 분류되는 파이낸스사들이 먼저 무너지기 시작했고 10월이 되면 AM파이낸스 같은 100억 원

규모의 대형 회사도 도산했다.[42] 이유는 경영난을 겪던 2금융권 종금사들이 3금융권을 대상으로 자금 회수에 나섰기 때문이다. 그리고 도미노 현상. 돈을 빌린 중소기업 역시 우수수 무너졌다.

상황이 이쯤 되자 경제 전문가 사이에서 구조 조정 이야기가 나오기 시작했다. 경제의 새로운 활력과 변화를 위해 근본적 구조 조정이 필요하다는 주장. 당시는 박정희, 전두환의 개발 독재 시대가 아니었다. 민주화, 정보화, 개방화가 동시다발적으로 이루어지면서 그만큼 대통령의 리더십과 정치적 영향력은 제한되었다. 이런 상황에서 피해를 감수하고 구조 조정을 진행해 경제를 회생시켜야 한다는 주장이다. 이 주장이 1997년에 처음 나온 것은 아니다. 노태우 정권 후반부인 1991년과 1992년에도 경제 성장률이 3퍼센트 하락하면서 '샴페인을 일찍 터뜨렸다'라는 말이 횡행하고 구조 조정을 해야 한다는 주장이 제기되었다. 하지만 다음 해 경제 지표가 회복되자 구조 조정 이야기는 언제 그랬느냐는 듯이 사라지고 만다.

> 재벌의 잇따른 부도 사태와 관련해 정부에서 왜 나서서 막지 않느냐고 하지만 한보 사태 이후에는 정부가 나서도 이제 안 되는 상황입니다. 게임의 룰이 이렇게 변했는데도 이를 깨닫지 못하고 있는 것이 문제입니다.[43]

1997년 한국 경제를 책임지고 있던 경제부총리 강경식의 발언이다. 그렇다. 상황이 바뀌었다. 그런데 바뀐 상황에 대응하라고 경제부총리로 임명한 것 아닌가. 위기를 수습할 수 있는 유일한 힘은 결국 정부 권력에서 나온다. 그러나 강경식 등은 부처 장관의 잦은 교체, 노동계의 지독한 저항, 노동법을 비롯한 개혁 입법의 좌초, 야당의 끝도 없는 딴지 등을 핑계로 댔다. 경제 위기의 최후 보루가 되어야 할, 세계화를 외치며 신한국의 신경제 도약을 말하던 정부의 경제 수장은 책임을 회피하는 데 급급했다.

문민정부, IMF에 구제 금융을 요청하다

1997년 말 대한민국 정부의 선택지는 하나밖에 남지 않았다. 외국에서 돈을 빌려오는 것. 외환 보유고는 급격하게 줄어들었고 국가 부채는 치솟고 있었다. 외국인 투자자는 빠른 속도로 대한민국에서 투자금을 빼갔고, 한국이 외국에 투자한 돈은 회수하기 어려웠다. 일단 돈을 빌려와서 급한 불을 꺼야 하는 상황. 그렇다면 누구에게 얼마를 빌려야 할까?

1994년에 위기를 겪은 멕시코가 IMF의 구제 금융을 받았다. 이후 멕시코는 3년 만에 경제 회생에 성공했다는 평가를 받았지만 이면은 그렇지 않았다. 경제 지표는 회복되었지만 국민의 삶은 여전히 위기였다. '위기 극복'을 선언한 1997년에도 멕시코 인구의 4분의 1에 해당하는 2200만 명이 빈곤 상태에 처해 있었다. 경제 지표와 민생 지표의 불일치는 멕시코만의 문제가 아니었다. 거액의 돈을 빌려주면서 고금리 정책과 고강도 구조 조정, 외국 자본에 대한 완전 개방을 요구하는 IMF의 회생 전략은

3장. 혁명보다 어려운 게 개혁이다: 집권 초기의 개혁

세계 여러 나라에서 문제를 일으켰다. 브라질의 경우 농업 개방 이후 10만 개의 일자리가 사라졌고 500만 농민의 삶이 무너지면서 '거리의 아이들'이 증가했다. 소말리아에서는 자급자족적 목축 사회가 완전히 붕괴했다. 값싼 수입 농산물이 들어오고 농업 보조금이 폐지되면서 산업 기반이 무너진 것이다. 보건 체계마저 민영화되면서 전염병이 빈발하는 등 소말리아는 국가 붕괴를 경험하게 된다.[44] 왜 이런 현상이 발생할까. 비판론자들은 IMF와 다국적 기업의 유착 관계를 지적한다. IMF 뒤에는 다국적 기업이 있고 IMF의 경제 회생 전략은 결국 회생 절차에 참여한 국가의 국내 시장을 다국적 기업에게 가져다 바치도록 설계되어 있다고 주장한다. 고금리 정책은 오히려 기업 도산이나 가계 붕괴를 가속하고 고강도 구조 조정과 자본 시장 개방은 외국 자본과 다국적 기업의 영향력 확대와, 그로 인한 국내 산업의 자생력 상실로 이어졌다.

> 미국 재무부의 해외 담당 부서는 오래전부터 금융 부문 개방을 한국에 요구해왔다. 해외 은행의 한국 진출은 물론 한국 기업이 해외 금융 시장에서 자유롭게 융자를 받을 수 있도록 허용하고 외국인들이 구입할 수 있는 주식 비율 한도도 확대하라는 것이었다. 재무성의 한국에 대한 압력 뒤엔 한국 시장에 진출하려는 미국 금융 기관들의 로비가 있었다.[45]

2002년 『워싱턴포스트』의 폴 블루스타인 기자는 『징벌The Chastening』이라는 책을 통해 미국이 IMF를 활용하여 본인들의 입맛에 맞는 구조 조정을 한국에 강요했다고 주장했다. 실제로 IMF 실무 협의단의 입국과 거의 동시에 미국 재무차관 데이비드 립턴이 한국을 방문했다. 그는 임창열 경제부총리를 만나, 한국 경제를 변화시키기 위해 미국이 IMF 협약에 포함되어야 한다고 생각하는 조항들에 대해 토론했다고 한다.[46]

굳이 IMF로부터 돈을 빌려야 했을까? 외환 위기라고는 하지만 산업 경쟁력에서 대한민국은 동남아시아 국가보다 우수한 상황이었다. 더구나 다른 방식으로 돈을 빌릴 방법도 있었다. 대표적인 것이 AMF. AMF는 당시 일본의 주도로 '아시아통화기금'을 설립하려던 계획인데, 이 기금을 활용한다든지 아니면 일본 혹은 미국으로부터 직접 돈을 빌릴 수도 있다. 문제는 미국이 AMF 창설에 반대했고, 미국이나 일본의 직접 융자도 원하지 않았다는 점이다. 쉽게 말해 미국은 한국의 IMF행을 원했다. 그리고 이 방식으로 자신들이 원하는 결과를 달성했다.

폴 블루스타인에 따르면 IMF는 대한민국의 구조 조정에 대해 소극적이었으며, 오히려 미국이 적극적이었다. 그는 그것이 결국 '미국의 이익을 위한 행동'이었다는 사실에 분개했다. 1999년 당시 『시사저널』 기자 이교관은 『누가 한국 경제를 파탄으로 몰았는가』라는 책을 통해 "빌 클린턴 대통령과 로버트 루빈 재무장관이 일본 하시모토 류타로 총리와 미쓰즈카 히로시 대장상에게 한국이 협조 융자를 요청할 경우 거부하라는 내용의 편지를 보냈다"고 주장했다.[47] 따져보면 당연한 일이었다. 이미 유럽은 EU 체제를 구축하여 미국의 영향력에서 벗어나는 등 1960년대 이후 미국의 절대적 경제 우위가 세계 곳곳에서 무너졌다. 미국은 일본에 플라자 합의를 강요할 정도로 노골적인 자국 이기주의를 추구하고 있었다. 그리고 한국과의 무역 적자 문제는 양국의 고질적 갈등 사안이었다. 대일본 견제에 성공하고 냉전이 붕괴되었으며, 신자유주의가 대세가 된 20세기의 끝자락에 동북아시아에서 건실히 발전하고 있던 국가의 시장을 강제로 열고 입맛대로 재조직할 기회가 주어졌으니 미국의 입장에서 이를 이용하지 않는 것이 오히려 이상하지 않은가.

1997년 당시 대한민국의 국내총생산은 5000억 달러, 세계 무역 11위의 국가였다. 채무 상환 능력에 의심할 여지가 없는 나라. 1997년 12월 24일 크리스마스 선물처럼 IMF는 100억 달러 조기 지원을 약속했고, 이를 필두로 IMF의 요구 사항이 하나하나 관철되기 시작했다.

김대중이 이끈 변화, 김대중 정부가 주도한 변화

리더에게 위기는 기회다. 리더는 위기를 통해 자신의 진가를 발휘하고 사람들이 막연하게 생각했던 것들을 구체적으로 실현할 수 있다. 위기는 그간의 모든 문제와 모순이 드러나는 순간이고 사람들은 위기 극복을 위해 리더의 비상한 선택을 수용할 준비가 되어 있다. 당시는 대선 정국. 대한민국의 최고 권력자가 바뀌는 상황이니 국민의 불안은 극에 달할 수밖에 없었다. 한때 90퍼센트를 넘던 김영삼의 지지율은 한 자리 수로 고꾸라졌다.

김대중은 이회창, 이인제 등 대통령 후보들과 IMF 이행 보증에 서명했다. 현 정권과 합의하고 돈을 빌려주었으니 정권이 바뀌더라도 약속을 지키겠다고 공개적으로 밝힌 것이다. 대통령이 되기도 전에 이 얼마나 치욕스러운 모습이란 말인가.

그리고 1998년의 새 대통령은 김대중. 김대중 정부 입장에서도 위기는 기회였다. 재벌과 대기업, 고위 관료와 기득권층은 졸지에 개혁 대상이 되었고 그들이 만들어온 사회 질서와 관행까지 모조리 문제가 되었다. 수많은 사람이 일자리를 잃고, 사업을 포기하고, 집을 빼앗기고, 거리로 쫓겨나면서 '실업자와 노숙자'라는 단어는 현실의 공포가 되었다. 국민은 새 대통령과 그가 이끄는 정부의 개혁 정책, 급속한 변화와 안정을 갈망했다.

돈을 빌려오는 것은 시작에 불과하다. 급한 불은 끌 수 있고 조만간 경제는 정상화될 테니 말이다. 하지만 1997년에 똑똑히 보지 않았던가. 정말로 많은 문제들을. 그리고 숱하게 논의하지 않았던가. 정말로 많은 문제들을 고쳐나가야 한다고. 김대중이 이끈 변화는 외환 위기를 통해 생성된 범국가적 문제의식과 궤를 같이했다.

정부는 개혁에 착수했다. 시작은 금융 개혁. '부실 은행은 퇴출시킨다. 은행 통폐합을 통해 금융 자본의 경쟁력을 강화한다. 대기업이 대출을 독점하는 관행을 없앤다. 은행의 주인은 국민! 관치 금융은 사라져야 한다.' 1998년 5월 20일 김대중 정권은 은행경영개선계획평가위원회를 구성하고, 12개 은행이 제출한 경영 정상화 계획 심사에 들어간다. 6월 29일 동화은행, 동남은행, 대동은행, 경기은행, 충청은행 등 다섯 개 은행이 퇴출되었고, 생존한 일곱 개 은행에는 경영 정상화를 위한 과감한 조치를 요구했다. 다섯 개 은행 8000명의 직원 중 5000명이 순식간에 일자리를 잃었다. 거리에는 철문을 굳게 닫은 은행 지점이 점점 늘어났다. 일자리를 잃은 직원이 사원복을 입고 철문 앞에서 오열하는 모습이 방송되기도 했다. '고통 분담의 시대'가 도래한 것이다. 모두가 살아남기 위해 희생은 피할 수 없었다.

일곱 개 은행은 통합을 통해 부실 자산을 정리하고 자산 규모를 늘렸다. 경영진을 교체하고 고강도 개혁을 추진하여 은행의 운영 방식을 바닥부터 뜯어고쳤다. 한일은행과 상업은행이 합병하여 자산 100조 원 규모의 세계 90위 한빛은행이 되었다. 조흥은행은 강원은행, 충북은행과 합병하였고, 국민은행과 장기신용은행이, 그리고 하나은행과 보람은행이 합쳐졌다. 외환은행만 독일 코메르츠은행으로부터 3500억 원을 유치하여 독자 생존했다.[48] 이후에도 대형 은행의 통폐합 작업이 이어졌으며 제일 등 일부 은행은 외국계 은행에 흡수되었다. 중소 규모의 금융 기관 수백 개가 사라졌고 금융권 회생을 위해 수십조 원의 공적 자금이 투입되었다. 세금으로 은행의 재정 건전성을 끌어올리는 작업을 병행하였으며, 이후 은행뿐 아니라 정부도 재정 운영에 특별히 신중을 기하게 된다.

다음은 재벌 개혁. 1998년 1월 13일 대통령 당선인 김대중은 삼성 이건희, 현대 정몽구, LG 구본무, SK 최종현 등 4대 그룹 총수와 다섯 개 항에 합의한다. 기업 경영의 투명성 제고, 상호 지급 보증 해소, 재무 구조의 획기적 개선, 핵심 주력 사업으로 역량 집중 및 중소기업과 협력 강화, 지배 주주와 경영자의 책임 강화가 주요 내용이었다. 다음 날 「총수 재산 투자하라」라는 제목의 기사가 신문 1면에 대문짝만하게 실렸다.[49] 다섯 개항 합의와 더불어 '대기업 총수들의 사유 재산을 투자를 위해 내놓아야 한다'는 차기 대통령 김대중의 요구. 무엇보다 재벌 개혁에 대한 구체적인 가이드라인이 확정되었다. 주력 사업을 분명히 정해 기업 경영을 합리화하되 그 과정에서 중소기업과의 협력을 놓치면 안 된다. 재무 구조 투명화로 그간 왜곡된 자금 출자 방식, 대출 경영 등의 문제점을 극복해야 한다. 그리고 총수가 보유한 엄청난 재산을 기업과 경제 회생에 투자해 고통 분담이라는 공공의 가치를 충족시켜라.

하지만 재벌이 그럴 리 있겠는가. 대통령의 압박, 국민의 따가운 시선 때문에 원론적 차원에서 합의를 했으나 단지 그 정도. 기업이 내놓은 자구책은 실망스럽기 짝이 없었다. 적자 계열사를 포기하겠다는 수준이었으니 말이다. 과정 또한 쉽지 않았다. 구조 조정을 해야만 살아남을 수 있었지만 누구도 적극적으로 나서지 않았다. 전경련이 재벌 개혁에 노골적으로 반발하는 상황에서 여당의 장영달 의원은 대기업 구조 조정을 위해 긴급명령권을 발동해야 한다고 제안했다.

정부는 공정거래위원회, 금융감독위원회를 동원하여 개혁을 압박했다. 공정위는 30대 재벌 그룹의 부당 내부 거래를 직권 조사했고[50] 금감위는 정부가 제안한 대로 부채 비율을 200퍼센트 이하로 줄이려면 일부 계열사를 포기해야 한다고 강조했다.[51] 노동계도 정부와 발을 맞추었다. 노동자란 국민의 다른 이름 아니던가. 기업의 어려움은 노동 조건의 위기로 이어졌기 때문에 민주노총은 한국노총과 공조해서 재벌 개혁을 촉구하고 나섰다. 임금 체불 및 삭감, 불법 정리 해고, 단체협약 위반, 노조 탄압 등이 빈발하며 노동운동의 저변이 무너지고 있는데도 재벌의 기득권은 여전하다는 것이 노동운동 지도자들의 입장이었다.[52]

> 철저한 개혁만 한다면 재벌이 있건 없건 상관하지 않는다. 기업 투명성 확보 등 경제계와 정부가 합의한 다섯 가지만 실천하면 된다. 우리는 약속을 이행하도록 법 집행을 하고, 구조 조정의 주도적 책임은 금융 기관이 맡도록 하겠다. 정부가 개입하지 않고 시장 경제의 원리에 따라 실현시키려 한다. … 시장 경제는 모든 것을 기업이 마음대로 하도록 맡기는 것은 아니다. 국민 전체의 이익을 위해 필요할 경우 권한을 행사할 것이다.[53]

취임 100일 차 대통령 김대중의 공식 인터뷰이다. 김대중은 대기업의 구조 조정을 강력하게 요구했다. 1993년 김영삼 정권의 개혁과 마찬가지로 김대중도 속도를 중요하게 생각했다. 동시에 재벌들에게 탈출구가 어디에 있는지 분명하게 전달했다. 빅딜. 재벌 계열사 간 합병을 추진하여 서로 상생하는 형태로 나아가라는 것이다. 자동차를 주력으로 한다면 다른 기업의 자동차 관련 사업을 인수하고, 그 대가로 화학 그룹에는 화학 업체를, 철강 그룹에는 철강 업체를 넘기면 된다. 이를 통해 각 대기업은 주력 사업에 집중할 수 있으며 그만큼 산업은 합리화 과정을 거치게 된다. 당연히 부실기업이 줄어들고, 기업 간의 불필요한 경쟁과 공급 과잉 문제까지 해소할 수 있다. 이 과정에서 재벌은 재정 부담을 떠안고, 많은 노동자가 일자리를 잃게 될 테지만 장기적으로는 산업적, 직업적 안정성이 훨씬 높아질 것이기 때문에 고통 분담의 결과는 모두에게 긍정적으로 작용할 것이다. 방향. 결국 정부가 주도하는 변화는 새로운 방향으로 나아가기 위한 인위적 조정을 목표로 하고 있었다.

김대중 정부가 주도한 변화, 금융 개혁과 재벌 개혁의 방향은 매우 명확하다. 외환 위기의 근본 원인은 박정희 정권 이래 쌓여 온 정경 유착, 관치 경영에 있다는 것이다. 앞으로 정부는 정부의 역할을 하고 기업은 기업의 역할을 해야 한다. 정부의 역할은 국민을 보호하며 건전한 시장 경제의 발달을 촉진하는 데 있다. 기업은 시장에서의 성공, 책임감 있는 기업 윤리의 확보를 목표로 하면 그만이다. 이것이 정상화의 시작이다.

'정부가 아니라 시장이 주도한다. 시장 경제는 국민 경제의 성장을 전제로 하며, 정부는 국민 경제 성장을 가로막는 기업의 독단적 성장을 제어한다.' 김대중의 개혁에는 금융 기관은 물론이고 미국과 IMF까지 동원되었다. '금융 기관은 재벌들과 재무 구조 개선 약정을 체결, 부실기업을 퇴출시키는 데 앞장서야 한다. 처절한 재벌 개혁이야말로 한국이 매력적인 투자처로 거듭나는 길이다.' 김대중은 금융인 130명과의 오찬에서 은행이 개혁의 주체가 되어야 한다고 강조했다. "중소기업 대출은 하나의 애국이며 은행의 임무"라고도 말했다. 건전한 사업 평가와 적절한 대출 집행을 통해 재벌의 정상화는 물론 중소기업의 육성까지 동시에 이루자는 주장이다.[54] 금융 기관 입장에서는 아쉬울 것 없는 요구였다. 새 정부의 요구는 종래의 관행과 달랐다. 정부의 계획과 규제보다 금융 기관 본위의 역할을 강조하였으니 말이다. 어차피 기업은 대출을 통해 사업을 확장한다. 돈을 빌려가는 쪽이 재벌이든 중소기업이든 마찬가지이다. 금융 기관이 정부의 간섭에서 벗어나 제 역할로 돌아간다면 그만큼 재벌을 상대로도 목소리를 낼 수 있다. 금융 기관의 독자성 강화는 금융인의 위상 강화인 동시에 합리적 자본주의 경제 모델의 기초가 될 테니 결과적으로 정부, 금융 기관 그리고 국민 모두 해가 될 것이 없다.

"과거 재벌은 한국의 성장을 위해 적절한 모델이었을지 모르나, 지금은 상황이 변했다." 1998년 11월 한국을 방문한 미국 클린턴 대통령의 발언이다. 그는 김대중 정권의 재벌 개혁을 지지하며, 당장 시작해야 한다고 강조했다. 또한 "벤처 기업 육성 등 창업 지원 제도가 필요하며, 벤처 기업을 지원하기 위한 효율적인 금융 시스템을 구축"해야 한다고 말했다. 몇 달 전 로버트 루빈 미국 재무장관이 한 말과 일맥상통한다. 루빈은 외환 위기 당시에는 한국의 외환 보유고가 40억 달러에 불과했지만 IMF의 지원과 김대중 정부의 고강도 개혁 등을 통해 이제 390억 달러를 보유했기 때문에 어느 정도 위기는 극복했고, 한국 정부가 요청하면 추가 자금도 지원하겠다면서 김대중의 개혁 의지를 지지했다.[55] IMF 역시 과다 부채와 과잉 투자 문제를 해소하여 부채를 줄이는 것이 재벌 개혁의 본질이라는 데 동의했다.[56] 미국도, IMF도 김대중 정부의 개혁을 반대할 이유가 없었다. 강력한 동맹국이자 산업 국가인 대한민국의 재기는 미국이 주도하는 세계 경제에도 도움이 된다. IMF 입장에서도 자신들이 요구한 구제 금융과 구조 조정 정책의 효과를 입증하는 사례가 생긴다. 재벌 개혁? 그것이 선진 자본주의 시장 경제를 지향한다면 김대중 정부의 개혁을 지지하는 것이 마땅하지 않은가. 김대중의 개혁은 대한민국이 오랫동안 속해 있던 미국 중심의 동맹 체제, 미국이 지향하는 자본주의 시장 경제의 지향점과 부합했다.

기업과 은행과 국가와 국민이 각자의 역할에 충실한 경제 구조. 그것은 오랫동안 미국이 지향해온 자유민주주의, 김대중 본인이 강력하게 주창하며 이루고자 했던 경제적 민주주의 그 자체이다. 김대중 정부가 불러온 변화는 결국 자본주의를 넘어 민주주의적 생활 양식과 긴밀한 관련을 맺고 있었다.

1998년 대통령 김대중의 리더십은 1993년 대통령 김영삼의 리더십과 중요한 차이가 있다. 김영삼의 경우 대통령이 직접 저돌적 도전과 급속한 개혁 조치를 단행하여 정치적, 사회적 변화를 유도했다면 김대중은 개혁 과정에 노동운동 세력, 금융 기관, 미국 정부, IMF 등 다양한 이해관계를 가진 세력을 포섭하여 개혁의 당위성을 확보했다. 김영삼이 당위성을 바탕으로 밀어붙이는 스타일이었다면, 김대중은 이해관계를 조정해 집단적 이해를 본인이 원하는 방향으로 유도했다고 보는 편이 타당할 것이다. 두 대통령의 집권 초기는 '개인의 강력한 도덕적 확신과 높은 지지율에 근거한 저돌적 리더십' 대 '명분과 방향에 대한 고민과 현실주의적 대안 모색을 통해 다수의 지지를 확보하는 숙고형 리더십'으로 대비된다. 그리하여 김영삼의 리더십이 사회 전반의 권위주의 청산에 기여했다면 김대중의 리더십은 제도적, 구

3장. 혁명보다 어려운 게 개혁이다: 집권 초기의 개혁

조적 변화에 중요한 역할을 했다. 각자가 스스로 표방한 목표에 부합하는 결과를 이루어냈으니 둘 모두 숙련된 리더십이었다는 것만큼은 분명하리라. 더구나 정권 교체. 사회 기득권 세력이 그토록 싫어했던 김대중의 집권과 대한민국 헌정사 최초의 합법적 정권 교체가 없었다면, 그의 오랜 단련과 박식함과 뚜렷한 정치력이 없었다면 이러한 결과에 도달하는 일은 불가능했으리라. 흔히 위기는 기회라고 말하지만 대부분의 역사적 사례에서 위기는 파국으로 귀결되었다. 또한 1980년부터 시작된 지지부진한 경제 개혁 담론이 비주류, 소외된 정치 지도자에 의해 감행되었다는 것 역시 특기할 사례라고 할 수 있다.

김대중의 집권 이후 대한민국은 외환 위기를 빠르게 극복했다. 1998년 12월 18억 달러 상환을 시작으로 2000년 12월 4일 IMF에서 빌린 차관을 일체 상환했고, 마침내 2001년 8월 23일 IMF 관리 체제를 공식 종료했다. 당초 설정한 상환 기한을 3년이나 앞당겨서 정리한 김대중 정부는 홀가분한 마음으로 2002년 한일 월드컵을 맞이할 수 있게 되었다.

김대중의 개혁. 그의 금융 개혁과 재벌 개혁은 어떤 평가를 받을까. 1997년 말 외환 위기와 이를 극복하며 사회 변화를 도모한 김대중 정권에 대한 연구는 아직 많지 않다. 그럼에도 김대중 정부가 지향했던 개혁의 목표는 어느 정도 달성되었다는 것이 중론이다. 재벌 개혁의 화두였던 '빅딜'은 재계가 스스로 구조 조정 대상 업종을 선정하는 방식으로 진행되었기 때문에 정부가 일방적으로 부실기업을 정리하던 과거의 관행과는 분명 차이가 있다.[57] 성과는 생각보다 구체적이다. 현대정유가 한화에너지 정유 부문을 인수하였고 현대우주항공, 대우중공업, 삼성항공이 통합 법인 항공우주산업을 설립했다. 현대정공, 대우중공업, 한진중공업은 통합되어 현대모비스가 지배권을 확보한 후 로템으로 개명했다. 삼성중공업, 현대중공업의 발전 설비는 한국중공업에 인수된 뒤 다시 두산에 매각되었고, 삼성중공업의 선박용 엔진 사업은 한국중공업으로 이관되어 HSD가 설립되는 등 사업 단위에 따라 기업 분할과 통합 과정을 거쳤다. 현대전자가 LG반도체를 인수한 뒤 하이닉스반도체로 바뀌기도 했다.[58] 물론 실패한 빅딜도 있다. 삼성자동차와 대우전자의 빅딜이 그랬다. 이후 삼성자동차는 법정관리에도 실패, 결국 프랑스 자동차 회사 르노로 넘어가게 된다. 대우의 경우 김대중 정권과 격렬한 갈등을 벌인 끝에 공중 분해되었다. 현대그룹은 몇 개의 계열사로 완전히 분리되었다.

이 시기 기업의 부채 비율이 목표했던 200퍼센트 이하에 도달한다. 1998년 경제와 증시가 회복되는 과정에서 유상증자, 기업보유 자산 및 계열사 매각 등이 이루어지면서 1997년 말 470퍼센트, 1998년에는 518.9퍼센트까지 상승했던 30대 대기업의 부채 비율이 2003년에는 128.9퍼센트로 감소했다.[59]

김대중 정부가 정한 목표를 상회하는 성과였다. 살아남은 기업들은 이후 괄목할 만한 성장을 이루었고, 자발적이고 상시적인 구조 조정, 기업 간 일상적인 인수 합병이 보편화되는 등 1998년 이후의 기업 문화는 획기적으로 변했다. 이후 진행된 벤처 기업 육성, IT 산업 육성 같은 김대중 정부의 신경제 정책 역시 효과적이었고 일부 대기업은 이 흐름에 부합하여 세계적인 기업으로 거듭났다. 특히 IT 벤처 기업의 성공은 대한민국의 기업 생태계에 큰 변화를 일으켰다. 종래 상명 하달의 일본식 기업 문화에서 벗어나 미국식 기업 문화가 도입되었기 때문이다. 사업 아이디어 하나로 시장에 뛰어들고, 자유롭고 개인주의적인 직원 문화를 용인하며, 연봉제를 통해 연공서열을 파괴하는 기업 혁신이 곳곳에서 시작되었다. 그러나 파괴적 결과도 수반되었다. 재벌 체제는 살아남았고 자영업자와 비정규직 문제가 대두되었으며 실업률이 높아지는 등 또 다른 구조적 문제가 발생했다. 언제나 그렇듯 변화는 새로운 문제를 낳는다.

대통령의 리더십은 어떤 역할을 해야 할까? 대통령이 주도하는 개혁의 목표는 사회를 완벽한 단계로 올려놓는 데 있지 않다. 그것은 불가능할뿐더러 위험한 목표이다. 대통령 김대중이 보여준 변화는 합리적이다. 그의 리더십은 이해관계를 조정하며 사회와 경제의 여러 흐름을 자연스럽게 이어붙이는 촉매가 되어 변화를 이끌어냈다고 할 수 있다. 김영삼의 개혁에 비해 인상적이지는 못하더라도 안정적이었고 효과적이었으며 장기적이었다. 권력의 적극적인 사용, 하지만 시대정신에 부합하며 다수의 사람들에게 자율성을 부여하는 적극성. 김대중이 주도한 변화는 민주주의와 부합하며, 무엇보다 대한민국 경제 구조의 방향성을 창출했다는 점에서 중요한 사례라고 할 수 있다.

무엇을 무너뜨리고
무엇을 세울 것인가

: 다음 시대를 위한
대통령의 정치술

1987년 11월 25일 민주당 김영삼 후보의
이천 용인 지역 선거 유세 현장.
(사진＝연합뉴스)

과거의
비극에
정치권력이
응답하는
방법

YS | | DJ

YS	날짜	DJ
김대중과 통일민주당 창당 이후 후보 단일화 결렬	1987.4~8.	김영삼과 통일민주당 창당 이후 후보 단일화 결렬
13대 대통령 선거 낙선	1987.12.	13대 대통령 선거 낙선
	1988.11.	광주청문회에 증인으로 참석. 김대중 내란 음모 사건 온 전두환 신군부 세력의 정권 찬탈을 위한 조작극이었음을 증언
3당 합당. 민주정의당. 통일민주당. 신민주공화당을 합쳐 민주자유당 창당.	1990.1.	
14대 대통령 선거 당선	1992.12.	14대 대통령 선거 낙선
금융실명제 실시. 공직자 재산 공개. 하나회 해체. 12·12 및 5·18 특별 담화 발표	1993.3~5.	
정치개혁법 국회 통과	1994.3.	
	1995.7.	정계 복귀
5·18특별법 국회 통과	1995.12.	
IMF 구제금융 신청 발표	1997.11.	
	1997.12.	15대 대통령 선거 당선
	1998.12.	전교조 합법화
	1999.9~11.	국민기초생활보장법 제정. 민주노총 합법화
	2000.3~12.	베를린 선언 발표. 남북 정상 회담 개최. 노벨 평화상 수상
	2001.1~7.	여성부 출범. 국가인권위원회법 제정. 부패방지법 제정
	2003.2.	대통령 퇴임

노태우, 진상 규명과
책임자 처벌을 거부하다

　5·18민주화운동. 5·18은 대한민국 민주주의 발전사의 가장 중요한 사건이다. 씻을 수 없는 비극. 수많은 피해자. 처참한 인권 유린. 권력을 얻기 위해 이토록 많은, 이토록 무고한 사람이 피를 흘려야 한단 말인가.

　끔찍한 폭압과 비통한 인권 유린은 역설적으로 5·18을 1980년대 반독재 민주화 투쟁의 근간이 되게 했다. 5월 30일. 광주에서 흐른 피가 마르기도 전에 서강대학교를 다니던 김의기가 정부를 규탄하고 희생자를 애도하는 유서「동포에게 드리는 글」을 남긴 후 서울 종로5가의 기독교회관 6층에서 뛰어내렸다. 6월 2일에 치른 김의기 장례식에서 유인물 배포 사건이 발생했고, 다음 날에는 "광주 시민은 죽었고 우리는 살아남아 있다"라며 독일 튀빙겐대학 한인 학생회가「우리의 결의」라는 성명서를 발표했다. 6월 9일에는 노동자 김종태가「광주 시민의 넋을 위로하며」라는 유인물을 남긴 후 이화여자대학교 입구에서 스스로 몸에 불을 질렀다.

　처참한 현실에 대한 처절한 투쟁. 대학생의 결집과 투신 같은 극단적인 저항이 1987년 6월 항쟁까지 이어졌는데, 특히 1983년 학원 자율화 조치 이후 규모와 격렬함이 한층 커졌다. 1984년 5월 교황 요한 바오로 2세가 광주를 방문한 날 서울대, 고려대 등 여섯 개 대학 5000여 명의 학생이 모여 연합 시위를 벌였다. 5월 14일에는 김근태, 백기완, 성래운 등 대표적인 민주 인사 40

여 명이 망월동 묘역을 참배했고 함석헌, 문익환 등을 포함한 재야 인사 23명은 언론 자유와 민주화를 요구하는 「오늘의 민주국민 선언」을 발표, 전두환 정권의 반인륜성과 야만성이 5·18에서 시작되었다고 비판했다.

결집. 다시 결집. 피해 생존자와 유가족, 재야 인사, 종교인과 대학생은 위령제, 추모제, 미사, 예배 등을 열고 광주에서 벌어진 참극을 추모하며 민주화운동의 열기를 이어갔다. 6월 민주항쟁 이후에도 열기는 수그러들지 않았다. 1988년에는 대학생 순례단 약 1만 5000명이 망월동 묘지를 참배했고, 전국대학생대표자협의회(이하 전대협)는 '광주 학살 및 5공 청산 투쟁'을 벌였다.

"5·18을 보상하라! 내 자식을 살려내라!" 5·18의 비극을 온몸으로 체험한 피해자, 부상자, 유족은 전두환 정권의 극심한 탄압에도 불구하고 매월 한두 차례 집단행동을 이어오고 있었다. 한으로 얼룩진 응어리를 풀어내던 저항은 시간이 지나면서 정당한 배상, 암매장 희생자 유해 발굴, 국립묘지 건립, 국가기념일 제정, 책임자에 대한 고소와 고발, 특별법 제정 등의 요구로 구체화되었다. 피해자 스스로 정의롭고 정당한 과거사 청산을 요구하기 시작한 것이다.

광주민주화운동은 김영삼과 김대중에게 큰 영향을 미쳤다. '광주항쟁 3주년'을 맞이하여 김영삼은 23일간 단식 투쟁을 벌였고 워싱턴에 있던 김대중은 연대 의사를 표시하는 성명서를 발표했다. 문익환 목사도 동조 단식을 시작했고, 미국 에드워드 케네디 상원의원의 성명서 발표가 이어지면서 민주화추진위원회(이하 민추위) 결성의 동인이 되었다. 5·18이 힘이었던 셈이다.

김대중의 경우 5·18의 직접적인 피해자였다. 북한의 사주를 받아 5·18민주화운동을 일으켰다는 죄목으로 사형 선고를 받았기 때문이다. 민주화 이후 김대중은 수차례 인터뷰와 연설을 통해 5·18 문제 해결을 공언했고 문동환, 이상수 등 재야 인사를 영입하게 된다.

"광주 문제를 해결하지 않는 한 노태우 정권은 유지될 수 없다." 6·29선언 이후 노태우는 초지일관 광주 문제의 해결을 공언했다. 그럴 수밖에 없는 처지였다. 신군부의 지도자이자 전두환의 후계자. 민주화의 과도기에 등장한 독특한 위상의 대통령. 어떤 수식어를 붙이든 그에게 5·18은 피해갈 수 없는 문제였고, 시대는 과거사 청산을 강력히 요구하고 있었다. 1988년 1월 11일. 대통령에 당선된 노태우는 민주화합추진위원회(이하 민화위)를 발족시켰다. 민화위는 1월 25일부터 2월 4일까지 1차 활동을 벌여 '권위주의 요소 청산', '광주사태 치유', '지역감정 등 선거 후유증 해소', '부정부패·부조리 척결', '대사면' 등 여러 주제를 두고 분과별 의견을 모았다.

5·18을 둘러싼 민화위의 논쟁은 격렬했다. 5·18의거부상자회 회장 박옥재는 책임자 색출 및 의법 조치, 특별법 제정, 피해 보상, 민주의거의 날 제정 등을 주장했다. 이에 대해 광복회 회장 이강훈은 '의거'는 독립운동가에게 적합한 용어이니 '항쟁'이라는 용어를 사용하는 게 낫다며 반대했다. 걸스카우트연맹 총재이자 청소년단체협의회 회장 김문희는 책임자 처벌은 '한풀이'에 불과하다고 비난했다.

이때 변호사 이병용이 기묘한 논리를 제안한다. 양쪽 말이 모두 옳다는 양시론兩是論. "광주 시민의 주장에도 일리가 있고 군에게도 정당성이 있다." 양시론은 곧장 보수파 위원들의 중요한 논리로 활용된다. 한국방송공사 이사장 서영훈은 박옥재의 주장을 "토론도 없이 결론으로 들어"가는 태도라고 비판하고 "군도 초기 단계의 과잉 진압을 시인했고, 시민 쪽의 루머도 (사태를 악화시키는 데) 상승 작용을 했다"고 보았다. 그는 "군이 처음부터 고의를 가졌던 것은 아니며, 시위대 중에는 고의적으로 선동을 한 사람도 있었을 것이다"라고 거듭 강조했다.

민화위에서는 군의 입장과 피해자의 입장이 첨예하게 대립했다. 5·18 당시 계엄사령관 이희성은 당시 학생 데모가 극에 달해 경찰력으로는 시위를 진압할 수 없었다고 주장했다. 북한의 남침 위험까지 고조되었기에 "최소한의 병력으로 최단 시간에 사태를 수습"하는 것이 최선의 방책이었다는 것이다. 그 또한 양시론을 들며 "쌍방이 심한 흥분 상태하에서" 발생한 문제라고 발언했다. 당시 전남북 계엄분소장 소준열은 광주 시민들의 과격성을 부각했다. "총기 회수가 잘 안 되고 과격 시위 군중의 난동이 심해"졌으며 "소년원을 탈출한 사람들의 횡포" 때문에 "광주 외곽의 공수부대를 향해 과격한 시위 군중이 돌격해 오기도" 했다는 것이다. 전남도청 최종 진압 작전에서는 "시민군은 적이 아니니 한 사람도 죽여서는 안 된다"고 명령했다고 강조하면서 "도청 내에는 적색분자도 있으니 반드시 생포하라"고 지시했다고 말했다. '과격한 데모. 일부 시위 군중의 폭력적인 행동. 북한의 위협. 따라서 불가피한 무력 사용.' 과잉 진압이 부득이했다는 주장.

이광노 당시 국보위 광주사태조사단장은 더욱 노골적이었다. 그는 "광주 소방서 소방차 네 대 탈취", "통신 시설, 방송국 등이 파괴", "아세아자동차의 차량 200여 대 탈취", "장성 등 22개 시군에서 무기 및 탄약이 탈취", "장갑차를 앞세운 시민들이 광주교도소를 다섯 차례 기습" 등 온갖 이야기를 쏟아냈다.

그러자 피해자들의 반박이 이어졌다. 이광영은 "계엄군이 먼저 발포했기 때문에 시민들이 이에 맞선 것"이라 증언했고 "진상 규명을 통한 명예 회복과 법 제정에 따른 보상"을 요구했다. 김성수, 박석연 등도 군인에 의한 무차별 난사를 구체적으로 증언했다. 당시 화물차 운전기사였던 김성수는 5월 22일 군의 발포가 두려워서 아내와 다섯 살 딸을 데리고 고향인 진도로 가려 했다. 하지만 광주시를 벗어날 방법이 없었다. 여러 검문소를 전전한 끝에 돌아가라는 명령을 받은 그가 차를 돌리던 차에 군인들이 M16 소총을 무차별 난사했다. 김성수는 "옆구리에 총을 맞은 채로 차를 몰고 한참 동안 도망하다 정신을 잃었"고, "처는 머리에 총을 맞았고 딸은 척수에 총상을 입고" 현재까지 휠체어에 의지해 생활한다고 증언했다. 박석연은 도청 근처의 절에 가던 길이었는데 5월 21일 오후 1시경 군의 발포로 부상을 당했고 손해배상청구에도 불구하고 아무런 보상도 받지 못했다고 증언했다.[1]

민화위 활동은 양쪽의 입장을 좁히기보다는 차이를 확인하는 수준이었다. 1988년 2월 23일, 노태우의 대통령 취임 이틀 전에 건의서 채택을 끝으로 민화위는 활동을 종료했다. 건의서는 '광주사태의 성격'을 '광주 학생 시민의 민주화를 위한 노력과 투쟁의 일환'으로 재규정했다. 5·18에 대한 의미 규정이 바뀐 것이다. '사태'에서 '민주화운동'으로 진일보한 평가가 공식적으로 이루어진 첫 사건이다. 아울러 민화위는 광주 시민의 명예를 회복시키기 위한 치유 방안을 제안했다. "정부 차원에서 사과의 뜻 표명"을 명시하고 가급적 빨리 충분한 보상을 위한 예산 조치 및 특별법 제정을 검토할 것이라고 매우 구체적으로 서술했다. 그러나 진상 규명과 책임자 처벌은 배제되었다. 진상 조사의 경우 "여러 가지 상반된 진술이 나올 수 있고", "당시 진실을 발견하기 어려우며", "조사 기간 동안 조속하고 효율적인 지원이 지연"되며, 무엇보다 "치유책을 마련한다는 민화위의 목적과도 합치되지 않"기 때문이 그 이유였다.

노태우 정부는 민화위가 제시한 해법을 정부 차원에서 공식화했다. 4월 1일 정한모 문화공보부장관은 「광주사태 치유를 위한 종합적인 방안」을 발표했다. 우선 "이 사태로 많은 국민이 고통과 아픔을 겪게 된 데 대해 정부는 참으로 유감스럽게 생각한다"며 "정치 발전이라는 큰 흐름에서 볼 때 광주 학생과 시민의 민주화를 위한 노력의 일환으로 볼 수 있다"고 말했다. 정부 차원의 사과와 사건에 대한 재해석을 공식화한 것이다. 하지만 진상 규명과 책임자 처벌은 언급하지 않고 "국민 모두는 서로를 이해하고 용서하는 너그러운 마음으로 아픔을 씻고 모두의 명예가 존중되는 가운데 국민 대화합에 동참해줄 것을 호소"했을 뿐이다. 이제 '광주사태'는 공식적으로 '광주민주화운동'이 되었고, 진상 규명과 책임자 처벌을 배제한 광주보상법 제정으로 이어지게 된다. 노태우의 입장은 분명했다. '민주화를 수용하되 과거의 일은 덮는다.' 민감한 사안에 대해서는 원론적 입장에서 유감은 표명하지만 실질적 변화는 도모하지 않겠다는 뜻이다.

반발 –
여소야대 국회와 두 번의 청문회

재야와 운동권은 민화위와 정부의 발표에 반발하며 국회의 국정조사, 관련 민간단체와 공동 조사, 특별재판소 설치를 통한 사법 절차 등을 다시 제안했다. 야당도 적극적으로 이 의견을 받아들였다. 김현규 민주당 총무는 국회 차원의 진상 규명으로 전환해야 한다고 주장했고 평민당의 허경만 총무 역시 광주사태 진상조사위원회 구성을 요구했다. 그리고 기회가 왔다. 1988년 4월의 13대 총선. 야권은 분열되어 있었지만 선거에서 승리했다. 야 3당이 여당인 민정당보다 39석이 많은, 그야말로 '여소야대 정국'이 된 것이다.

국회법 개정을 요구하는 목소리가 커졌다. 오랫동안 대한민국 국회는 대통령의 거수기에 불과했다. 이 상황을 해결해야 삼권분립과 민주공화국의 근본 원리를 회복할 수 있다. 여당도 국회법 개정을 내심 반기는 분위기였다. 유신 체제 이후 국회의원의 위상은 초라해졌고, 바야흐로 직선제 민주화의 시대가 오지 않았던가. 국회의 역량이 강화되면 민정당도 아쉬울 게 없었다.

1988년 5월 31일 13대 국회가 개원하던 날. 이날 오후 국회는 본회의를 열고 국회법개정특별위원회를 구성하여 곧장 국회법 개정 작업에 착수했다. 여러 논란에도 불구하고 국회법 개정은 빠르게 진행되었고 여야 합의에 의해 통과됐다. 압도적 여소야대 정국에서 대통령의 거부권도 한계가 명확했다. 우리 헌정사에서 보기 드문 국회 전성시대가 도래한 것이다.

'국정 조사 및 감사 기능 부활. 중요 안건에 대한 특별위원회 구성 및 청문회 개최. 국회 활동에 대한 TV 생중계 보장.' 이상이 당시 국회법 개정의 핵심 내용이다. 유신 체제 이후 국회는 정부를 견제하지 못했다. 전두환 정권 시기에도 마찬가지였다. 따라서 민주화 이후 국회법 개정의 본질은 국회가 정부를 감시하고 조사할 수 있는 기능을 회복하는 데 있었다. 또한 주요 안건을 두고 국회는 독자적 위원회를 구성하고 청문회 개최를 비롯한 다양한 조사 활동을 벌일 수 있게 되었다. 무엇보다 당시는 컬러텔레비전이 빠르게 보급되던 시점. 국회의 활동을 실시간으로 송출하여 국민이 의정 활동을 직접 확인할 수 있는 기회를 제공했다.

이때 또 다른 문제가 발생한다. '5공 비리.' 3월 21일 전두환의 동생 전경환 새마을운동중앙본부장의 검찰 조사를 필두로 전임 대통령 일가에 대한 광범위한 부정부패 수사가 시작되었다. 노태우가 취임한 지 한 달도 안 된 때였다. 검찰이 전두환 정권을 수사하기 시작했고 4월 2일에는 일해재단, 새세대육영회 등 유관 단체로 수사가 확대되었다.

언론은 거칠 것이 없었다. 10·26사태 이후 합동수사본부 구축, 12·12군사반란, 국가보위비상대책위원회로 이어지는 전두환 정권의 성립 과정에서 드러난 하나회의 실체를 추적 보도했고, '5공 정치 자금 1조 원, 노태우에게 공급한 선거자금 2000억 원의 행방' 등을 물었으며 일부 언론은 '노태우의 5공 관련 비리'까지 정면으로 문제 삼았다. 『월간중앙』 6월호는 「노 대통령의 고민 전두환 망명설」을, 『신동아』 6월호는 「태풍의 눈 전두환 문제 그리고 광주」를 대표 기사로 쓸 정도였다.

어디 이뿐인가. 5공 시대 권력자들에게 재산을 빼앗겼다고 주장하는 피해자들이 재산반환청구소송을 제기하거나 원상 회복을 요구하는 탄원서를 관계 기관에 접수했다. 학생 시위대가 광주 미국문화원에 화염병을 투척하는 등 반미 시위도 격화되었다. 그런 분위기 속에서 5·18 8주기가 다가왔다. 대규모 추모 행사와 추도제가 열렸고 학생들의 시위와 이를 대비한 경찰의 비상 경계, 대학생 조성만의 양심수 석방을 위한 투신 사건 등이 이어지며 긴장이 고조된 상태로 대학가는 6월 항쟁 1주기를 맞이했다. '6·10남북학생회담'을 추진하는 등 통일운동을 비롯한 각종 급진적 주장과 실천이 쏟아졌다. 정권은 더 이상 5·18과 5공 청문회 개최를 미룰 수 없었다.

이제 민정당이 나설 차례. '진상 규명 없는 피해자 보상, 책임자 처벌 없는 5·18 의미 격상.' 노태우가 제시한 가이드라인에 따라 민정당이 발 빠르게 움직였다. 정부와 여당은 민화위에서 이 문제를 객관적으로 조사했다고 강조하며 주로 군 관계 자료를 다시 점검했다. 증인도 대부분 군 관련 인사였다. 주영복(당시 국방장관), 이희성(당시 계엄사령관), 윤흥정(당시 계엄분소장), 소준열(당시 계엄분소장), 권승만(당시 33대대장), 최웅(당시 11공수여단장) 등 군 지도부와 출동 부대장이 망라되어 있다. 정부와 여당이 요청한 자료는 5·17비상계엄확대조치와 광주 진압의 정당성을 입증하기 위한 내용이 대부분이었다. 1980년 5월 17일 당시 대한민국의 경제 상황, 북한의 동향, 5월 21일부터 26일까지 광주 일대의 치안 관련 자료. 그리고 '교도소 습격', '아세아자동차 피습 및 장갑차 등 피탈 경위', '폭약 피탈 경위'. '쌍방의 발포 경위 및 실태', '공공 기관 및 언론 기관 피해 현황' 등 군의 자위권 행사에 대한 자료를 집중적으로 확보한 것이다.

야당도 치열하게 청문회를 준비했다. 광주청문회는 김대중의 평민당이 주도했는데, 피해자의 증언은 확보했지만 가해자 측 자료가 부족할 수밖에 없었다. 따라서 군 관련 자료를 모으기 위해 군 상황 일지, 광주시청 상황 일지, 1980년 당시 광주상무대 시신 처리 담당자 명단, 1980년 광주 전출입 인구와 인구 변동 상황, 사회 복지 시설의 수용 인원 증감 등을 정부와 관계 기관에 요청했다.

한편 김영삼이 이끌던 민주당은 5공청문회에 집중하는 동시에 광주청문회에 이학봉(당시 보안사 대공처장), 허화평(당시 보안사 비서실장), 허삼수(당시 보안사 인사처장) 등 전두환의 측근을 증인으로 요청했다. 1980년 5월 12일부터 17일까지 당시 노태우 중장의 서울 방문 일지 및 접촉 인물 명단을 요청하여 대통령을 직접 겨냥하기도 했다.

광주청문회 개시 5일 전인 11월 13일, 야 3당의 총재는 전두환 전 대통령의 직접 수사를 요구한다. 김대중은 "전두환 씨의 무반성과 노 대통령의 책임 회피"를 공박하였고, 김영삼은 5공 비리의 완전한 청산과 전 대통령 처리에 대한 노 대통령의 즉시 결단을 촉구했다. 그리고 청문회가 시작되었다.

5월 14일에 굉장히 데모가 심했습니다. 5월 16일은 다소 소강 상태에 들어갔습니다만 그 당시에는 광주에서도 데모가 있었습니다. 그리고 5월 17일은 물론 다소 소강상태에 들어갔다고 하더라도 그 당시의 상황은 전국의 대학생들이 이화대학에 모여가지고 5월 22일 전국적으로 모든 국민과 학생들이 궐기를 해서 이 정권에 타격을 가해야 되겠다는…. 이러한 학생들의 심상치 않은 움직임도 있고 풍전등화와 같이 전국적인 폭발 상황이 언제 생길지 모르는 폭풍전야의 정적과 같은 상황이었습니다.

민정당 이민섭 의원은 대학생들의 지나친 데모가 불행을 불러왔다고 주장했다. 대학생들의 민주주의 요구, 민주화에 대한 열정이 사회 혼란의 원인이라는 궤변이다.

신민당에는 증인께서 입당을 안 하셨다고 그랬지요? 정말 아쉬운 장면입니다. 만일 그때 신민당에 들어가셔서 김영삼 총재와 합심해서 군부를 설득하고 정치적인 비중 있는 두 분이 정말 그 높은 식견을 가지고 군부 세력을 잘 타일렀다면 군부가 정치 전면에 나서는 일이 없었지 않았나 생각이 듭니다만 어떻습니까?

민정당 박희태 의원의 발언이다. 10·26 대통령 서거라는 비상사태에서 기존 정치인은 무능하기 짝이 없었고, 특히 김영삼과 김대중이 서로 대통령이 되겠다고 정쟁을 하느라 신군부의 등장을 막지 못했다는 주장이다. 1987년 대선 당시 양 김이 분열하면서 어부지리로 노태우가 대통령이 된 것을 무려 7년 전일에 가져다 붙인 궤변이다. 하지만 청문회에서 승기를 잡기 위해서라면 왜곡과 거짓말이 무슨 문제가 되겠는가.

정부와 여당의 청문회 대응 전략은 중계를 통해 고스란히 드러났다. 민정당은 초지일관이었다. 누가 마이크를 잡든 똑같은 논리를 펼쳤다. 신군부가 군대를 동원할 수밖에 없을 만큼 사회 혼란이 지속되었고, 다른 지역은 소강상태였지만 광주 지역에서는 데모가 심각했다는 것이다. 김대중, 김영삼 같은 정치인은 정쟁만 벌이며 사회 혼란을 부추겼고, 여기에 북한의 위협까지 더해졌다. 대통령이 사망한 상황에서 북한의 남침 위협 첩보가 여러 루트로 들어오고 있었기에 1980년 5월 17일에 비상계엄을 확대할 수밖에 없었다는 것이다. 그 과정에서 뜻하지 않게 광주에서 유감스러운 폭력 사태가 전개되었다는 설명이 텔레비전 화면으로 중계되었다.

이해찬 의원: 계엄 포고령으로 모든 정치 활동을 금지시키는 것이 합법입니까? 불법입니까?

증인 이희성: 그 당시 저는 법률에 대한 지식이 아주 없을 때입니다. 지금도 역시 마찬가지지만 그때 긴박한 상황에서 그와 같은 문제가 가능하다고 보고 있었는데 그 이후에 알고 보니까 잘못된 점을 발견했습니다.

이해찬 의원: 그 후에 불법이라는 사실은 확인했습니까?

증인 이희성: 최근에 와서 그것도 알았습니다.

…

이해찬 의원: 공식적으로는 한 번도 발포 명령을 한 사실이 없

다고 증언하셨지요?

증인 이희성: 그렇습니다. 자위권이 발포 명령이 아니기 때문에 그렇습니다.

이해찬 의원: 그런데 광주에서는 발포를 한 사실은 있지요?

증인 이희성: 있었겠지요.

1980년 당시 계엄사령관 이희성의 발언이다. 그는 민화위에서 한 주장을 반복했다. 5·17비상계엄확대가 불법이었다는 사실과 5·18광주민주화운동 당시 군의 발포를 인정했다는 점에서는 전향적이었고, 언론은 이 사실을 크게 보도했다. 하지만 이희성은 불법적 요소에 관하여 당시에는 몰랐고 최근에 알았다고 주장했고 상부의 발포 명령은 없었지만 자위권 차원으로 현장에서 총기 사용 여부를 결정했다고 덧붙였다. 또한 신군부가 권력을 장악하기 위해 비상계엄을 확대한 것은 아니라고 강조했다. 그러다 말이 막히면 뭉개는 식으로 대처했다.

당시 국방장관이던 주영복 역시 발포 명령은 권한 밖의 일이었으며 자신은 현장에 없었고 사실을 뒤늦게 알았다고 증언했다. 이에 덧붙여 정부 여당의 주요 증인은 불리한 상황에서 "기억이 나지 않는다", "잘 모르겠다"는 답변을 반복했다.

그럼에도 증인 심문은 성과가 있었다. 이희성과 주영복이 5·17비상계엄확대 이전에 국보위 설치를 구상했다고 인정했기 때문이다. 이는 5·17비상계엄확대가 당시의 사회 혼란에 대한 대응이 아니라 신군부의 권력 장악 수순이었다는 점을 의미한다. 국방장관 주영복은 보안사 권정달 정보처장에게 이 이야기를 들었고 합참의장과 3군 참모총장이 모인 5인 회의에서 본인이 이 이야기를 거론했다고 인정했다. 이희성 역시 주영복을 통해 들었다고 시인했다. 또한 5·17비상계엄확대를 의결한 비상국무회의가 "무장 군인들이 중앙청 복도까지 지키는 상황"에서 위압적으로 이루어졌다는 점도 확인되었다. 12·12군사반란부터 5·18광주민주화운동까지 신군부는 권력을 장악하기 위해 불법적이고 위헌적인 행위를 서슴지 않았다는 증언이 온 세상에 생중계되었다. 청문회 시청률은 서울 올림픽 중계를 뛰어넘었고 진상 규명에 관한 관심과 전두환 일당에 대한 비판이 하늘을 찔렀다.

11월 24일. 전두환은 '사과·해명 담화문'을 발표하고 강원도 인제군의 백담사로 떠났다. 독재자의 초라한 말로를 연출한 것이다. 그러자 이틀 후 대통령 노태우가 나서서 '시국과 관련한 특별 담화'를 발표하고 전두환에 대한 더 이상의 단죄는 없어야 한다고 선언했다. 또한 국회의 특위 활동을 연내에 종결하라고 촉구했다. 그리고 광주민주화운동 특별법을 제정하겠다고 밝혔다.

'이 정도면 됐다. 더 이상 들추어서 국민 화합을 깨지 말라. 이미 전경환을 비롯한 5공의 주요 인물이 구속 수사를 받고 있지 않은가. 6·29선언 이후 민주화 인사 대부분을 사면, 석방하지 않았는가. 국회가 주도하는 청문회 정국은 빨리 종료되어야 한다.' 노태우는 이 시점에 3당 합당을 구상하고 있었다.

전두환의 백담사행과 노태우의 특별 담화로 인해 청문회가 일시 중단되고 논란이 커졌다. 그러고는 아무런 진척도 없이 12월 초에 광주청문회가 재개된다. 1980년 당시 특전사령관이었던 정호용을 비롯해 계엄분소장 윤흥정, 31사단장 정웅, 11공수여단장 최웅, 7공수여단 33대대장 권승만 같은 군 인사가 대거 청문회 증인으로 나섰다.

이 가운데 윤흥정의 증언에 주목해야 한다. 그는 5·18 당시 지휘권이 이원화되었을 가능성을 지적하면서 신군부가 직접 군을 지휘했을 수도 있다고 말했다. "군의 과잉 진압에 대한 항의를 많이 받았다. 예비군 무기고에서 무기가 피탈된 보고는 있었지만 군대가 무기를 빼앗겼다는 보고는 없었다. 즉 군대가 시민을 대상으로 자위권 발동, 자의적으로 발포를 할 수 있는 요건은 성립될 수 없다." 그의 말을 요약하면, 병사 개인이 정당방위 차원에서 무기를 사용할 수는 있지만 그 단위가 "집단 부대일 경우 반드시 지휘관의 명령에 의해 가능"하다. 병사의 자의적 발포설을 부정한 것이다. 이는 신군부가 군대의 기존 명령 체계를 무시하고 광주에서 과잉 진압을 했다는 사실을 증명하는 중요한 증언이다.

한편 정호용과 정웅은 발포 책임을 두고 격돌했다. 정호용은 전두환의 동기이자 노태우에 버금가는 신군부의 핵심 인물로 1980년 당시 휘하에 공수여단을 거느린 특전사령관이었다. 그는 광주 진압의 공로 등을 인정받아 훈장까지 받았다. 청문회에 나온 정호용은 광주에 머무르며 서울에 세 차례 다녀왔다는 사실을 인정했다. 하지만 계엄분소장 소준열에게 조언을 하는 수준이었으며 서울에 왔을 때도 전두환 보안사령관과 만나 협의한 사실은 없다고 부인했다. 또한 국보위 설치와 5·17비상계엄 확대 등을 사전에 논의한 적 없으며, 광주에서의 발포는 전적으로 31사단장 정웅의 책임이라고 주장했다.

31사단은 전라남도 일대를 관할하는 향토 사단이다. 당시 31
사단장 정웅은 적극적인 진압을 거부했다는 이유로 전두환 정
권에서 고초를 치렀다. 그는 13대 총선에서 광주 문제의 진상
규명을 공언하며 평민당 국회의원으로 당선되었다. 청문회에 나
온 정웅은 정호용이 "싹쓸이 발언을 하는 것을 직접 목격"했으
며 "공수여단장이 전교사(당시 광주 소재의 전투병과교육사령부)에 머
무르며 자위권 행사와 공수부대의 철수를 31사단장을 거치지
않고 전교사 사령관에게 직접 건의한 것으로 미루어 정호용 사
령관의 작전 지휘를 받은 것이 분명"하다고 증언했다. 정웅은
"공수부대의 유혈 진압 얘기를 듣고 19일 밤 11시에 31사단과
공수부대 및 경찰에 무혈 진압으로 전환하라고 지시하면서, 명
령을 어길 경우 군법회의에 회부한다고 경고"했다고 주장했다.
또한 "20일 오후에는 당시 육군 작전참모부 차장인 이상훈 소장
으로부터 택시의 시위를 전차로 밀어서라도 해산시키라는 지시
와 22일 시외로 빠지는 시위대의 차량에 무장 헬기로 공격하라
는 지시를 받았으나 거부했다"고 말했다. 이상훈은 청문회 당시
국방부장관으로 노태우 정권의 실세였다.

심명보 의원: 아까 증인께서 깜짝 놀랄 증언을 했습니다. 31사
단장으로부터 제일 먼저 증인이 받은 작전명령은 죽음을 무릅
쓰고 데모를 해산해라. 나는 이 죽음을 무릅쓰고 목숨을 걸었
다고도 아까 증인이 이야기한 것 같은데 이 표현이 지금 마음
에 걸립니까?

증인 권승만: 예. 그 뜻입니다. 죽음을 무릅쓰고 하라는 그 뜻입니다. 제가 이야기한 것은….

심명보 의원: 분명히 그날 500 무슨 D….

증인 권승만: 500MD 헬기입니다.

심명보 의원: 헬기 타고 18일 2시 30분에 전남대 교정에 와서 증인에게 분명히 죽음을 무릅쓰고 데모를 해산하라 이렇게 지시를 했습니까?

증인 권승만: 분명합니다.

심명보 의원: 이건 분명히…. 이건 아주 중대한 대목이기 때문에.

증인 권승만: 분명합니다.

7공수여단 33대대장 권승만은 정호용의 편을 들었다. 발포를 비롯한 과잉 진압을 주도한 인물은 31사단장 정웅이라는 것이다. 11공수여단장 최웅도 권승만을 거들었다.

증인 최웅: 정웅 장군의 명령을 받은 것은 제가 말씀을 드리겠습니다.

김영진 의원: 무혈 진압 명령 받았습니까? 안 받았습니까?

증인 최웅: 무혈이란 말도 없고요, 유혈이란 말도 없습니다. 군의 명령이라는 것은 분명합니다. 분명하고, 지금 여러 가지 어려운 상황이니 소요를 진압하라는 것은 그분의 명령이 있었습니다.

하지만 이들의 주장은 곧 신빙성을 잃었다. 자신들이 통솔하던 부대에서 심각한 인권 유린이 일어났음에도 불구하고 기록을 조작하고 위증을 일삼았기 때문이다.

이해찬 의원: 이것이 19일에 병원으로 후송된 사람들 진찰 카드입니다. 진료 카드입니다. 시민들이 시민을 칼로 찔렀겠습니까?

증인 권승만: 그럴 리야 있겠습니까?

이해찬 의원: 누가 찌른 것입니까?

증인 권승만: 저도 잘 모르겠습니다.

이해찬 의원: 증인! 전남대에서 후송한 부대입니다. 후송한 사람들이에요. 전남대로 연행했다가 병원으로 후송한 사람들입니다.

…

이해찬 의원: 증인은 주민이 보는 데서는 절대로 그런 일이 없었다고 얘기를 했지요?

증인 권승만: 없었다고 얘기한 것이 아닙니다. 없도록 교육을 철저히 시켰지만….

이해찬 의원: 교육을 철저히 시켰지만 말을 안 듣습니까? 부하들이?

증인 권승만: 그 상황 자체가 그렇게 안 되었다 그런 얘기입니다.

이해찬 의원: 두 번째 해산보다 체포 주안으로 활동했다? 데모는 해산하는 것이 목적이지 진압하는 것이, 체포하는 것이 목적입니까?

증인 권승만: 해산도 하고….

이해찬 의원: 체포하느라고 강경 진압을 한 것입니다.

증인 권승만: 명령을 그렇게 받았습니다.

야당은 권승만을 상대로 전남대에서 연행한 부상자 명단과 병원으로 후송된 시민들의 진찰 카드를 대조하여 공수부대의 대검 사용을 지적했다. 권승만은 적당한 대답을 찾지 못했다.

김영진 의원: 여기에 무슨 죄 없는 이런 어린아이들, 또 저수지에서 소위 하수구에 들어가는 여인, 그리고 무슨 죄가 있어서 말입니다. 짐승 가축에까지 총을 쏘고 말입니다. 이런 짓을 했다고 하는 것은 도저히 상식으로 용납되지 않습니다. 어떻게 생각하십니까?

증인 최웅: 용납할 수가 없지요. 그러나 그때 그 상황을 말씀드리면요 보병학교 교도대하고 철수하는 특전부대하고 오인되어 가지고 교전이 벌어집니다. 그 교전이 벌어지기 직전에 그 마을의 지근에서 이동하던 계엄군이 사격을 받습니다. 거기서 다친 사람도 있고요 또 죽은 사람도 있습니다.

김영진 의원: 증인! 왜 그런 상황을 공수특전대 전투상보에는 기록을 않습니까? 기록을 안 했습니다. 없습니다. 이 두 가지 상황, 본위원이 제시하고 있는 지원동 양민 학살 사건과 이 바로 송가동의 사건이 소위 특전단의 전투상보에는 없습니다. 없고 본위원이 어디에서 확인했느냐 하면 전교사 작전상황 일지에서 확인했습니다. 그렇게 증인이 지금 얘기하고 있는 대로 이 사실이 정정당당하고 바른 일이라면 왜 11공수에 의해서 이런 일이 벌어졌다고 하는 사실은 전교사의 전투상보에는 나와 있는데 바로 그런 일을 자행한 증인의 부대의 전투상보에는 이것이 왜 없습니까?

증인 최웅: 아니 저희가 자행하다니요? 저희 철수하는 부대가 피해를 많이 받았지요.

　야당은 최웅에게 질의하는 과정에서 11공수여단의 전투상보에서 삭제된 양민 학살 사건을 폭로하고 군의 과잉 진압에 대해 따져 물었다. 최웅은 목소리만 높였지 역시 제대로 된 답변을 하지 못했다. 권승만, 최웅 등은 '현장의 불가피성'만 강조하며 자신들을 변호했다.
　야당은 12·12군사반란부터 5·17비상계엄확대로 이어지는 신군부의 불법적 집권 과정을 규명하는 데 집중하였고, 대검 사용, 집단 발포, 과잉 진압 등 광주에서 벌어진 잔혹한 살상 행위와 인권 유린을 집중 추궁했다. 그리고 수많은 피해자가 증언에 나선 장면이 TV로 생중계되면서 국민은 1980년 그날의 비통함을 생생하게 마주하게 되었다.
　여야의 치열한 공방이 계속되는 가운데 노태우가 다시 공식 입장을 밝힌다. 하지만 1980년 당시 "사회가 너무 혼란하고 기성 정치인들이 정국을 끌어가지 못해" 어쩔 수 없이 신군부가 나선 것이고 12·12군사반란과 이후 일련의 과정에는 어떤 조직성도 계획성도 없었으며, 청문회는 불필요한 반목을 조장한다는 주장은 공허하기만 했다.
　해를 넘겨 1989년. 1월 27일 민정당은 청문회 불참을 선언한다. 그러자 야당은 2월 22일부터 사흘간 단독 청문회를 열고 특별검사제 도입을 요구했다. 1980년 당시 대통령이었던 최규하와 모든 사건의 총체적 배후인 전두환, 두 사람은 증언을 거부하고 있었다. 이에 야당은 최규하를 고소했다. 최규하는 1988년 11월 10일부터 1989년 12월 23일까지 다섯 차례 국회 출석을 요구받고 1989년 1월 26일과 2월 22일에는 동행명령장까지 받았지만 끝내 출석하지 않았다. 국회의 고소는 검찰의 기소유예 처분으로 실패, 최규하는 영원히 진실을 밝히는 데 동참하지 않았다.

그리고 전두환. 1989년 12월 31일 전두환이 국회에 출석하여 증언하기로 한다. 증언 이후 진상특위를 해체하고 모든 절차를 종결하기로 합의했기 때문이다. 정호용의 국회의원직 사퇴, 이희성의 대한주택공사 이사장 사퇴, 그리고 광주보상법을 비롯한 몇 가지 특별법을 제정하는 선에서 청문회를 마무리하고 만 것이다. 국회에 출석한 전두환은 일방적 주장만 펼쳤다. 자신은 5·18 당시 부대 배치와 작전 지휘 등에 관여할 위치에 있지 않았으며 계엄사령부 상급 사령부는 시민을 상대로 한 무력 진압에 대해서도 신중론을 폈다고. 또한 12·12군사반란은 "권력 장악을 위한 쿠데타가 아니"었으며 5·17비상계엄확대 역시 쿠데타와 무관하다고 말했다. 그리고 "광주사태가 특별한 의도에 의해 촉발됐다는 주장은 전적인 오해"라고 강변했다. 하지만 당시 정부와 군의 요직에 있었던 사람으로서 책임을 통감하며 재임 중 근원적 치유를 하지 못한 점에 대해 "깊은 반성과 자책을 느끼고 있다"라고 말했다. 노태우와 꼭 같은 논지. 야당 의원이 고함을 치고 일곱 차례나 정회한 끝에 결국 청문회는 전두환의 입장 표명만 듣고 종료되었다. 청문회의 결과를 정리한 보고서도 채택하지 못했다.

국회법의 한계는 애초에 명확했다. 국회의 역할은 청문회까지이고, 나머지는 처음부터 검찰과 사법부의 역할 아니던가. 오늘날에는 국회의 위상은 높아지고 청문회를 비롯한 국회의 행정부 견제 기능이 꾸준히 발전하여 정례 국정감사 제도와 상황에 따른 특별감사 제도 등이 실시되고 있다. 그 발전의 밑바탕에는 13대 국회의 노력, 특히 광주·5공청문회의 역할이 컸다고 할 수 있다. 하지만 청문회는 청문회일 뿐. 행정 및 사법 조치가 불가능했기에, 그 이상의 역할은 결국 대통령 노태우의 몫이었다.

노태우 정권은 주도면밀했다. 이미 1989년 3월부터 '공안 정국'이 본격화되었다. 문익환 목사와 대학생 임수경의 방북 사건 등이 빌미가 된 것이다. 정부와 여당은 이유 여하를 막론하고 대표적 재야 인사와 전대협 등 운동권 단체가 북한에 다녀왔다는 사실을 문제 삼았다.

좌경과 순수한 의미의 민주화 촉진 요구는 구별돼야 합니다. '좌경', '용공'이란 용어는 근본적으로 개념 혼란적인 의미를 포함하고 있습니다. 개인적인 입장에서는 이 같은 용어보다는 '좌익', '공산주의자'를 처벌하겠다는 뜻으로 개념을 확정하고 싶습니다. 다시 말해 북한 공산 집단에 동조하는 세력, '마르크스 레닌주의'에 입각해 체제를 전복하려는 세력들, 이 가운데서도 특히 폭력 과격 수단을 사용하는 세력들을 엄단하자는 것입니다. 해방 이후 오늘에 이르기까지 북한은 대남 적화 노선을 그대로 견지하고 있습니다. 이 같은 북한의 통일전선 건설에 동조하는 세력을 좌익 공산주의자로 규정할 수 있습니다. … 공안 당국에서는 대략의 숫자까지 파악하고 있으나 적지 않은 세력이 있는 것은 분명합니다.

당시 공안 정국을 주도한 검찰총장 김기춘의 인터뷰이다. 야당의 균열 또한 문제였다. 김영삼, 김대중, 김종필의 엇갈리는 정치적 타협이 반복되었고 노태우는 이 부분을 집요하게 파고들었다. 어차피 더 이상의 민주항쟁은 없다. 1987년 이후 대한민국은 절차적 민주주의, 국민의 투표를 통해 대통령을 뽑는 나라로 바뀌었다. 대통령에게 권력이 집중된 구조에서 국회가 주도했던 작은 반란은 역사적 진실을 국민 앞에 끌어다놓는 역할을 하는 데 만족할 수밖에 없었고, 결국 진상 규명과 책임자 처벌이라는 간절한 바람은 철저하게 무력화된다. 1990년 8월 6일 「광주민주화운동 관련자 보상 등에 관한 법률」이 제정되었다. 그간 노태우 정권이 표방했던 '진상조사 없는 보상'이 주요 내용이었다.[2]

성공한 쿠데타도
처벌할 수 있다. 하지만…

김영삼이 대통령이 되자 5·18 문제 해결을 위한 노력이 다시 시작되었다. 관련 단체들은 특별검사제 도입, 광주보상법 폐기 등을 담은 15개 요구를 발표했다.[3] 김영삼은 '5·13 특별 담화'를 통해 "광주의 유혈은 이 나라 민주주의의 밑거름"이 되었고 문민정부는 "광주민주화운동의 연장선"에 서 있음을 분명히 하였으며 민주화운동기념사업 지원과 보상 및 명예 회복 등을 구체적으로 약속했다. 대대적인 사면 조치 또한 진행되었다. 하지만 김영삼 정부 역시 "진상 규명은 … 암울했던 시절의 치욕을 다시 들추어내어 … 누구를 벌하자는 것은 아닐 것이다. … 훗날의 역사에 맡기는 것이 도리"라며 진상 규명과 책임자 처벌 요구는 거부한다. 노태우 정권과 그리 다르지 않은 행보였다.

즉각 반발과 무더기 고소, 고발이 이어졌다. 5·18 문제뿐 아니라 12·12군사반란, 삼청교육대 사건, 해직 공무원 사건*, 국제그룹 해체** 등 노태우 정권 시기에 제대로 해결하지 못한 문제들이 문민정부 들어 다시 수면 위로 떠올랐다. 1993년 7월 정승화를 비롯한 12·12군사반란의 피해자들이 신군부 세력을 고소했고 1994년 3월에는 정동년 등 피해자 321명이 5·18 관련자 35명을 내란 등의 혐의로 서울지검에 고발했다. 1994년 5월 13일부터 이듬해 4월 3일까지 5·18과 관련하여 70여 건의 고소, 고발장이 접수되었다.[4] 검찰이 나설 수밖에 없었고 1995년 7월 18일 서울지방검찰청과 국방부 검찰부는 공동으로 5·18 관련 사건의 수사 결과를 발표했다. "공소권 없음."

---

* 전두환 정권은 국보위의 공무원 숙정 계획과 전교조 교사 1519명 강제 해직 등을 비롯해 여러 문제를 일으켰다. 1987년 6월 민주항쟁 이후 해직 공무원 문제는 큰 관심을 받았고 진상 조사 및 피해자 구제를 위한 여러 입법 조치가 잇따랐다.

** 1985년 신군부가 당시 재계 7위의 대기업인 국제그룹을 비밀리에 강제 해체한 사건이다. 이후 공권력 행사로 인한 재산권 침해에 대한 헌법 소원을 제기해, 1993년 7월 국제그룹 해체는 위헌이라는 판결을 받았다.

200쪽이 넘는 보고서[5]는 비교적 정확하게 5·18 당시의 정황을 분석했다. 보고서는 "전두환 보안사령관이 중앙정보부장 서리에 취임함으로 국내외 정보와 중앙정보부의 예산을 장악하였을 뿐 아니라, 이후 공식적으로 각료 회의에도 참석"할 수 있었기 때문에 "후일 정국을 주도하고 집권의 기반을 구축하는 데 커다란 기여를" 했다고 인정했다. 또한 비상계엄확대 당시 "위압적인 분위기를 조성"하는 등 여러 조치를 주도했으며 여기에는 "향후 정국을 주도하고 장악할 의도가" 있었다고 인정했다. 또한 재야 정치인과 재야 인사의 체포, 연행, 연금 조치에 관해서도 불법성을 인정하고 이 조치가 "후일 경쟁자 없이 권좌에 오르게 된 결정적 기반"이 되었다고 보고했다. 5·18 이후 조직한 국가보위비상대책위원회 역시 "보안사의 일부 참모들이 계획하고 보안사령관이 주도하여 추진"한 것이며 국보위의 수많은 조치들은 결국 전두환과 그 일당의 "정국 주도 의지를 배제하고는 설명되기 어려운 성격"이라고 밝혔다.

5·18 발발 원인 역시 이러한 신군부의 권력 의지와 관련 있다고 인정했다. "계엄 상황을 이용하여 정국을 주도하고자 한 군 수뇌부가 학생, 시민들의 계엄 해제 등 민주화 요구를 수용할 수 없었기 때문에 단호한 진압만이 사태를 해결할 수 있는 유일한 방안으로 판단"하였다는 사실 또한 확인했다.

하지만 결론에 이르러 보고서는 엉뚱한 논리로 치닫는다. 우선 광주에서의 과잉 진압은 "의도적으로 촉발하였거나 기획하였다고 볼 자료를 발견하지 못하였으므로 광주에서의 민주화 요구 시위 발생이나 그 진압이 사전 계획에 따라 추진되거나 발생한 사건으로 보기는 어렵다"고 결론지었다. 또한 12·12군사 반란부터 5공화국 등장까지 일련의 과정이 "사법 조사의 대상이 되는지 여부에 대해서는 아직 사법부에서 판단된 사례가 없"으 며 "정치적 변혁이 성공하여 새 질서가 실효적으로 되면 새 질 서가 법률 질서로 되며, 이는 근본 규범의 변동으로 새로운 정부 가 법 정립의 권위로 인정되는"것을 고려할 때 신군부와 전두 환 정권 핵심 관계자들에게 "법적 책임을 물을 수 없으며, 결국 사법 심사가 불가능하다"고 보았다. "내란이 성공하여 기존의 법 질서를 파괴해버리면 내란죄에 관한 형법 규정의 적용 문제는 생겨나지 않으며, 내란죄의 규정은 폭동이 실패로 돌아가 관련 자가 체포되었을 경우에만 적용"된다는 것이다. 성공한 쿠데타 는 처벌할 수 없다, 잘못은 했지만 법으로 처벌할 수 없다는 주 장을 펼친 것이다.

검찰 보고서는 5·18 문제에 한층 더 가혹했다. 군의 집단 발 포는 "시위대의 차량 돌진 공격에 대응하여 돌진하는 차량에 발 포"하는 등 "광주 시민들의 공분을 고조시킬 목적으로 사전에 계획된, 의도적인 발포였다고 할 수는 없을 것"이라 보고했다. 파견 부대의 통제 이원화, 헬기 기총 소사, 대검 및 화염방사기 사용에 대해서도 모두 입증이 불가능하거나 사실로 특정할 근 거가 부족하다고 기술하였고, 단지 "지휘관의 의사와 무관하게 공수부대원들에 의하여 시위 진압 현장에서 대검이 사용된 사 실을 인정할 수" 있다고 했다. 광주청문회만도 못한 결론이었다. 어떻게 김영삼이, 문민정부가 이럴 수 있단 말인가.

이 일이 제2의 건국이라는 신념으로 어떠한 반역사적, 반민주적 도전도 분쇄하고 이 과업을 반드시 완수할 것 … 지난 시대의 어두움을 역사의 심판에 맡기자고 국민에게 호소한 것에는 잘못을 저지른 당사자들이 국민과 역사 앞에 참회하고 용서를 비는 반성의 길을 걸을 것이라는 기대가 담겨 있었다. 그러나 … 전직 대통령의 권력형 부정부패 사건을 통해 국민의 신뢰와 기대를 배반한 이 엄청난 범죄의 뿌리가 12·12와 5·17, 5·18에 이어져 있음을 확인할 수 있었다.[6]

보고서가 발표되고 몇 달이 지난 1995년 12월 12일, 김영삼은 쿠데타를 영원히 추방하여 '역사바로세우기'를 완수하겠다면서 신군부에 대한 전면 재수사를 천명했다. 12·12군사반란부터 5·18광주민주화운동에 이르는 일련의 과정과 불법적이고 위헌적이며 또한 가혹한 인권 유린 문제를 가능한 모든 수단을 동원하여 척결하겠다는 의지를 밝힌 것이다. 깜짝 놀랄 반전이었다. 원인은 다른 데 있었다. 5·18 관련 고소 고발 사건을 수사한 서울지검 공안1부 장윤석 부장검사가 7월 18일 보고서의 내용을 근거로 전두환, 노태우 등을 불기소 처분하고 얼마 지나지 않아 이른바 '서석재 발언' 사건이 벌어진다. 8월 1일 서석재 당시 총무처장관이 기자들과 저녁 식사 도중 "전직 대통령 중 한 사람이 4000억 원의 가·차명 계좌를 보유하고 있다"라고 이야기한 것이다. 서석재는 김영삼 정부의 실세였기 때문에 논란이 커졌고 노태우는 "이런 해괴하고 황당한 얘기를 도저히 납득할 수 없다"면서 크게 반발했다. 그러나 10월 19일 민주당의 박계동의원이 국회 본회의 정치 분야 대정부 질문에서 신한은행 서소 문지점에 ㈜우일양행 명의로 128억 2700만 원이 예치된 계좌의 예금조회표를 공개했다. 이는 노태우 전 대통령의 퇴임 직전인 1993년 1월 말 상업은행 효자동지점에 예치했던 4000억 원의 비자금을 40개 계좌로 분산시킨 것 중 일부라고 폭로했다. 도대체 야당 의원이 이런 구체적인 사실을 어떻게 알았단 말인가. 여하간 소문은 사실이었고 그 소문의 주인공은 바로 노태우였다.

1995.10.27. 노태우 대국민 사과문 발표
1995.11.1. 노태우 대검찰청 소환
1995.11.16. 노태우 거액 수뢰 혐의로 구속
1995.11.24. 5·18특별법 제정 결정
1995.11.30. 12·12 및 5·18 사건 특별수사본부 설치
1995.12.3. 전두환 전격 구속

박계동의 폭로 이후 상황이 급변했다. 노태우는 재임 중 5000억 원의 통치 자금을 조성하였고 그중 1700억 원이 남아 있었다. 통치 자금의 조성 경위, 규모와 사용처 등에 대한 해명이 이어졌고 결국 대국민 사과문을 발표했다. 당시 노태우는 쫓기고 있었다. 박계동의 폭로 다음 날 은행감독원이 입금 경위, 실제 소유자 및 예금 계좌에 대한 추적 작업을 벌이고 있다는 사실이 보도되었다.[7] 이틀 뒤 22일에는 대검찰청이 차명 계좌와 관련, 금융실명제 긴급명령 위반 혐의로 고발된 신한은행 융자지원부장 이우근 씨 등 여섯 명을 소환해 밤샘 조사를 벌였다. 23일에

는 검찰이 서소문지점에 차명으로 예치된 300억 원의 정치 자금을 확인했다. 24일 검찰이 노태우 전 대통령의 불법 비자금 조성 여부에 대한 수사에 착수하자마자 다음 날 거액의 비자금 계좌가 추가로 드러났다. 26일에는 특정 재벌의 수표가 무더기로 노태우의 계좌에 입금된 사실까지 밝혀졌다. 27일 노태우가 사과한 당일 「노 비자금 1590억 확인」이라는 기사가 신문 전면을 장식했다.[8] 노태우의 대국민 사과는 문자 그대로 사면초가 상황에서 이루어진 것이었다. 그리고 검찰의 전격 조사 배경에는 대통령의 수사 지시가 있었다.

노태우의 사과 발언 다음 날 김영삼은 오찬에서 대국민 사과와 상관없이 성역 없는 철저한 조사 방침을 거듭 천명하며 야당의 협조를 당부했다. 오랜 야권 생활의 흔적일까? 김영삼은 적절한 순간에 꼭 야권을 끌어들였다. 이후 노태우 관련 수사가 신속히 진행되면서 화살이 재벌에게 향하기 시작했다. 11월 3일에는 대우그룹 김우중 회장의 소환 조사가 임박했다는 뉴스가 나왔고[9] 다음 날에는 삼성, 현대, 대우 등 10대 그룹을 포함한 40여 재벌이 노태우 정권 당시 50~350억 원의 비자금을 제공했다는 사실이 공개되었다.[10] 한일, 동부, 진로 총수에 이어 현대 정주영, 삼성 이건희, LG 구자경, 대우 김우중, 롯데 신격호, 동아 최원석 또한 검찰청으로 소환되었다. 부동산과 그 밖의 자산 등 온갖 부정부패를 파헤친 끝에 11월 16일 노태우는 구속된다. 그리고 며칠 뒤인 11월 21일 검찰은 중요한 발표를 한다. "노 전 대통령의 비자금을 내사하는 과정에서 전두환 전 대통령이 재임 중 조성한 거액의 비자금 중 일부를 노 전 대통령에게 인계

한 사실을 확인했다."[11]

이제 수사는 전두환 정권으로 확대되었다. 11월 24일에는 24개 그룹의 총수를 기소하는 방침이 정해졌고, 동시에 김영삼 대통령은 민자당에 5·18특별법 제정을 지시했다. 당시 윤여준 청와대 대변인은 "이번 특별법은 12·12사태부터 5·18광주민주화운동까지 신군부가 정권을 찬탈한 전 과정을 다루게 될 것"이라고 공언했다. 하지만 특별법의 내용이 무엇인지, 사법 처리를 포함하는지 등에 대해서는 알려지지 않았다.

11월 28일부터 12월 2일까지 조사가 신속히 진행되었고, 그 결과는 12월 3일 전두환의 구속으로 이어졌다. 이때 가장 먼저 할 일은 앞서 검찰과 국방부 검찰부가 공동 발표한 보고서를 뒤집는 것이었다. '성공한 내란도 처벌할 수 있다.'

헌법재판소에서 검찰의 5·18 관련자 불기소 처분을 취소할 것이라는 예상이 나왔다. 특별법 제정과 관련 없이 즉시 재수사가 가능해질 것이라는 이야기까지 돌았다.[12] 다음 날에는 민자당이 "내란 외환죄의 경우에도 대통령 재임 중 공소시효를 정지시키고 공범 중 한 사람이 대통령으로 재임 중엔 다른 공범의 공소시효도 정지시키는 내용의 5·18특별법을 제정"할 것이라는 뉴스가 대서특필되었다.[13] 현행법의 공소시효 문제를 피하기 위해 특별법을 제정하겠다는 발상이다. 전두환과 노태우는 물론이고 정호용, 허화평, 허삼수, 박준병 등 신군부의 주요 인물에 대한 사법 처리를 예고한 것이다. 특별법 제정은 즉시 위헌 시비로 번졌다. 이에 대해 김영삼은 "과거의 헌정 질서 파괴 행위를 사법적으로 단죄하는 데 필요한 소급 입법을 위해 헌법을 개정할

4장. 무엇을 무너뜨리고 무엇을 세울 것인가: 다음 시대를 위한 대통령의 정치술

의사가 있다"고 밝혔다.[14] 신군부 처단을 위해서라면 개헌도 불사하겠다는 경고였다.

검찰도 빠르게 움직였다. 12·12군사반란에 대한 전면 재수사는 물론이고 해가 바뀌기 전에 전두환과 노태우 등에 대한 사법 처리를 위해 최규하 전 대통령을 조사하겠다고 밝혔다. 전두환이 할 수 있는 저항은 골목 성명 정도였다. 그는 검찰 출두를 거부하고 김영삼 대통령을 비난한 후 고향인 경남 합천으로 떠났다. 하지만 곧장 강제구인된다. 두 달간 정국은 온통 노태우, 전두환 문제로 들끓었고 비자금 폭로는 부정 축재 논란을 거쳐 5·18특별법 제정을 통한 역사바로세우기로 귀결되었다. 12월 12일 역사바로세우기를 천명한 김영삼의 회견은 일련의 과정을 반드시 사법 처리를 통해 완수하겠다는 의지를 공식화한 것이었다.

국가가 잘못을 사과하고
피해를 보상하는 시대를 열다

김영삼은 왜 두 전직 대통령 사법 처벌에 대한 입장을 바꾸었을까. 이에 대해 여러 해석이 있다. 노태우의 비자금 문제로 자신에게 불똥이 튈 것을 염려하여 선제 조치를 취했다는 주장, 5·18 등 여러 사건에 대한 진상 규명 요구에 미온적으로 대응했다가 지지율이 떨어졌기 때문에 반등을 꾀했다는 주장, 당명을 민자당에서 신한국당으로 바꾼 만큼 민정계를 몰아내고 본인과 민주계 중심으로 당의 정체성을 확고히 하려는 노림수였다는 주장 등. 모두 일리 있는 추론이다. 김영삼의 지지율은 집권 3년 차에 가파르게 하락했고, 여러 방면에서 의욕적으로 추진한 개혁은 피로감을 일으키거나 민심의 호응을 얻지 못하거나 새로운 문제를 일으키고 있었다. 또한 그는 정통성에 집착하며 호랑이를 잡기 위해 호랑이 굴에 들어갔다는 자신의 말을 끊임없이 증명하고 싶어 했는데, 5·18 문제야말로 그가 표방한 대의의 결정체 아니던가. 이로 인해 한국의 과거사 청산은 김영삼 대통령의 정치적 의지, 한국형 대통령중심제가 지니고 있는 고유한 특성에 의해 일사천리로 진행되었다는 특징을 지닌다. 오랫동안 민주화운동에 헌신한 정치 투사의 강력한 의지와 오랜 기간 공무원의 철저한 복종을 기반으로 길러낸 대통령 중심의 극단적 행정 효율성이 기묘하게 결합하여 이룬 성과라고 할 수 있다.

> 피고인 전두환을 사형에, 피고인 노태우를 징역 22년 6월에, 피고인 황영시, 같은 허화평, 같은 이학봉, 같은 정호용을 각 징역 10년에, 피고인 유학성, 같은 최세창, 같은 허삼수, 같은 이희성을 각 징역 8년에, 피고인 차규헌, 같은 장세동, 같은 주영복을 각 징역 7년에, 피고인 박종규, 같은 신윤희를 각 징역 4년에 각 처한다. … 피고인 전두환으로부터 금 2259억 5000만 원을, 피고인 노태우로부터 금 2838억 9600만 원을 각 추징한다.[15]

1996년 8월 26일 서울지방법원 제30형사부의 1심 판결문이다. 전두환과 노태우를 비롯해 신군부의 집권을 도왔던 핵심 인물에 대한 심판이 이루어졌다. 변호인단은 공소시효 문제를 제기하고 앞선 검찰 보고서와 같은 방식으로 위법성을 부정했지만, 판결문은 이러한 주장을 조목조목 반박했다.

> 피고인들은 헌법에 규정되어 있는 국가 기관인 국무회의장과 국회에 병력을 배치하고 국회의원의 등원을 저지함으로써 국가 권력에 반항하였고, 또한 국가 권력에 반항하는 피고인들의 행위에 저항하여 광주에서 시위가 발생하자 병력을 동원하여 이를 제압하는 방법으로 국가 권력에 반항하였다.

판결문은 12·12군사반란과 5·17비상계엄확대, 5·18광주민주화운동 진압을 국가 권력에 대한 반항으로 규정했다. 다만 피고인 노태우의 경우 "이인자로 관여하였고, 국민들의 직접선거에 의하여 대통령으로 당선"되어 여러 업적을 남겼기에 형량을 줄인다는 다소 납득하기 어려운 내용을 담기도 하였다.

1996년 12월 16일 서울고등법원에서는 관련 사건에 대해 2심 판결을 내린다. 2심 판결문은 1심에 비해 두 배나 두껍게 작성되었는데 도입부에서 성공한 쿠데타를 처벌할 수 있는지에 대해 촘촘한 반론을 시도한다. 2심 재판부는 12·12군사반란을 진압하려 한 수방사령관 장태완의 조치를 정당한 직무 집행으로 보고 "이러한 정당한 직무 집행에 반항하여 휘하 병력을 무장시켜 전투 준비를 한 행위는 반란에 해당함이 명백"하다고 판시했다.[16]

> 민주 국가의 국민은 주권자로서 또 헌법 제정 권력으로서 헌법을 제정하고 헌법을 수호하는 가장 중요한 소임을 갖는 것이므

로 이러한 국민이 개인으로서의 지위를 넘어 집단이나 집단 유사의 결집을 이루어 헌법을 수호하는 역할을 일정한 시점에서 담당할 경우에는 이러한 국민의 결집을 헌법 기관에 준하여 보호하여야 할 것이다. 따라서 이러한 국민의 결집을 강압으로 분쇄한다면 그것은 헌법 기관을 강압으로 분쇄한 것과 마찬가지로 국헌 문란에 해당한다고 보지 않으면 안 된다.

2심 판결문의 5·18광주민주화운동 관련 판시에 주목할 필요가 있다. 신군부의 과잉 진압은 단순한 국가 폭력이 아니다. 국민은 헌법 제정의 주체이며 헌법이 위기에 처하면 저항권을 발동할 수 있다. 12·12군사반란과 5·17비상계엄확대는 기존의 헌법 기관을 불법적으로 유린한 행위이다. 이에 광주 시민은 헌법을 수호하기 위해 집단 저항했는데 이는 명백한 저항권 발동이다. 또한 이 행동으로 인해 광주에서는 준헌법 기관이 태동했고, 신군부는 집단 발포와 과잉 진압을 통해 또 한 번 헌법 기관을 분쇄했다. 1심 재판부가 "국가 권력에 반항"이라는 제한적인 표현을 사용했다면 2심 재판부는 표현 방식과 의미를 보다 넓히고 분명히 했다.

하지만 양형 이유는 여전히 모호했다. "자고로 항장은 불살이라 하였으니 공화를 위하여 감일등하지 않을 수 없다"라며 전두환을 사형에서 무기징역으로 감형했다. "대통령 재임 중 6·29선언을 수용하여 민주 회복과 평화적 정권 교체의 단서를 연 것은 늦게나마 국민의 뜻에 순종한 것"이라는 이유였다. 노태우에 대해서는 "수창한 자와 추수한 자 사이에 차이를 두지 않을 수 없으므로 피고인 전두환의 책임에서 감일등"하여 징역 17년으로 형량을 낮추었다. 그리고 1997년 4월 17일 대법원은 전원합의체 판결을 통해 2심 판결을 확정했다.[17]

　판결은 신군부의 권력 획득 과정의 불법성을 판단하는 데 집중되어 있다. 안타깝게도 그들의 반민주적 행위, 특히 5·18광주민주화운동 과정에서 일어난 숱한 인권 유린에 대한 사법적 고뇌는 찾아볼 수 없다.

> 　전, 노 씨 사면 여부는 전적으로 김영삼 대통령의 권한에 속하는 문제다. 이제 김 대통령으로서는 현안의 한보 사태든 현철 씨의 의혹 문제든 전, 노 씨의 사면 문제든 자신의 임기 내에, 그것도 가급적 빨리 분명히 매듭짓는 것이 좋다. … 차기 정권이 다시 과거에 발목이 붙잡혀 미래로 나아갈 수 없도록 하지 않기 위해서도 그렇다.[18]

　대법원 판결이 확정된 날 『동아일보』의 사설이다. 실상 이 사설은 김영삼에게 전임 대통령의 사면을 결단하라고 압박했다. 1997년 4월 한보 사태로 인해 국정조사를 여는 등 외환 위기의 전조가 시작되었고, 무엇보다 차남 김현철의 비리 문제가 대두되면서 김영삼은 도덕성에 치명상을 입었다. 그러니 한보 사태, 김현철 문제, 그리고 전두환, 노태우 판결 등을 전향적으로 처리하여 더 이상 과거를 두고 불필요한 시간 낭비를 하지 말자는 주장이다. 1심 판결 때부터 솔솔 피어오른 사면론이 최종 판결이 나오자마자, 그것도 김영삼 정권의 지지도가 급락하는 상황에서 공개적으로 제기된 것이다.

김영삼식 과거사 청산은 많은 문제를 내포했다. 대통령의 의지에 따라 검찰, 헌법재판소, 사법부가 일사분란하게 움직였고 애초에 기획된 정도로 처벌이 이루어졌다. 전임 대통령의 비자금과 관련하여 재벌의 뇌물 제공과 금융실명제 위반 등이 드러났지만 대부분 불기소 처분되었고, 그나마 기소된 건도 모조리 집행유예에 그쳤다. 그리고 김영삼은 1997년 12월 22일 외환 위기의 절정에서 전두환과 노태우 등을 사면하고 만다. 구속 2년, 최종 판결 8개월 만에 이루어진 조치. 대통령이 정치적 의지를 갖고 주도적으로 처리한 사안이 그 대통령의 지지율이 폭락하고 정치 변동이 일어나자 흐지부지되고 만 것이다.

그렇다면 김영삼의 역사바로세우기는 의미가 없었던 것일까. 그렇지 않다. 과거사 청산의 전례, 특히 사법 처리가 포함된 청산 프로세스가 만들어졌다는 점에서 큰 의의를 지닌다.

군부가 자행한 쿠데타와 그들이 저지른 인권 유린에 대해 근본적인 과거사 청산을 도모한 사례는 세계적으로 유례를 찾기 힘들다. 대부분의 국가에서 과거사 청산은 일부 사실에 대한 규명 혹은 피해자에 대한 시혜적 보상 수준에서 멈춘다. 넬슨 만델라 등이 주도한 남아프리카공화국의 과거사 청산 역시 문제가 많았다. 사면을 전제로 증언을 수집하였고 권부의 말단만 재판대에 올렸기 때문이다. 남아프리카공화국의 경우 백인에 의한 흑인 차별이 문제였는데 과거사 청산 과정에서 처벌은 대부분 흑인들이 받았다. 백인의 말단 수하들만 걸려든 것이다.

반면 아르헨티나는 예외적인 성공을 거두었다. 라울 알폰신

정부가 들어서면서 공개 재판을 시도, 아홉 명의 장성을 기소해 최소 4년에서 최대 종신형으로 처벌했다. 1985년의 일이다. 그러나 군부의 반발이 심해지자 결국 1년 만에 사법 처리를 중단하고 대대적인 사면 조치를 취했다. 이후 아르헨티나의 민주주의가 더욱 발전하면서 2005년에 앞선 사면 조치를 철회하고 다시 수백 명의 군인을 재판에 회부했다.[19] 이상을 제외하면 김영삼 정권기의 전두환, 노태우 등에 대한 사법 처리가 유일한 예이다.

김영삼 정권은「일제하 일본군 위안부에 대한 생활안정지원법」(1993.6.11.)을 제정하고「거창 사건 등 관련자의 명예회복에 관한 특별조치법」(1996.1.5.) 또한 통과시켰다. 5·18특별법과 더불어 대부분 대한민국 헌정사상 최초로 추진된 일이다. 피해자의 지속적이며 강력한 문제 제기와 1987년 6월 민주항쟁이 상징하는 민주화를 향한 전국민의 열망이 결합되었다. 이에 대해 대통령과 정부가 적극적으로 나서서 법률 제정 등 각종 입법 조치를 통한 피해자 명예 회복을 시도하고 검찰과 사법부를 통한 사법 처리와 이에 근거한 역사바로세우기에 도전했다. 이 과정에서 김영삼은 이례적인 업적을 이룩했다.

과거사 청산은 김대중 정부에서 한층 더 조직화된다. 일본군 위안부와 5·18 문제에 대해 후속 조치를 취했으며「제주 4·3 사건 관련 특별법」(2000.1.12.),「민주화운동 관련 법률」(2000.1.12.),「의문사 관련 특별법」(2000.1.12.),「민주화운동 기념사업회법」(2001.7.24.) 등을 제정하여 한국전쟁기부터 독재 정권 시절까지 과거사 청산을 위한 광범위한 작업을 실시했다. 이상의 과정을 통해 일제강점기, 한국전쟁기, 민주화운동기에 벌어진 국가 폭력과 인권 유린을 조사하고 연구하며 피해자의 신원을 회복하고 보상하여 왜곡된 역사상을 교정하는 한국형 과거사 청산 프로세스가 만들어져 오늘에 이르고 있다.

거절과 반대를 설득과 동의로 넘어선 햇볕정책

YS		DJ
13대 대통령 선거 낙선	1987.12.	13대 대통령 선거 낙선
	1988.11.	광주청문회에 증인으로 참석. 김대중 내란 음모 사건 은 전두환 신군부 세력의 정권 찬탈을 위한 조작극이었음을 증언
3당 합당. 민주정의당, 통일민주당, 신민주공화당을 합쳐 민주자유당 창당	1990.1.	
14대 대통령 선거 당선	1992.12.	14대 대통령 선거 낙선
금융실명제 실시, 공직자 재산 공개, 하나회 해체, 12·12 및 5·18 특별 담화 발표	1993.3~5.	
정치개혁법 국회 통과	1994.3.	
	1995.7.	정계 복귀
5·18특별법 국회 통과	1995.12.	
IMF 구제금융 신청 발표	1997.11.	
	1997.12.	15대 대통령 선거 당선
	1998.12.	전교조 합법화
	1999.9~11.	국민기초생활보장법 제정, 민주노총 합법화
	2000.3~12.	베를린 선언 발표, 남북 정상 회담 개최, 노벨 평화상 수상
	2001.1~7.	여성부 출범, 국가인권위원회법 제정, 부패방지법 제정
	2003.2.	대통령 퇴임

현실과 공상 사이에서
방향을 가리키다

  통일. 누군가에게는 너무나 당연한 말이지만, 다른 누군가는 이 말에 관심조차 없다. 그리고 또 다른 누군가는 손사래를 치며 반대한다. 남북 관계. 우리는 북한에 대해 얼마나 알고 있을까. 1950년 한국전쟁 이후 남한과 북한은 서로를 향해 거대한 장벽을 쌓았다. 휴전선을 기준으로 나란히 늘어선 초소와 군부대, 수많은 무기와 병사들. 비단 눈에 보이는 것뿐일까. 오랜 시간 마음에 쌓아 올린 적대 감정. 상대에 대한 경계심을 유지하기 위해 국가는 끝없이 반공을 강요했고, 국민은 그 감정이 어떤 연유에서 시작되었는지 생각할 겨를도 없이 두려움과 공포로 상대방을 기억했다. 그렇게 반세기가 지났을 때 상대방은 평양, 대동강, 금강산 등 몇몇 지명과 이산가족, 실향민 같은 단어로만 지칭되는 두루뭉술한 존재가 되었다. 전쟁이라는 구체적 경험과 반공이라는 강렬한 공포로 찢긴 틈새를 이산가족과 실향민이라는 실과 바늘로 겨우 잇댄 상태라 할 수 있다. 여기에 북한의 경제 붕괴와 핵 문제라는 비상한 상황까지 겹친 가운데 김대중이 대한민국 15대 대통령으로 취임했다.

  미국 대통령 빌 클린턴은 김대중 정부가 햇볕정책을 실행하는 과정에서 참으로 중요한 역할을 담당했다. 민주당 대통령인 클린턴은 전임 공화당 조지 H. W. 부시의 동아시아 정책을 계승했다. 부시의 재임 기간(1989~1993)은 냉전이 붕괴하는 과정과 겹친다. 그는 소련을 비롯한 공산 진영의 연착륙을 도왔고 독일 통일을 지지했으며 무엇보다 노태우 정권의 북방정책을 후원했다. 클린턴 역시 마찬가지였다. 북한 핵 위기를 수습하고 김대중의 햇볕정책을 후원했다. 클린턴의 지지가 없었다면 햇볕정책도 꽃을 피우기 어려웠을 것이다. 다수의 남북 관계 전문가가 클린턴의 역할을 긍정적으로 평가했고 후임자이자 클린턴의 대북정책을 모조리 부수어버린 조지 W. 부시 대통령을 비난했다. 일각에서는 클린턴이 김대중을 진심으로 존경했다고 과장하기도 한다. 그렇다면 실제로 클린턴은 남북 문제에 얼마나 관심을 가졌을까?

놀랍게도 클린턴의 자서전에는 한반도 상황에 관한 이야기가 거의 나오지 않는다. 햇볕정책과 김대중에 관한 대목은 아예 찾을 수 없다. 클린턴이 한반도에서 주목한 부분은 두 가지이다. 1993년 북한의 NPT 탈퇴 선언에서 제네바 회담으로 이어지는 이른바 1차 핵 위기. 그리고 1997년 말에 벌어진 외환 위기.

내가 퇴임한 뒤 미국은 1998년 북한이 실험실에서 고농축 우라늄을 생산하여 합의의 구체적 조항은 아니라 해도 그 정신을 어기기 시작했다는 사실을 알게 되었다. 어떤 사람들은 이 사태를 보고 1994년 합의의 효력에 의문을 제기했다. 그러나 우리가 종결시킨 플루토늄 프로그램은 이후의 실험실의 작업보다 규모가 훨씬 컸다. 당시 북한의 핵 원자로 프로그램이 그대로 진행되었다면, 1년에 몇 개씩 핵무기를 만들어낼 만한 양의 무기급 플루토늄을 생산하게 되었을 것이다.[1]

1994년 북한과 미국이 핵 사찰 허용과 경수로 제공을 약속한 '제네바 합의'는 네오콘이라 불리는 미국의 신보수주의자들에게 비판을 받았다. 북한과 협상을 하느라 시간을 낭비했고 덕분에 핵을 개발할 시간을 벌어주었다는 것이다. 이후 북한이 핵 개발은 물론이고 장거리 미사일까지 개발하면서 클린턴 정부는 곤욕을 치렀다. 클린턴은 이를 두고 협상을 통해 북한의 핵 프로그램을 제어하지 않았다면 훨씬 더 심각한 핵 위기를 초래했을 것이라고 강변한다. 당시 국무장관이었던 윌리엄 J. 페리도 같은 주장을 펼쳤다.[2]

미국 대통령이 한반도 문제를 바라보는 방식은 남북 관계 개선이나 통일이라는 원대한 이상에 닿아 있지 않다. 클린턴 또한 마찬가지다. 대통령에 취임한 그의 앞에는 러시아의 후퇴와 중국의 부상, 1990년대 초반을 뜨겁게 달군 보스니아 내전, 그리고 르윈스키 스캔들, 뉴트 깅그리치를 중심으로 공화당이 장악한 하원과의 처절한 싸움이 기다리고 있었다. 기본적으로 미국 대통령의 최대 관심사는 자국의 정치 지형이다. 하지만 미국의 패권적 지위로 인해 국제 무대에서 더욱 강력한 리더십을 발휘할 수 있다는 특징 때문에 '외교' 역시 미국 대통령에게 중요한 영역이다. 클린턴뿐 아니라 거의 모든 미국 대통령의 회고록에는 국제 무대에서 활약한 모험담이 실려 있다. 주로 러시아, 중국 같은 강대국과 협상 테이블에 앉은 이야기가 대부분이며 아시아 국가 가운데 한국은 언제나 일본 다음이다. 북한은 핵 문제 같은 골칫거리로 등장할 뿐이다. 결국 클린턴에게 한반도의 화두는 '북한'이 아니라 북한의 '핵 개발'이었고, 따라서 남북 관계의 해결보다 북핵 저지가 중요했다.

한반도 문제를 다루는 미국의 전문 외교관은 어떤 사람들일까. 이들은 세계를 돌아다니면서 외교 문제를 처리하며 역량을 키우고 고위 관료로 성장한다. 1989년부터 1993년까지 주한 미국대사를 지낸 도널드 P. 그레그를 살펴보자. 그는 CIA 요원 출신으로 1973년부터 1975년까지 CIA 한국 지국장을 지냈다. 이전에는 일본, 미얀마, 베트남에서 경력을 쌓았는데, 그 가운데 베트남에서의 실패는 그에게 큰 충격을 심어주었다. 그는 박정희와 전두환의 음모로부터 김대중을 지키는 데 큰 역할을 하였고 김대중의 햇볕정책을 지지했다.

클린턴 행정부의 국무장관을 역임한 윌리엄 페리는 1977년 카터 행정부의 국방부차관으로 발탁되면서 공직에 몸을 담았다. 그는 일명 '페리 프로세스'*를 제안하여 북핵 해법을 모색한 인물로 유명하다. 또한 소련 핵무기 문제에서도 중요한 역할을 했다. 노무현 정부 당시 국무부 동아시아태평양 담당 차관보였던 크리스토퍼 힐은 6자회담을 주도하고 9·19공동성명을 통해 비핵화는 물론이고 북미 관계, 남북 관계를 획기적으로 전환하려 했다. 그는 주로 발칸반도와 폴란드, 이라크 등에서 활약했으며 한국 대사와 마케도니아, 폴란드, 이라크 대사를 역임했다.

---

* 1999년 5월 당시 대북 조정관 윌리엄 페리가 북한을 방문하여 조명록 국방위 제1부위원장과 논의한 뒤 미국 행정부에 보고한 북한 비핵화 해결 방안이다. 대북 포용을 기조로 북한의 미사일 발사 중지와 미국의 경제 제재 해제, 북한의 핵과 미사일 개발 중단, 북미-북일 관계 정상화와 한반도 평화 체제 구축 등의 3단계 접근 방식을 제안했다.

노태우 대통령이 1988년 취임했을 당시에 서울에 동유럽 국가 대사관은 단 한 곳밖에 없었다. 그러나 그가 퇴임하던 1993년 에는 러시아, 중국, 그리고 거의 모든 동유럽 국가들이 한국 정부를 인정하였다. … 부시는 노 대통령과 미하일 고르바초프 대통령의 1990년 샌프란시스코 회담을 주선했으며, 이는 1991년 러시아 정부가 한국을 인정하는 발판이 되었다. 1992년 부시는 다시 한번 그의 강력한 영향력으로 중국에 압력을 넣어 한국을 인정하게 하고, 오랫동안 남과 북의 동시 유엔 가입을 반대해온 종전의 정책을 포기하게 했다. 그 후 남북한 유엔 동시 가입이 신속하게 이루어졌다.[3]

도널드 그레그의 회고이다. 그는 노태우의 북방정책을 높이 평가했다. 1989년 베를린 장벽 붕괴라는 역사적 전환에 맞추어 군부 출신이자 보수 반공 세력을 기반으로 대통령이 된 노태우가 적절한 변화를 도모했다는 것이다. 부시는 소련의 고르바초프 서기장, 독일의 헬무트 콜 총리 등과 보조를 맞추었고 소련, 중국, 남한, 북한을 유엔에 가입시키는 외교 노선을 견지했다. 미국은 '공산 진영의 붕괴가 곧 세계의 붕괴는 아닐뿐더러 붕괴에 따른 전쟁 공포는 과장되었다'라고 판단했다. 미국과 유엔이 주도하는 세계 질서가 존재하며, 공산 진영은 미국이 준비한 세계에 편입하면 된다. 이후의 세계는 민주주의와 자본주의를 기반으로 발전할 것이다. 그런 의미에서 노태우는 과도기의 세계 정세를 잘 파악하고 미국의 지향에 부합하는 선택을 했다. 미국인은 미국인의 입장에서 세계를 바라볼 뿐이다. 유구한 역사 전

통과 하나의 민족, 분단과 전쟁이라는 비극, 남북 관계 개선을 기반으로 통일이라는 대업을 성취해야 하는 민족적 당위성 등은 이들의 관심사가 아니다.

여하간 도널드 그레그 등이 남북 관계에 대해 호의적인 태도를 보이며 평화 정착을 위한 정책을 지향했다면 그렇지 않은 이들 또한 많았다. 같은 정권, 같은 정당 소속이어도 인식과 행동의 간극이 컸고, 이러한 내부 갈등은 종종 국제 문제로 번지기도 했다.

> 1992년 가을에 펜타곤에서 열린 연례 안보 참모 회의에서 팀스피릿 훈련을 1993년 3월에 다시 실시하도록 한 것이다. 양국의 군사 기관들은 이 훈련 작전이 제공해주는 더할 나위 없이 귀중한 훈련 기회에 대해 떠들어댔고 딕 체니 국방장관은 국무부나 나하고는 의논조차 없이 훈련을 부활시키고 말았다. … 나는 그것이야말로 내가 대사로 봉직하던 기간에 미합중국이 결정한 유일한 최악의 실수였다고 지금도 생각한다.[4]

딕 체니. 그는 미국 국방장관과 부통령을 역임하며 오랫동안 네오콘의 수장 역할을 한 인물이다. 아버지 부시는 재임 중 한반도에서 전술 핵무기를 모두 철수시키며 평화 분위기를 유도했다. 하지만 딕 체니는 팀스피릿 훈련을 재개해서 이 흐름에 찬물을 끼얹었다. 북한은 한미 군사훈련에 예민하게 반응했고, 체니는 자신의 권한을 이용해 이 지점을 파고들었다. 평양은 격렬하게 반발했고 김정일은 북한 인민군 총사령관 자격으로 팀스피릿 기간 중 북한에 준전시 체제를 명령했다. 그리고 1993년 3월 13일, 북한은 NPT 탈퇴를 선언한다. 전술 핵무기 철수와 한반도비핵화선언으로 이어진 그간의 외교 노력이 한순간 무력화되었다.

> 처음에는 서울을 '불바다'로 만들어버리겠다고 위협하더니 그 다음엔 제재 조치를 '전쟁 행위'로 간주하겠다고 선언했다. 그 저 엄포일 가능성이 많았지만, 그렇다고 대수롭지 않게 넘겨버릴 수는 없었다. 북한 사람들이 궁지에 몰리면 될 대로 되라 식으로 나올 수도 있었으니까.[5]

문제를 복잡하게 만든 것은 북한일까, 미국일까. 1994년 북한 핵 개발을 확인한 미국은 즉시 아파치 헬리콥터와 패트리어트 부대 등을 남한에 급파하고 북한의 플루토늄 제조 계획에 대한 제재 조치를 취했다. 이에 대한 반발로 북한이 남북 고위급 회담에서 남한을 불바다로 만들어버리겠다고 호언을 하면서 한반도 문제는 급경색되었다.

북한은 왜 핵 개발에 몰두했을까. 생존? 핵 개발이 생존에 얼마나 도움이 될까. 핵을 보유하면 강대국과 협상이 가능해지고 무엇보다 미국이 주도하는 세계 질서에서 미국과 단독으로 협상할 수 있는 카드를 확보하게 될 것이다. 그렇다면 북한은 협상 결과로 도대체 무엇을 원할까. 핵을 포기하는 대가는 무엇일까. 원조? 북미 수교? 정상 국가로 인정? 그리고 이때 미국의 인정은 북한의 민주주의화, 자본주의화를 의미하는가? 만약 핵 포기의 대가로 미국이 주도하는 국제 사회에서 체제를 유지하며 안정적으로 연착륙하기를 원한다면 적어도 중국이나 베트남 같은 체제 변화를 감수해야 할 텐데 그것이 어디까지 가능할까?

여하간 1차 핵 위기는 클린턴 대통령의 노력과 카터 전 대통령의 방북 성과 등을 통해 제네바 합의라는 결과에 도달하게 된다. 남북 관계가 냉전 체제에서 벗어나 북미 갈등과 핵 문제라는 새로운 단계로 들어선 것이다. 그리고 아들 부시 대통령의 시대. 부시 행정부는 북한을 '악의 축'으로 규정하였으며 김대중의 햇볕정책을 부정하고 호전적인 태도로 국제 문제를 해결하려 했다. 클린턴 대통령이 남긴 여러 합의는 대부분 무력화되었고 제재와 무기 개발이라는 벼랑 끝 대결이 반복되면서 북한과 미국의 대화는 매번 제자리를 맴돌았다. 더구나 미국이 이라크와 아프간에서 전쟁에 집중하는 사이에 북한 문제는 후순위로 밀리고 말았다.

'남북 통일을 원하는 주변 국가는 없다. 결국은 미국도 현상유지를 원한다. 남북 분단이 미국을 포함한 중국, 일본, 러시아 등 주변국에 이득이 되기 때문이다.' 한국 사회에서 상식처럼 통하는 이 주장은 크게 잘못된 생각이다. 애초에 주변국은 남북 관계에 대해 깊은 관심이 없다. 통일이 되든, 관계를 개선하든 중요한 것은 그로 인한 자국의 이익 여부일 테니 말이다. 미국은 자신이 주도하는 세계 질서가 안정적으로 운영되는 데 외교 역량을 집중시킨다. 이들에게 중요한 것은 '세계 질서의 정상 작동'이다. 갈등은 그것이 정상 작동을 위협할 때만 문제가 된다. 반대로 정상 작동만 보장된다면 갈등의 본질, 심각성 등은 얼마

든지 무시할 수 있다.

바로 이 국제 질서의 구성 원리가, 미국의 세계 전략이 남한의 대통령에게 막중한 책임감을 부여한다. 한국 사회 도처에는 여전히 남북 관계에 대한 맹목적 믿음이 깊이 박혀 있다. 두려움과 공포 혹은 막연한 낙관과 희망, 한미 동맹에 대한 지나친 믿음 혹은 반미 반제국주의에 대한 기이한 신봉 등. 남북 관계는 한국 사회의 기형적이며 감정적인 문제이다. 여기에 1990년대 핵 위기를 거치면서 북미 대립이란 새로운 국면이 형성되었다. 남한의 대통령은 이 부분에 관하여 현실과 공상 사이에서 명확한 방향을 제시하며 국가를 그곳으로 이끌어 갈 수 있는 사실상 유일한 존재이다. 김대중의 햇볕정책은 대한민국 대통령이 구상하고 실천할 수 있는 가능 영역을 현실화한 사건이며 현재도 기능하고 있는 거의 유일한 대북, 북미 정책의 모본이라 할 수 있다.

노태우의 북방정책과 평화 공세

1972.7.4.   7·4남북공동성명 발표
1991.12.13.   남북기본합의서 채택
2000.6.15.   6·15남북공동선언 발표

기본적으로 한 국가의 정책은 국내외 사회 변화의 결과이며, 나아가 그것에 대응하는 전략적 행위이다. 1969년 미국의 닉슨

대통령은 새로운 대외 정책을 표방했다. 이른바 닉슨 독트린.[*] 베트남전쟁의 늪에서 벗어나기 위해 닉슨은 데탕트를 천명했다. '핵무기를 비롯하여 동맹의 기본 조건은 지키겠지만 아시아인의 문제는 아시아인이 직접 해결하는 것이 바람직하다.' 박정희 정권은 베트남 철군을 강하게 반대하고 주한 미군 감축에 대해 격렬하게 반발하였지만 미국의 의지를 꺾을 수는 없었다. 이 시기 북한도 한국과 비슷한 처지였다. 중소 분쟁. 공산주의의 양대 기둥인 소련과 중국이 무력 충돌까지 벌이며 대립과 반목을 거듭했다. 아시아의 공산 세계가 분열한 것이다. 동아시아에서 패권국의 영향력이 약화되는 가운데 남한과 북한은 바뀐 환경에 대응해야만 했고 그 직접적 결과 중 하나가 1972년 '7·4남북공동성명'이었다.

박정희 정권에서 추진한 7·4남북공동성명은 한국전쟁 이후 남북한이 최초로 통일을 합의한 중요한 사건이다. 하지만 당시 상황을 구체적으로 살펴보면 이 성명서에 큰 의미를 부여하기는 어렵다. 합의의 이면에 남북한의 각기 다른 목적이 있었기 때문이다. 박정희 정권은 1970년대 초반부터 안보 위기를 강조하다 남북공동성명을 발표한 뒤 곧장 10월 유신 체제로 직행했다. 북한은 군사주의를 포기하지 않았고 대남 도발도 일시적으로 중지했을 뿐이다. 그리고 김일성 역시 헌법을 개정해 더욱 강고

---

[*] 1969년 미국 대통령 리처드 닉슨이 표방한 아시아에 대한 외교 정책이다. 우호국과의 협력, 미국의 중대 이익을 위협하는 국가에 대한 강력 대처, 평화를 위한 필요 조건으로서의 교섭 의무 등을 기본 원칙으로 세웠다.

한 유일 체제를 만들어갔다.

합의 절차에도 문제가 많았다. 이후락 중앙정보부장이 비밀리에 평양을 수차례 방문하는 형태로 진행되었고, 박정희 정권은 김일성이 제안한 원칙을 충분히 숙고하지 않았다. 성명서에는 박정희와 김일성의 서명도 빠져 있다. 성명을 주도한 이후락역시 "대화를 하면서 대결을 이어나가겠다"는 식으로 스스로 이사건의 의의를 축소했다. 그럼에도 불구하고 7·4남북공동성명은 남북 관계의 중요한 선례가 되었다.

'자주·평화·민족 대단결.' 남한과 북한은 3대 통일 원칙에 합의했다. 통일의 과정은 평화적이어야 하며 자주적이되 이념을 뛰어넘어 민족 대번영의 방향으로 나아가야 한다는 주장이다. 외세를 배격하고 자주를 강조한 형태가 결국 북한의 대남 전략이라는 우려, 사상과 이념 및 제도의 차이를 뛰어넘는다는 말도 북한의 공산주의 사상을 남한이 받아들이는 것을 뜻한다는 분석 등 북한의 의도에 대한 비판이 지금도 이어지고 있다. 하지만 이러한 우려와 비판은 기우에 불과하다. 오랜 역사 전통과 공통의 문화는 물론이고 일제강점기를 거치며 발전한 민족주의의 영향력이 남북한 양쪽에서 강력히 작동하고 있다는 점을 고려한다면 '자주와 민족' 이외에 무엇에 기초하여 통일로 나아가겠는가. 더구나 한 차례 크나큰 내전을 겪고 갈라진 두 나라가 평화 통일을 합의했으니 7·4남북공동성명은 큰 의미를 지닌다.

한편 남북 문제 해결의 주체가 '정부'라는 점을 명확히 밝혔다고도 볼 수 있다. 이후 구축된 박정희의 유신도 명분은 통일이었다. 유신 체제에서는 대통령을 뽑는 기관의 이름마저 '통일주체

국민회의'였다. 민간 차원의 통일 논의를 배제하겠다는 의지가 드러난 것이다.[6]

그리고 1990년대. 남한의 경제는 경이로운 성장을 거듭하였고 같은 시기 북한은 끝없이 추락했다. 북한은 경공업과 중공업을 동시에 발전시키느라 사회 기간 시설에 대한 투자를 등한시했으며, 군사력 증강을 위해 국방 예산을 과다 지출했다. 여기에 엄청난 자연재해까지 겹치면서 남북의 경제력은 극단적으로 벌어졌다. 이는 단순한 경제적 격차를 넘어 사회와 문화의 질적인 차이로 나타났다. 이 와중에 냉전 구조의 붕괴가 찾아왔다. 공산권을 떠받들고 있던 북한의 든든한 후원자 소련이 무너진 것이다. 1989년 이후 세계 정세는 남한에 유리해졌고, 이를 바탕으로 노태우 정권은 북방정책을 추진하기에 이른다.

1990.9.30. 뉴욕 유엔본부에서 한소 수교 공동성명에 서명
1991.12.13. 남북기본합의서 채택
1991.12.31. 한반도비핵화공동선언 채택
1992.8.24. 베이징 영빈관에서 한중 수교 공동성명에 서명

노태우 정권은 소련 및 중국과 관계를 개선해야 했다. 소련이 흔들리고 있었지만, 결국 공산 진영의 변화는 소련의 행보에 달린 상황. 새로 부상한 인접국 중국은 이중적 태도를 취하고 있었다. 경제 부문에서 개방 정책을 펼치면서도 천안문에 모여 민주화를 요구한 학생과 시민들을 탱크를 동원해 진압했다.

러시아는 러일전쟁 때 일본에 당한 역사적 상처가 있고 일본과 북방 도서를 둘러싼 영토 분쟁이 있다. 미국과는 국제 관계에서 아직 경쟁 관계이며, 중국과도 잠재적 분쟁 관계이다. 다만 한국만은 그런 관계로부터는 자유롭다고 할 수 있다.[7]

당시에 대한 노태우의 회고이다. '소련과 경제 협력을 구축하고 수교를 통해 정상적인 외교 관계를 형성하겠다.' 공산권의 패권국과 협력하고 국교를 수립한다는 것은 당시로서는 대범한 발상이었다. 소련과 경제 협력 관계를 구축하면 "소련이 북한에 무기 지원을 중단"하는 효과를 불러온다. 이는 "국가 안보에 대한 위협을 감소시켜 우리에게 군비 절감 효과"를 가져온다.[8] 소련과 관계가 가까워지면 한국 기업이 진출할 새 시장이 열리고, 소련을 통해 북한을 제어하고 무력화시키는 데 주효한 전략을 세울 수 있다. 노태우의 대소련 전략도 결국 북한 문제 해결에 닿아 있었다.

한반도의 평화와 안전, 그리고 궁극적으로 남북한 통일이라는 큰 그림을 놓고 보면, 타이완이 할 수 있는 역할에는 한계가 있다. 반면 중국은 엄청나게 큰 역할과 기여를 할 수 있었다. … 타이완은 우리와 경쟁하는 입장. … 중국의 잠재력은 엄청난 것이었다.[9]

한중 수교는 한소 수교보다 조금 늦었다. 타이완 문제가 걸려 있었기 때문이다. 중국은 수교 조건으로 하나의 중국을 인정하라고 요구했다. 타이완과 단교를 해야 중국과 외교 관계를 수립할 수 있다는 말이다. 타이완은 한국의 오랜 우방. 하지만 인구 2000만 명의 타이완을 인구 13억 명의 중국과 비교할 수는 없는 일이다. 한국의 재벌 기업은 중국 시장에 진출하기를 원했고, 이미 1990년대 초반에 중국과의 무역량이 타이완을 앞질렀다. 더구나 중국은 북한의 오랜 우방이자 국경선을 맞댄 나라. 중국과의 협력 강화는 북한을 압박할 도구를 하나 더 마련하는 일이었다. 공산 진영을 대표하는 두 나라와 관계를 개선한 노태우 정권은 이후 북한과 4장 25개 조항의 '남북기본합의서'를 작성한다.

> 쌍방 사이의 관계가 나라와 나라 사이의 관계가 아닌 통일을 지향하는 과정에서 잠정적으로 형성되는 특수관계라는 것을 인정하고….[10]

남북을 "통일을 지향하는" "특수관계"로 규정한 부분이 중요하다. 새로운 합의를 통해 7·4남북공동성명의 합의를 재확인했으며, 남북의 경제 교류를 내부 거래로 간주[11]하여 양국의 협력을 가속할 여지를 마련했다. 이 경우 북한에 대한 인도적 지원을 WTO의 제재 없이 진행할 수 있는 등 장점이 많았다. 이 밖에도 남북기본합의서는 "상대 체제 상호 인정", "상대방에 대한 간섭, 비방, 전복 기도 종식", "신뢰 증진 대책의 이행", "대폭적인 군비 삭감", "이산가족의 자유 서신 교환", "남북분계선에 의해 끊어진 도로와 철도 재개통" 등의 내용을 담고 있다. 앞선 7·4남북공동성명에 비해 구체적 실천 방안을 마련한 진일보한 합의이다.

협의 과정에서 수차례 남북 고위급 회담이 진행되었고, 이때부터 고위급 회담이 남북 관계 진전의 예비 관행으로 자리 잡았다. 1972년에는 중앙정보부장이 극비리에 남북을 오갔다면 이제는 남한과 북한의 장관급, 장성급 고위 관료가 공개적으로 숙의를 하며 평화의 해법을 찾아갈 기반이 마련된 것이다.

하지만 남북한의 평화와 협력은 이번에도 오래가지 못했다. 팀스피릿 훈련이 재개되고, 무엇보다 북한이 핵 개발에 나서면서 문제가 심각해졌다. 더구나 간첩과 무장공비 남파, 협상 과정에서의 양면 정책 등 북한 특유의 대남 외교는 남한이 이해하고 받아들일 수 없는 문제였다.

한편 노태우 정권 초반인 1989년 문익환 목사 방북 사건이 사회적으로 큰 논란을 일으키기도 했다. 전국민족민주운동연합 상임고문 문익환 목사가 북한의 조국평화통일위원회 초청에 응답하여 남한 정부의 허가 없이 1989년 3월 25일부터 4월 3일까지 북한을 방문했다. 이 사건이 공안 정국을 추동하면서 민주화 열기가 벽에 부딪히고 말았다. 그런데 한국 민주화운동사의 중요한 재야 인사인 문익환은 왜 방북을 감행했던 것일까.

아시아의 새 질서를 탐색하는 이 단계에 통일 정부의 수립과 함께 중립을 선언해야 한다는 게 저의 소신입니다. 우리가 어느 한쪽으로 기우는 것은 새 질서의 균형을 깨는 일이 됩니다. … 우리의 중립은 동북아시아와 서북 태평양 지역의 새 질서에 절대 불가결한 국제적인 정치라고 해야 할 것입니다. … 부유한 북반부와 가난한 남반부의 얽힌 문제를 푸는 데 중요한 한

몫을 해내기 위해서도 필요하다고 저는 생각합니다.[12]

문익환이 1989년에 쓴 「중립화 통일의 사명」이라는 글의 일부이다. 문익환의 입장은 당시 재야 운동권을 대변한다고 할 수 있으며 1960년 4·19혁명 이후 학생들이 주도한 남북통일운동을 계승한다고도 할 수 있다. 외세에 의한 강제성이 분단의 근원이며 남북의 민중이 서로 만나 소통하면서 자주 통일을 향해 나아가야 한다. '가자, 북으로! 오라, 남으로!' 정부가 아니라 민중이 주체가 되어서 통일을 향한 담대한 발걸음을 내디뎌야 한다는 입장인데, 1980년대 당시 운동권을 풍미한 민족경제론, 반식민지주의, 반미운동 등의 급진성을 내포하고 있다. 하지만 문익환을 비롯한 재야와 운동권의 자율적인 통일운동은 노태우 정권에 의해 불법으로 규정되고 만다.

김영삼 정권기의 혼란 – 꺼져버린 통일의 불씨

1992년 2월 19일 '한반도비핵화공동선언'이 발효되었고 3월 19일부터 남한과 북한은 상호 사찰에 관한 논의에 착수했다. 하지만 난항이 거듭되었다. 해를 넘겨 1993년 김영삼 정권이 들어서는 시점에는 북한과 미국의 대립이 심각해졌다. 미국은 북한에 핵 사찰을 요구하였고 북한은 계속 사찰을 강요하면 NPT를 탈퇴하겠다고 으름장을 놓았다.

"어떤 동맹국도 민족보다 나을 수 없다." 김영삼은 대통령 취임사에서 민족을 강조하며 김일성에게 정상 회담을 제안했다. 또한 문익환 목사를 비롯한 장기수 4만 1886명을 사면했다. 1948년 정부 수립 이래 최대의 사면이었는데 국가보안법 위반 등 시국 사범 5800여 명 포함됐다.[13] 그리고 비전향 장기수 리인모를 조건 없이 북송했다. 리인모는 1992년 1년간 북한이 줄기차게 송환을 요구한 인물로, 이에 대응하여 남한은 1987년 1월 백령도 근해에서 조업 중 납북된 동진호 선원의 송환을 제안하며 협상을 이어가고 있었다. 파격적인 조치였다. 리인모 북송은 북미 경색을 풀고 남북 관계의 새로운 전기를 마련하려 한 시도였다. 하지만 리인모가 송환된 다음 날 북한은 기어코 NPT 탈퇴를 선언했다. 유엔이 대북 제재를 긴급 논의하는 등 상황은 더욱 악화되었고 김영삼의 전향적 대북 정책은 초반부터 엇나갔다.

11월 12일에는 '이동복 훈령 조작 사건'이 폭로되었다. 한 해 전인 1992년 9월 평양에서 열린 제8차 남북 총리 회담 당시 대표단 대변인 이동복이 정부의 지시를 어기고 의도적으로 협상을 무력화시켰다는 내용이다. 이동복은 당시 안기부장 특보이자 정치분과위원장이었으며 대표단 대변인을 맡고 있었다. 그는 이산가족 고향 방문 사업 정례화, 판문점 이산가족 면회소 설치 및 운영, 그리고 1987년 1월 납북된 동진호 선원 12명 송환 등 세 가지 협상안이 절대로 양보할 수 없는 조건인 것처럼 인터뷰했다. 당시 노태우는 셋 중 한 가지, 특히 이산가족 상봉만이라도 실현되기를 간절히 원했다고 한다. 하지만 이동복은 세 가지 모두 관철시키겠다는 태도로 협상했다. 이동복의 강경한 태도에도 불구하고 이때 북한은 정치 분야를 제외한 두 개의 부속 합의서 채택에 동의하는 등 협상 타결이 임박해 있었다. 그런데 갑자기 협상단에게 정부 훈령이 전달된다. 북한이 요구를 모두 수용하지 않으면 합의하지 말라는 강경한 내용이었다. 결국 대표단은 합의에 실패했다. 하지만 훈령은 조작된 것이었다. 누군가가 정부의 진짜 훈령을 묵살하고 가짜 훈령을 만들어서 회담을 망친 것이다.[14]

배경에는 안기부가 있었다. 회담을 주도한 통일원은 안기부를 제어할 능력이 없었다. 당시 회담에 참여했던 임동원은 이동복의 행태를 "안기부 간부들의 구시대적 판단에 따른 조직적 활동"이자 임기 말 "노태우 대통령의 레임덕 현상"으로 분석했다.[15] 김영삼 정권 초대 통일부장관인 한완상은 이동복이 "정부 안에 깊이 뿌리 내리고 있는 냉전 수구 세력"을 두려워해서 저지른 일로 보았다.[16]

북한의 NPT 탈퇴 선언 이후 김영삼의 대북 정책은 보수적인 방향으로 귀착된다. 냉전 수구 세력의 영향 때문이었을까, 혹은 북한 핵 문제가 국제 이슈가 되면서 미국이 협상에서 남한을 배제했기 때문일까. 김영삼은 북한이 NPT 탈퇴를 선언한 1993년부터 북미가 제네바 회담에서 합의한 1994년까지 매우 강경하면서도 모순적인 행보를 보인다.

"핵무기를 가진 자와는 악수할 수 없다." 취임 100일 회견에서 김영삼이 직접 한 발언이다. 100일 만에 논조가 180도 바뀌었다. 북한에 대한 강경한 태도도 문제지만, 무엇보다 남북 관계와 핵 개발을 연결했다는 점에서 두고두고 문제가 되었다. 북한이 핵무기 개발을 고수하면 남북 관계의 진전도 없다는 논리인데, 현실적으로 남한이 북핵 문제를 조정할 수 없다는 점에서 결국 남한의 영향력만 감소시키는 결과를 초래했다. 미국과의 갈등도 심각해졌다. 1993년 11월 클린턴 행정부는 북한의 '일괄타결안'을 수용하려 했지만 남한 정부의 반대로 무산되었다.[17] 김영삼은 클린턴을 만난 자리에서 실무진의 사전 협의를 무시하고 북한에 대한 포괄적 접근을 반대한다고 피력했다.[18] 결과는 협상 연기. 이에 북한은 '사용 후 연료봉'의 추출을 시도했고 미국은 군사 공격을 검토했다.

김영삼이 남북 관계에 대한 생각을 바꾼 이유는 무엇일까? 배경에는 북한 붕괴론이 있었던 것 같다. 1994년 10월 『뉴욕타임스』 인터뷰에서 김영삼은 제네바 합의를 정면으로 비판했다. "붕괴에 직면해 있는 북한과 타협한다는 것은 북한 정권의 생명을 연장시키는 결과를 초래할 뿐이다."[19] 하지만 결과는 어땠는가. 애초에 북한의 핵무기 개발은 미국과 국제 사회를 겨냥한 행보였으며 남한이 독자적으로 처리할 수 있는 문제가 아니었다. 지미 카터 전 대통령의 방북과 제네바 회담 등 북핵 문제의 봉합은 철저하게 미국 정부가 주도했다. 반면 김영삼 정권은 '한반도 전쟁설'이 퍼지고 국민이 동요할 때도 아무런 역할을 하지 못했다.

1994년 10월 21일, 북미는 남한을 완전히 배제한 채 제네바에서 기본 합의에 도달한다. 북한의 핵 활동 동결, 모든 핵 시설의 단계적 폐기, 국제원자력기구IAEA의 사찰. 그 대가로 미국은 북한의 안전을 보장하고 제재 해제, 경수로 발전소 건설, 매년 50

만 톤의 중유 제공 등을 약속했다. 이제 핵심은 경수로 건설의 주체를 정하는 일. 결국 남한이 그 역할을 떠맡았다. 46억 달러가 넘는 총사업비 중 32억 2000만 달러를 한국이, 10억 달러를 일본이 부담하고 나머지는 미국이 조달하기로 했다. 미국이 남한을 보호하는 대가였다. 이후 김영삼은 김일성과의 정상 회담을 시도했만 김일성의 갑작스러운 죽음으로 이 또한 무산되며 대북 정책에서 완벽히 실패하고 말았다.

물론 이런 질문을 해볼 수 있다. 김영삼이 끝까지 유화 정책을 고수했다면 북한이 미국이 아니라 한국과 협상을 하거나 궁극적으로 핵을 포기했을까. 그렇다고 볼 수 없을 것이다. 정권을 유지하려는 권력의 속성에 비추어 볼 때 결국 남북이 분단에서 평화로, 두 나라에서 과도기를 거쳐 하나의 나라로 나아가는 과정에서 한쪽 정권의 붕괴를 고려하지 않는 건 지극히 낭만적인 생각일지도 모른다.

하지만 중요한 사실은 위기 상황 가운데 김영삼이 그 어떤 계획과 의지도 관철하지 못했다는 점이다. 명분도, 실리도, 동맹국과의 유대 강화도, 적성국과의 관계 개선도 모두 놓쳤다. 미국이 핵 문제를 다루는 동안 북한의 유화적 태도를 유도하거나 북미 갈등을 조율하면서 한반도의 위기를 주도적으로 해결하는 노하우를 쌓는 시도를 해볼 수도 있었다. 그러나 김영삼 정부는 그 역할에 철저히 실패했다. 그리고 1998년 김대중의 시대가 도래했다. 김대중은 그가 오랫동안 만들어온 독자적 통일관 위에 김영삼의 실패를 거울삼아 새로운 아이디어를 주창한다.

베를린 선언과 남북 정상 회담 – 경쟁 아닌 공존의 틀을 만들다

1998년 6월 16일 현대그룹 정주영 회장이 소 떼를 트럭에 싣고 판문점을 통해 북한으로 갔다. 그는 김정일을 만나 금강산 관광 개발을 비롯한 경제 협력 방안을 협의할 계획이었고 방북 기간 동안 평양, 금강산 그리고 고향인 강원도 통천을 돌아보고자 했다.[20] 7년 만에 군사정전위원회 업무가 정상화되고 4년 만에 판문점이 개방되었기 때문에 가능했던 일이다. 1940년대에 돈을 벌기 위해 고향을 떠나 충청남도 아산으로 온 정주영은 결국 다시 고향으로 돌아가지 못했다. 하지만 그는 뛰어난 사업 수완을 발휘하며 산업화 과정에서 신화적 존재로 우뚝 섰다. 현대그룹 회장 정주영. 그에게 북행은 그리운 고향땅을 밟는 일인 동시에 미지의 땅에서 새 사업의 기회를 찾는 일이었다. 더불어 김대중 정부는 정주영의 방북을 남북 관계 전환의 계기로 삼고자 했다.

김정일. 1994년 김일성의 죽음과 3년간의 유훈 통치 이후 북한은 새 지도자를 맞이했다. 그는 1942년생으로, 32살이던 1974년에 이미 김일성의 후계자로 지목되었다. 1980년대 정치국 상무위원, 당비서, 당중앙군사위원, 국방위원회 제1부위원장, 인민군최고사령관, 공화국 원수, 국방위원장을 거쳤고 1997년 10월 유훈 통치가 끝나자마자 당총서기가 되었다. 오랫동안 당과 군을 통솔하면서 확고한 리더십을 갖춘 것이다.[21]

정보가 모두 사실이라면 과연 이런 사람과 마주 앉아 회담할
수 있겠는가![22]

김정일에 대한 보고서를 받고 김대중은 이렇게 반응했다. 보
고서는 김정일에 관한 부정적 내용으로 가득했다. 당연하다. 냉
전이 무너진 지 고작 10년. 북한에 대한 객관적인 사실을 모으
기엔 정보력이 부족했고, 실상 무엇이 객관적인지 개념 정립조
차 안 된 때였다.

남쪽에서 말하는 민주주의라는 것은 잘 이해가 되지 않아요.
이조 시대처럼 당파 싸움만 하고 야당인 한나라당은 정부를 비
방만 하고 반대를 위한 반대만 일삼는데 이런 것이 민주주의란
말인가요?[23]

2000년 중순 김정일은 남한에서 온 대통령 특사단에게 이런
이야기를 털어놓았다. 남한에서는 조선 시대를 전통문화의 융성
기로 보며 민족사 발전의 중요한 과정으로 이해한다. 하지만 북
한에서는 조선 시대를 인민을 억압하던 봉건 시대로 규정하며
부정적으로 바라본다. 김정일이 보기에는 남한의 정당 정치가
조선 시대 당파 싸움과 꼭 닮아 보였던 것이다. 남한과 북한은
정치와 사회의 거의 모든 면에서 달랐고, 북한은 남한에서 꽃피
기 시작한 정치적 민주주의를 제대로 이해하지 못했다. 여하간
남과 북의 지도자는 서로를 이해하며 문제를 풀어가야 했다.
1998년 10월 2차 방북에서 김정일을 만난 정주영은 여객선 운

행을 통한 금강산 관광 사업에 합의한다. 두 사람은 평양 백화원 영빈관에서 만나 서해 유전 개발, 자동차 조립 생산, 경의선 철도 복선화, 평양 화력 발전소 건설, 황해도 해주에 산업공단 건설 등 광범위한 경제 협력을 논의했다. 대한민국 최고 재벌이기 때문에 가능한 대화였고 남한의 경제력과 북한의 노동력, 정치력이 충분히 결합할 수 있다는 사실을 입증한 만남이기도 했다.

첫째, 북한의 무력 도발을 절대 용납하지 않는다. 둘째, 우리도 북한을 해치거나 흡수 통일을 추구하지 않는다. 셋째, 남북이 화해 협력하자는 것이다. 이것이 바로 우리가 추구하는 햇볕정책의 핵심이며 냉전 종식을 위한 주장이다.

2000년 3월 9일 김대중 대통령은 독일 베를린자유대학에서 연설을 한다. 일명 '베를린 선언'. 그는 이 자리에서 독일과 남한의 공통점을 강조했다. 두 나라는 전쟁과 분단의 고통을 경험했고 그 시련을 극복하며 "여러분은 라인강의 기적을, 우리는 한강의 기적을 이룩"했다. 김대중은 독일 통일에서 얻은 교훈을 강조했다. 민주주의와 시장 경제를 발전시킨 서독 국민의 저력, 접촉을 통한 변화로 요약되는 '동방정책', 냉전 해소에 진지한 자세로 접근하여 소련과 공산권의 지지를 확보한 과정 등을 크게 평가한 것이다. 그리고 자신은 동방정책과 유사한 '햇볕정책'을 실천하겠다고 강조했다. 이 자리에서 김대중은 북한의 안전 보장, 경제 회복 지원, 그리고 국제 사회 진출을 용인하겠다고 선언한다. 동시에 대남 무력 도발을 그만두고 핵무기와 장거리 미사일을 포기하라고 요구했다. 결코 전쟁을 원치 않으며 평화적 공존과 교류 안에서 북한을 지원하겠다는 의사를 강력하게 표명한 것이다.[24]

　베를린 선언에 대해 북한은 즉각 반응을 보이지 않았지만, 미국은 "강력하고 일관되게 김 대통령의 햇볕정책을 거듭 지지"한다고 밝혔다.[25] 유엔 사무총장 코피 아난도 환영 의사를 밝히며 특히 남북한의 즉각적인 대화 재개에 관심을 보였다. 관련 부처는 신속히 후속 대책 마련으로 들어갔는데, 핵심은 '북한의 사회 간접 자본 확충과 남북 간의 도로, 철도 연결' 등 기간 산업 마련이었다. 또한 북한의 호응에 따라 국고나 남북협력기금 확보 외에도 세계은행IBRD, 아시아개발은행ADB 등 국제 금융 기구의 차관을 조달하는 구체적 지원 방안을 계획했다. 먼저 북한의 경제를 회복시키고 장기적이고 항구적인 경제 협력의 틀을 구축하며, 이 과정에서 국제 사회의 협조를 동시에 일구겠다는 발상이다. '남한이 주도하되 미국과 세계 여러 국가나 국제 기구도 동참시키겠다.'

　베를린 선언 얼마 후인 3월 28일 람베르토 디니 이탈리아 외무장관이 북한을 공식 방문했다. "이탈리아 정부는 한반도 문제 해결을 위해 남북 대화를 촉진하고 균형적 관점에서 정직한 중개자의 역할을 희망"하고 있으며 이번 만남에서 남북 대화 진전, 인도적 대북 지원, 북한의 대량 살상 무기와 인권을 논의하겠다고 방북 목적을 밝혔다.[26] 남북 문제 해결에도 독일 통일의 사례처럼 유럽의 동의와 평화 지향성을 활용하겠다는 포석으로 풀이할 수 있다. 같은 날 한국과 미국, 그리고 일본은 3월 30일 도

쿄에 모여서 3자 대북정책조정감독그룹TCOG을 개최할 것이라고 발표했다.[27]

한편 남북한은 비밀리에 사전 접촉을 진행하고 있었다. 그 결과 4월 10일 아침 서울과 평양에서 엄청난 뉴스, 남북 정상 회담(2000.6.13~15.)을 연다는 소식이 동시 발표되었다.

남한의 대통령이 북한의 최고 지도자를 만나기 위해 북한의 수도 평양을 방문한다! 다시 한번 남북 관계의 획기적 전기가 마련된 것이다. 1990년대 초반 노태우 정부 때 남북 관계에 대한 포괄적 합의를 이루고 남북 고위급 회담이 활발히 진행되었다. 1998년에는 정주영 회장을 통해 경색을 해소하고 광범위한 경제 협력을 논의할 수 있었다. 그리고 2000년. 베를린 선언과 세계 각국의 지지를 바탕으로 비로소 대한민국 대통령 김대중이 비행기를 타고 북한의 수도 평양을 방문하게 되었다.

모든 과정이 순탄하지는 않았다. 야당인 한나라당은 베를린 선언이 발표되자 햇볕정책을 총선을 겨냥한 정치 공작으로 폄하했고, 심지어 배후에 북한이 있다고 의심된다는 발언까지 서슴지 않았다.[28] 대북 수행단을 선정할 때도 한나라당은 참여를 거부했다.[29] 북한 역시 만만치 않았다. 조선일보, KBS 등의 언론이 '반북 책동'을 했다면서 방북 기자단의 숫자를 80명에서 40명 이하로 줄이라고 요구했다. 방북 중 갑자기 일정이 바뀌는 일도 있었고, 방북단에게 금수산 김일성 묘소 참배를 강요하기도 했다. 또한 북한은 남한이 일본, 미국과 협조 체제를 유지하는 것에 대해서도 비판했다.[30] 현대그룹까지 문제를 일으켰다. 대북 사업에 대한 독점권을 확보하기 위해 북한에 4억 달러를 미

리 지급하는 이면 합의를 시도한 것이다.[31]

김대중은 한나라당에 대한 북한의 적개심, 주한미군 철수 요구와 미국의 태도 등 곳곳에서 튀어나온 문제를 거절과 항의, 설득과 이해로 하나하나 해결해나갔다. 그리고 마침내 평양에서 김정일과 마주 앉아 '6·15남북공동선언'을 발표하게 된다.

남과 북은 나라의 통일을 위한 남측의 연합제 안과 북측의 낮은 단계의 연방제 안이 서로 공통성이 있다고 인정하고 앞으로 이 방향에서 통일을 지향시켜나가기로 하였다.

남과 북은 경제 협력을 통하여 민족 경제를 균형적으로 발전시키고 사회, 문화, 체육, 보건, 환경 등 제반 분야의 협력과 교류를 활성화하여 서로의 신뢰를 다져나가기로 하였다.

대한민국 대통령 김대중과 조선민주주의인민공화국 국방위원장 김정일이 서명한 선언의 핵심 내용이다. 6·15공동선언은 7·4남북공동성명에서 "우리 민족끼리 서로 힘을 합쳐 자주적으로" 통일 문제를 해결하기로 한 약속을 제1조에 담았다. 그리고 두 나라가 첨예하게 대립했던 통일의 방법에 대해서도 일정 부분 합의를 이루었다. 그동안 남한은 통일로 가는 과정에 연합 단계를 설정하고, 두 나라가 연합 단계를 거쳐 완전 통일에 이르러야 한다고 보았다. 반면 북한은 연방제를 주장했다. 즉 두 정부가 공존하는 상태로 먼저 통일을 한 뒤 차후 정부를 통합해야한다는 것이다. 그러다 1990년대에는 두 정부를 유지한 채 한 나라가 되면 그만이라는 퇴보한 통일론을 제안했다.

김대중은 남측의 연합제 안과 북한의 연방제 안의 '공통성'에 남북이 우선 공감한 뒤, 꾸준한 대화와 소통, 구체적 노력으로 통일 논의를 이어나가자고 제안했다. 구체성이라는 측면에서 '공감'과 '노력'은 국가 간의 합의에 담기 미흡한 단어이다. 하지만 정치적으로 본다면 길항하는 두 개의 통일론을 하나로 묶은 결과물로 평가할 수 있다.

이산가족, 비전향 장기수 등 인도적 차원의 문제도 조속히 해결하기로 한 뒤, 시기를 특정하지는 않았지만 김정일의 서울 답방까지 합의했다. 이후 수차례에 걸친 이산가족 상봉과 금강산 육로 관광, 개성공단 운영, 경의선 복구 등 구체적인 협력 사업이 이어졌다. 이산가족 문제는 방문단 교환, 서신 왕래, 생사 및 주소 확인, 면회소 설치 등을 통해 해결해나가고, 경협 분야에서는 '투자 보장, 이중 과세 방지, 상사 분쟁 해결 절차, 청산 결제' 등의 내용을 다룬 합의서가 만들어졌다. 남북 장관급 회담, 국방장관 회담, 경제협력추진위원회 등을 실시하며 협의 대상 및 회담 방식이 다양화, 전문화된 것도 큰 결실이다.

2007년 노무현 정부는 김대중의 대북 정책을 계승해 2차 남북 정상 회담을 개최하여 김정일과 서해 평화협력 특별지대 설치, 종전선언 문제 협의, 국방장관 회담 개최 등을 논의했다. 또한 동해와 서해에서 조선 산업 협력, 개성·신의주 철도 및 개성·평양 고속도로 공동 이용, 해주항 개항, 해주공단 건설, 백두산 육로 관광 등 6·15남북공동선언 이후 추진된 경제 협력을 한층 심화시켰다.[32]

6·15남북공동선언은 북미 관계에도 긍정적인 영향을 미쳤다.

2000년 10월 23일 매들린 올브라이트 미국 국무장관의 평양 방문은 북미의 관계 개선을 상징하는 사건이었다. 올브라이트는 클린턴의 친서를 들고 가서 3시간 동안 김정일과 회담했다. 이 자리에서 북한은 사정거리 500킬로미터 이상의 미사일을 추가로 개발하지 않으며 이미 보유한 무기는 수년 안에 폐기, 단거리 미사일은 MTCR* 지침을 준수하여 수출을 전면 중단하기로 약속했다. 그 대가로 미국은 북한의 인공위성 발사를 돕고 수년간 현물을 지원하기로 했다.[33]

협상의 결과가 남북 관계의 구체적인 현실을 변화시키고, 남한이 주도한 한반도 평화 정책에 미국을 비롯한 주변 국가가 보조를 맞추고, 그 결과 냉전 시대의 반공주의에 비견할 만한 외교 유형을 만들어냈다는 측면에서 햇볕정책은 중요한 의미를 지닌다. 김대중 개인의 입장에서 본다면 이는 1971년 대선 때 주창한 '새로운 외교'의 구체적 결과물이다. 남북 관계의 평화적 개선뿐 아니라 주변 열강을 끌어들여 평화 체제를 구축하자는 구상이 햇볕정책과 함께 추진되었다. 일본과 중국의 참여를 이끌어 아세안플러스3** 등 동북아 관계의 해법을 제시하기도 했으니, 대한민국의 외교력이 두드러졌던 시기라고 할 수 있다.

---

* 미사일 기술 통제 체제. 미사일 확산 방지를 위해 1987년 미국을 중심으로 서방 7개국이 설립한 다자간 협의체이다. 장거리·대용량 미사일과 발사 시스템의 수출을 통제한다.

** 1998년 ASEAN 10개국(말레이시아, 타이, 싱가포르, 인도네시아, 필리핀, 베트남, 브루나이, 캄보디아, 라오스, 미얀마)과 한국, 일본, 중국이 설립한 국제 회의체이다. 주로 금융·경제 문제에 대한 역내국 간 상호 협력 방안을 논의하고 있다.

하지만 우리는 이후의 결과도 기억한다. 부시 행정부는 클린턴 행정부의 모든 것을 뒤집었고, 북한은 연평해전부터 연평도 포격까지 무력 도발을 서슴지 않았다. 그리고 결국 핵무기와 장거리 탄도미사일을 완성시켰다. 이명박, 박근혜 정권은 베를린 선언과 비슷한 통일 정책을 천명했지만 실상 한반도 비핵화와 북한 붕괴론 사이를 오락가락하며 그동안 쌓아온 성과를 무너뜨렸다. 결국 현재까지의 가장 효과적인 대북 정책이 햇볕정책이었음을 10년에 걸쳐 입증한 셈이 되었다.

05

세기를 넘어서

1987년 10월 25일 고려대에서 열린
'거국중립내각쟁취실천대회'에 참석한
김영삼과 김대중.(사진=연합뉴스)

김영삼과
김대중의
마지막 도전 I
–
재벌 개혁과
노동 문제

Y5		DJ
김대중과 통일민주당 창당, 이후 후보 단일화 결렬	1987.4~8.	김영삼과 통일민주당 창당, 이후 후보 단일화 결렬
13대 대통령 선거 낙선	1987.12.	13대 대통령 선거 낙선
	1988.11.	광주청문회에 증인으로 참석, '김대중 내란 음모 사건'은 전두환 신군부 세력의 정권 찬탈을 위한 조작극이었음을 증언
3당 합당, 민주정의당, 통일민주당, 신민주공화당을 합쳐 민주자유당 창당	1990.1.	
14대 대통령 선거 당선	1992.12.	14대 대통령 선거 낙선
금융실명제 실시, 공직자 재산 공개, 하나회 해체, 12·12 및 5·18 특별 담화 발표	1993.3~5.	
정치개혁법 국회 통과	1994.3.	
	1995.7.	정계 복귀
5·18특별법 국회 통과	1995.12.	
IMF 구제금융 신청 발표	1997.11.	
	1997.12.	15대 대통령 선거 당선
	1998.12.	전교조 합법화
	1999.9~11.	국민기초생활보장법 제정, 민주노총 합법화
	2000.3~12.	베를린 선언 발표, 남북 정상 회담 개최, 노벨 평화상 수상
	2001.1~7.	여성부 출범, 국가인권위원회법 제정, 부패방지법 제정
	2003.2.	대통령 퇴임

금융실명제와
정치 개혁

모든 변화는 시간이 필요하다. 비상한 결단과 강력한 추진력으로 개혁을 몰아붙이든 급박한 상황을 목표한 방향으로 부드럽게 이끌고 가든, 변화에 도달하기까지는 시간이 걸린다. 그런데 시간은 의도를 왜곡한다. 처음 세웠던 목표는 시간이 흐르면서 방향을 잃기 일쑤이고, 반대 세력은 언제나 목표의 진정성을 폄훼하며 조직화된 대응으로 개혁의 결과를 야금야금 무너뜨린다. 대한민국의 대통령중심제는 국가의 모든 자원을 한 인물에게 집중시켰고, 그 인물의 현명한 정치력이 국민의 열망과 사회 변화를 도모하는 데 매우 효율적이라는 사실을 입증했다. 하지만 그와 같은 방식이 앞으로도 지속될 수 있을까? 변화에 대한 저항과 개혁의 한계는 차치하더라도, 사회가 갈수록 고도화되고 분화되어 각 분야의 규모와 단위가 커진다는 것을 고려했을 때 대통령의 리더십은 문제를 더욱 복잡하게 만들 위험이 있다.

수많은 개혁의 목표는 문제를 해결하는 데 있다. 하지만 어떤 문제든 쉽게 고쳐지지 않을뿐더러, 그것을 고치려 했을 때 미처 생각하지 못한 또 다른 부작용이 생긴다. 하나의 문제를 해결하니 새로운 문제가 등장하여 변혁 의지를 가로막는 것이다. 이때 언론과 지식인은 근본적으로 무책임하다. 문제점을 나열하면 그만이니까. '그는 이것을 잘했고, 이것을 못했다. 그는 이러한 업적이 있지만, 이 부분에서는 실패했다. 종합적으로 평가했을 때 일부 성과에도 불구하고 대체로 이러한 문제를 해결하지 못했다.' 이런 말들이 무엇을 할 수 있을까? 여기에는 시간 의식이 부재한다. 대통령의 정치력은 결국 법과 제도의 변화로 귀착되고, 그것은 새로운 결과를 만들어낸다. 그리고 그 결과는 늘 예상보다 크고 넓고 복잡하다. 단숨에 모든 것이 처음 목표한 방향으로 귀결되지 않는다는 말이다. 더불어 저항이 압도적으로 강하거나 법과 제도가 자리 잡는 속도보다 사회가 변화하는 속도가 더 빠를 수도 있고, 정치·행정 권력으로는 변화의 폭을 감당할 수 없을 때도 있다.

만약 거대한 변화가 그 사회의 본질이자 일상이라면 잘잘못을 따지는 사후 평가보다는 '상황이 어떻게 변했는가', 그리고 '이제 어떻게 해나가야 되는가' 쪽으로 관심을 옮겨야 할 것이다. 김영삼과 김대중은 한국 현대사에서 유례를 찾기 힘든 많은 선례와 업적을 남기고, 방향과 비전을 제시했다. 중요한 것은 그들의 정열적 의지가 오늘 우리가 안고 있는 복잡하고 다양한 문제를 잉태하는 데 크게 기여했다는 점이다. 두 사람의 의지와 실천의 결과물은 이제 우리가 해결해야 하는 현실적 과제가 되었다.

금융실명제. 여전히 회자되는 김영삼의 대표적 업적이다. 금융 거래를 실명으로 해야 한다는 당연한 명제는 한국에서 오랫동안 무시되었고 쉽게 고칠 수 없는 문제였다. 차명 계좌를 통해 정치 자금을 조성하거나 비자금을 마련하고, 사업을 확장하거나 개인의 부를 축적하는 일이 오랫동안 지속되었기 때문이다. 금융실명제에 대한 논의는 1980년대부터 시작되었지만 그 누구도 손을 대지 못했다. 전두환 정권과 노태우 정권에서 두 차례나 실명제 전환을 시도하였지만 매번 '경제 성장률 둔화, 국제 수지 악화, 증시의 침체, 부동산 투기 조짐' 등을 이유로 도입이 유보되었다. 사실 본질적 이유는 따로 있었다. 차명 계좌를 통해 가장 이득을 보는 이들이 전두환과 노태우 아니었던가. 부패의 몸통이 어떻게 자신의 몸을 헤집을 수 있단 말인가.

대통령 긴급명령, 오늘부터 모든 거래 실명으로.[1]

1993년 8월 12일 저녁 8시, 김영삼은 금융실명제 실시를 전격 발표했다. 7시에 긴급 국무회의를 열고 회의가 끝나자마자 '금융 실명 거래 및 비밀 보장에 관한 대통령 긴급재정명령'을 발동한 것이다. 대통령이 가진 가장 강력한 권한을 이용해 단숨에 밀어붙였다.

금융실명제가 실시되지 않고는 이 땅의 부정부패를 원천적으로 봉쇄할 수가 없으며, 정치와 경제의 검은 유착을 근원적으로 단절할 수가 없다. … 과거 금융실명제의 실시 문제가 논의될 때마다 금융 시장이 동요하고 경제의 안정이 위협받는 것을 보아와 고심한 끝에 대통령 긴급명령으로 국회에서의 법 개정 절차를 대신하지 않을 수 없었다.[2]

특별 담화문의 내용이다. 원론적 의미에서 개혁을 부정하는 사람은 없다. 하지만 관행을 깨뜨리고 새로운 질서를 만들어가는 과정에서 벌어지는 필연적 혼란을 인내하는 사람 또한 많지 않다. 금융실명제 역시 마찬가지였다. '금융 시장이 요동치고 있다. 현시점에서는 과격하고 무리한 선택이다.' 제도가 정착하는 데 필요한 시간을 주지 않고 온갖 문제점을 나열하며, 끝내 관행을 고수하고 개혁 의지를 꺾으려는 뻔하고 절박한 저항. 거기에는 부정부패가, 관행이, 귀찮음과 익숙함의 문제가, 그리고 새로운 절차의 불편함이 몇 겹이나 덕지덕지 붙어 있다.

그럼에도 불구하고 오늘날 금융실명제를 비판하는 사람은 없다. 김영삼의 전격 결정은 금융실명제 정착 과정에서 약간의 혼란과 소동만 일으켰을 뿐, 그토록 우려했던 금융 시장의 동요와 경제 불안은 일어나지 않았다. 무엇보다 새 제도가 지향한 목표처럼 정치와 경제의 검은 유착을 단절하는 획기적인 전기가 된 것은 분명하며, 이후 김대중 정권기에 신용카드 사용과 개인 신용에 기반한 경제 행위가 자리 잡는 데 중요한 근간이 되었다.

같은 시기 금융실명제와 더불어 김영삼은 정치개혁법을 추진했다. 금권 선거, 관권 선거, 혼탁 선거, 부정 선거를 몰아내겠다는 철벽같은 의지로 밀어붙인 것이다. 당장 난감해진 것은 야당이 아니라 여당인 민자당이었다. 그동안 관의 지원을 받으며 돈을 물 쓰듯 써서 당선되던 여당 의원들은 국회의원 선거의 법정 비용인 5000만 원에서 25만 원만 초과 지출해도 당선 무효시키겠다는 개혁을 도저히 받아들일 수 없었다.[3] '현실적으로 불가능하다. 김영삼 본인도 국회의원 선거를 10번이나 치렀고 원내총무 선거, 총재 선거, 대통령 선거 등 누구보다 선거에 관해 잘 알고 있는데 도대체 왜 이러느냐.' 그럼에도 김영삼은 요지부동이었다. 주요 당직자를 두 번이나 청와대로 불러 모아 쐐기를 박았고, 결국 청와대가 만든 안을 기초로 여야가 협의를 시작했다.

그리고 해를 넘겨 1994년 3월 5일 통합선거법, 정치자금법, 지방자치법 등이 국회에서 통과된다.

> 선거 비용은 인구 20만 명당 최대 5000만 원으로 제한한다. 유급 선거운동원을 현재의 10분의 1로 줄이며 당원 단합대회와 사랑방 좌담회 등을 폐지한다. 자유로운 선거운동을 보장하며 무기명 정액 영수증 제도를 도입한다.

당시 '30억 쓰면 당선, 20억 쓰면 낙선'이라는 말이 있을 정도로 돈으로 표를 사는 관행이 극심했다. 김영삼은 선거 비용을 줄이기 위해 선거 벽보를 비롯한 인쇄물 제작을 일괄 국고에서 지원할 것이며, 유권자 1인당 비용으로 지급하던 정당 보조금을 늘려 국회의원 후보의 비용 부담을 대폭 낮출 것이라고 설명했다. 또한 당원 단합대회나 사랑방 좌담회 등을 명목으로 모여서 금품을 살포하던 관행을 금지했다. 야당의 선거운동을 방해하는 데 악용되던 포괄적 금지 규정을 명시적 금지 조항으로 한정하여 여당으로 집중되던 정치 자금의 물꼬를 야당 쪽에도 트겠다는 획기적 발상이었다.

정치개혁법은 강력한 처벌 규정을 담고 있었다. 우선 후보자들은 재산을 의무적으로 공개해야 하며 선거 비용 한도액의 200분의 1 이상을 초과 사용할 경우 당선 무효 처리하고, 금품 살포의 경우는 미수에 그치더라도 처벌하게 되었다. 이를 감독하기 위해 선거관리위원회에 신고한 금융 기관 계좌만 선거에 쓸 수 있게 하고, 사용한 비용은 증빙 서류를 첨부하여 회계 보고하게 했다. 그리고 이 내역을 일반 국민이 공개·열람할 수 있게 했다. 금융실명제가 전제되었기에 가능한 시도였다.

선거운동에 있어서는 유급 운동원을 무보수 자원봉사제로 전환하고, 음식물과 기념품을 포함한 어떠한 형태의 향응 제공도 불허했다. 대신 개인 연설회를 무제한 허용하고 간담회 개최, 신문 방송 등을 통한 선거운동을 도입했다. 자유롭게 국민과 만나서 자신을 홍보할 수 있지만, 매표를 시도하여 선거의 의의를 타락시키는 행위는 절대로 용납하지 않겠다는 것이다.

정치 자금은 모금을 통해 충당하는 방식으로 고치고자 했다. 후원회 결성 요건을 완화하고 유권자 1인당 600원이던 국고 보조금은 800원으로 증액했다. 또한 중앙선관위는 국민이 국회의원을 직접 후원할 경우 그 비용을 5만 원, 10만 원, 50만 원으로 한정하고 이에 대해 정액 영수증을 교부하여 후원자의 개인 정보는 보호하는 동시에 그에게 세제 혜택을 주는 방법을 도입했다.

통합선거법에 재정신청제를 도입한 것 또한 중요하다. 재정신청제는 특정 범죄에 대한 고소, 고발이 있음에도 검사가 해당 사건을 불기소 처분했을 때 고소인, 고발인이 고등법원에 직접 재심사를 요청하는 제도이다. 이로써 선거 사범에 대한 검찰의 편파적 기소독점주의를 견제하고 그간 여당 의원들이 누려온 특혜를 제한할 수 있게 되었다. 또한 선거 날짜를 법률로 지정했다. 이때까지 집권당의 당리당략에 따라 각종 선거 일자가 정해지던 관행을 혁파하고, 선거일을 법제화하여 여당에게 일방적으로 유리한 정치 지형을 개선하려 했다.[4] 선거 제도에 관한 전방위 개혁은 결국 선거관리위원회의 위상을 높이며 선관위가 선

거 공영제를 적극적으로 주관할 수 있는 기반을 마련했다.[5]

결과는 극적이었다. 정치 개혁에 대한 높은 열망 가운데 1993년 4·23보궐선거와 6·11보궐선거는 과거와 비교할 수 없을 만큼 공명하게 진행되었고 정치개혁법 제정 이후 처음 열린 8·2보궐선거도 성공적이었다. 1995년 6·27지방선거 역시 마찬가지. 그러나 깨끗한 선거의 결과가 여당인 민자당이 아니라 야당의 승리로 이어지면서 또 다른 문제가 발생했다.

6·27지방선거는 광역단체장, 기초단체장, 광역의원, 기초의원 등을 동시에 뽑는 지방자치제의 시작이자 김영삼 정권의 또 다른 업적이었음에도 여당이 패배했다. 결국 다음 해 열린 4·11총선은 또다시 금권 선거로 얼룩지며 신한국당이 대승을 거둔다. 김영삼의 집권 4년 차 레임덕과 연이은 선거 패배로 인해 대통령의 영향력이 감소하면서 여당이 정치개혁법을 무시한 결과였다.

이러한 문제에도 불구하고 정치개혁법은 국민의 공감과 지지를 받았고 김영삼 퇴임 이후에도 지속적으로 발전하며 현재에 이르렀다. 김영삼이 문을 열었다면 이후의 사람들이 그 길을 더욱 곧고 반듯하게 닦은 것이다.

금융실명제와 재벌 개혁

정치 개혁이 비교적 빠르게 성공적으로 안착한 데 비해 경제 개혁은 순탄치 않았다. 차명 거래를 금지하여 국회의원의 돈줄이 어떻게 흐르는지 확인하는 일과 재벌 중심의 한국 경제계를 통제하는 일은 차원이 다른 문제였다. 정치 자금의 흐름을 확인하며 위법 행위를 강하게 처벌하고 법률과 제도에 입각하여 국정을 운영해나가는 일은 비교적 일목요연하게 처리할 수 있다. 하지만 경제 분야는 달랐다. 대통령이 경제 성장의 주체가 되어야 하는 한국의 독특한 문화, 오랫동안 성장하며 막강한 경제력과 산업 기반을 보유한 재벌의 영향력, 민주화 이후 과거의 방식으로는 재벌을 통제할 수 없게 된 정부의 사정, 그리고 1990년대 이후 본격화된 세계 경제의 변동과 그로 인한 변수. 경제 개혁은 이와 같은 복잡한 상황을 세세하게 고려하며 진행되어야 했다.

금융실명제의 단기적 목표는 금융 거래의 정상화이고, 장기적으로는 금융 소득 종합 과세의 기반을 마련하는 시도였다. 이를 통해 사회의 경제 부조리를 제거한다는 계획인데, 1995년 7월에는 추가 조치로 부동산실명제를 실시했다. 부동산 투기, 조세 포탈, 재산 은닉 등 당시의 부동산 거래 또한 기형이기는 매한가지였다. 정부는 부동산실명제를 실시하기 위해 5개월 전부터 부동산 전산망을 가동했고, 이 작업을 마친 1996년부터는 금융 소득 종합 과세가 가능해졌다.[6]

전향적 경제 조치는 강력한 당위성에도 불구하고 김영삼 정권에 부담으로 작용했다. 실명제가 긍정적 파급 효과를 일으키기도 전에 온갖 불만과 소위 개혁 피로증이 쏟아져 나왔기 때문이다. 현금을 인출할 때마다 신분증을 가지고 가야 하느냐는 불평은 차라리 애교에 가깝다. 가진 자, 부정부패 구조에서 이득을 보던 자들은 더욱 격렬하게 반발했다. 숨겨놓은 돈을 들켰다고 노골적으로 대들 수는 없으니, 개혁은 불편하고 쓸모없다는 식으로 국민들의 감정을 건드렸다. 그들이 '뭐가 바뀌었느냐. 문제만 늘었다. 본질은 달라지지 않았다' 따위의 비난을 내뱉을 때마다 국민들은 개혁의 필요성에 대해 회의를 느꼈다.

뿐만 아니었다. 5년 단임의 대통령은 집권 3년 차 이후 언론의 질타를 받기 일쑤였고, 초기에 김영삼의 장점으로 평가되던 비밀주의와 결단력, 전격성은 시간이 갈수록 단점으로 변했다. 언론은 잦은 내각 교체를 두고 '비전 없는 리더십'이라고 비난했고, 집권 중반부에 벌어진 성수대교 붕괴 사고, 삼풍백화점 붕괴 사고 등 대형 악재에 대해 구조적 원인을 진단하기보단 대통령의 무능함을 들추며 만족감을 보였다.

시드니 구상과
OECD 가입

1994년 말 김영삼은 '세계화'를 화두로 꺼낸다. 10월 17일 아침 호주 시드니에 도착한 김영삼은 수행 기자들에게 세계화에 대한 장기 구상을 설파했다. "국정의 방향을 세계화로 결집시켜서 세계 무대에서 한국이 경제 규모에 걸맞은 역할을 하도록 만들겠다."[7] 구조 개혁이 어느 정도 이루어졌으니 이제 발전 전략을 세우고 국격을 높이겠다는 뜻이다. 냉전이 붕괴되고 세계화의 시대가 도래했으니 그에 걸맞은 장기적 발전 목표를 제안하고자 한 것이다. 김영삼의 시드니 구상은 표면적으로는 급변하는 국제 환경에 적응해야 한다는 절박함을 의미하는 동시에, 대한민국 대통령의 책무는 국가 경제 발전에 있다는 보다 근원적인 문제의식과 맥이 닿아 있다. 집권 초기 다양한 분야에서 적극적 개혁이 효과를 발휘하고 과거와의 분명한 단절이 어느 정도 이루어지며 본인의 공언처럼 '안정 속의 개혁'을 성취한 상황. 이제 집권 중반을 맞이하여 보다 장기적인 비전을 제시하며 국가의 미래를 준비하겠다는 발상이었다.

시드니 구상은 세계화 시대에 어울리는 국가 경쟁력과 기업 경쟁력, 삶의 질을 고려한 국민 복지 등을 강조했다. 그렇다면 세계화의 정책적 결과는 무엇일까.

김영삼 정부는 소위 '선진국 클럽'이라고 불리는 경제협력개발기구OECD 가입에 총력을 기울였다. 1980년대 이후 대한민국의 경제 성장은 개발도상국과는 비교할 수 없는 단계에 이르렀고 문민정부의 등장을 통해 사회 각 분야의 민주화가 급격하게 진척되었다. 선진국. 이제 대한민국은 선진국의 문턱에 도달한 상황, 김영삼은 본인의 노력을 통해 그 문턱을 넘어야 할 때라고 여겼다. 1995년 3월 30일 대한민국은 정식으로 OECD에 가입 신청을 했다. 이어서 1996년 10월 12일 OECD 가입이 결정되었고, 11월 26일 국회의 동의를 얻어 12월 12일 일본에 이어 아시아 국가 두 번째로, 세계 29번째로 OECD 회원국이 되었다.

오늘날 김영삼의 세계화 정책은 조소를 받고 있다. 결과를 너무나 잘 알기 때문이다. '국민소득 1만 달러'를 외쳤지만 '샴페인을 너무 일찍' 터뜨렸고, 경상 수지 적자 행진을 벌이다 결국 외환 위기의 나락으로 추락했다. 그렇다면 OECD 가입은 정말로 성급한 일이었을까?

이를 두고 세계화를 받아들일 준비가 부족한 상황에서 정부의 성과주의 때문에 섣부르게 시작했다는 주장도 있고, 시장 개방에 따른 충격과 구조 조정은 한국 사회와 경제가 거쳐야 하는 필연적 과정이었으며 따라서 '때를 기다려야 했다'는 주장은 옳지 않다는 반론도 팽팽하다.[8]

'정부는 좀 더 기민하게, 체계적으로 일을 처리했어야 한다.' 김영삼 집권 후반을 돌아보면 일견 적절한 분석이다. 얼마 전까지만 해도 쌀 시장 개방을 막겠다고 호언장담을 하다 국민 앞에 고개를 숙이더니, 이번에는 세계화와 선진국에 집착하며 국민 소득 1만 달러 달성에 매달리는 등 우왕좌왕하는 모습이 역력했다. 보다 근본적인 문제는 없었을까? 선진국으로 나아가야 한다는 목표 지향성 때문에 놓쳤던 문제, 간과했던 어려움, 반드시 돌파했어야 하는 중대한 사안들은 무엇이었을까.

재벌 개혁과 노동 문제. 대한민국 경제는 재벌 체제로 구조화되어 있었고 어떤 형태로든 개혁은 추진되어야만 했다. 노동 문제 또한 마찬가지였다. 오랜 기간 저임금, 장시간 근로, 열악한 노동 조건이 이어지며 대한민국 노동자들의 삶은 항상 위협받고 있었다. 더구나 1987년 노동자 대투쟁에서 드러났듯 '국가를 위해 희생하는 박정희 시대의 노동자상'이 흔들리기 시작했다. 임금 인상, 노동 조건 개선, 경영 합리화, 기업 선진화 등 갖가지 문제가 선진국으로 나아가는 문턱에서 커다란 걸림돌로 작용하고 있었던 것이다.

재벌 개혁과 노동 문제는 OECD 가입과 연관이 깊다. 1994년 아시아태평양경제협력체APEC 기준으로 한국은 '개발도상국 그룹'에 속한 상태였으며, 무역 자유화는 2020년으로 예정되어 있었다. 하지만 OECD에 가입할 경우 미국, 일본, 호주 등과 함께 2010년에 무역 자유화를 시행하게 된다.[9] 시장 개방을 무려 10년이나 앞당기는 것이다. 이에 따라 국내법 개정까지 필요한 상황. 자본의 자유로운 이동을 위해 관련법을 고치고, 금융 시장 개방은 물론이고 노동법도 개정해야 했다.[10] 선진국과 여러 정보를 공유하고 그것을 경제 성장에 활용할 수 있게 된다는 장점도 있지만, 그동안 개발도상국으로서 누리던 여러 이득을 포기해야 한다는 단점도 만만치 않았다.[11] OECD 가입은 선진국 수준의 경제 운용을 의미했고 이는 종래 김영삼 정부가 추진하던 재벌 개혁은 물론이고 정부의 노동 정책과도 충돌했다.

김영삼의 개혁은 철저하게 정치 개혁을 중심에 놓고 추진되었다. 금융실명제, 부동산실명제는 물론이고 역사바로세우기 또한 두 전직 대통령이 받은 천문학적 규모의 뇌물을 겨냥하지 않았던가. 정경 유착의 고리를 끊어 정계와 재계의 은밀한 공조를 해체하는 것이 핵심이었다. 이를 위해 김영삼 정권은 경제기획원을 폐지했다. 정부 조직의 합리화를 위한 행정 개혁의 일환이었는데, 민주화 이후 '민간 자율 시대'를 여는 것을 목표로 했다. 정부는 민간을 보조할 뿐, 민간이 자율적으로 각자의 영역을 담당하는 것이 경제 발전은 물론이고 전 사회적 발전에 유익하다는 논리였다.[12] 각종 공공 기관의 민영화 역시 이 시기에 본격화되었다.

이에 더하여 김영삼 정부는 '어떻게 세계화에 걸맞은 새로운 국가 경쟁력을 확보할 것인가'를 고민했다. 그 결과 '외국 자본에 맞설 수 있는 거대 기업과 거대 자산이 필요하다'는 논리에 도달하게 되는데, 당시 한국 안에서 외국 자본에 맞설 수 있는 유일한 집단은 개혁의 대상으로 지목되던 재벌뿐이었다. 바로 이 지점에서 김영삼 정부는 심각한 딜레마에 빠진다.

민간 주도형 경제 성장, 민영화와 규제 철폐 등 경제 개혁은 애초 설정한 정치적 목표나 가치와는 무관하게 기업에 대한 정부의 영향력 축소로 이어질 수밖에 없었다. 여기에 세계화라는 새로운 목표까지 겹치며, 이제는 정부가 재벌의 요구를 들어주고 성장을 도와야 할 판으로 몰린 것이다.

"6공 5년은 허송세월이었다!" 선경그룹 회장이자 1993년 당시 전경련 회장이던 최종현은 김영삼을 독대한 자리에서 노태우 전 대통령의 경제 정책을 통렬히 비판했다. 실상 이 발언은 김영삼에 대한 압박이었다. 그는 김영삼 정부의 재벌 개혁을 공개적으로 반대하고 금융실명제에 대해서도 거듭 신중론을 펼치고 있었다.[13]

1993년은 '김영삼의 해'만이 아니었다. 재계를 대표하는 삼성그룹의 후계자 이건희 신드롬 또한 막강했다. 문민정부의 개혁 바람도 뜨거웠지만 이건희 회장이 주창한 새로운 경영 철학, '일류가 아니면 포기하라', '초일류만이 살아남는다'라는 식의 담론 역시 뜨거운 화두였다.[14] 그런데 약 2년 후 이건희는 김영삼을 정면으로 비판한다.

현 정권이 들어선 이래 기업에 대한 규제가 하나도 완화된 것
이 없다. … 자동차 투자가 삼성의 한국 내에서의 마지막 투자
가 될지도 모른다. … 반도체 생산과 같은 중요한 산업은 국외
로 진출하면 안 되지만 국내에서는 공장을 세울 수 없어 외국
으로 나가지 않으면 안 된다는 것은 슬프고 한심한 일. … 오늘
날 한국의 정치는 4류, 관료 및 행정은 3류, 기업은 2류다.[15]

1995년 4월 15일 중국 베이징을 방문한 삼성그룹 이건희 회
장이 한 발언이다. 한국의 세계화는 아직 멀었다는 노골적인 비
판. 결국 정부가 기업의 발목을 잡고 있다는 주장이다. 이 시기
일부 언론은 삼성그룹의 거대화를 우려하기 시작했다. '삼성공
화국', '정권은 유한해도 삼성은 무한하다', '정부, 언론도 통제
한계' 등의 내용을 담은 기사가 본격적으로 등장했다.[16]

과거에 박정희는 재벌을 관리하며 키웠고 전두환은 재계 7
위 국제그룹을 단숨에 날려버리기도 했다. 하지만 시대가 바뀌
었다. 재계가 정부를 상대로 목소리를 높이기 시작한 것은 아이
러니하게도 1987년 6월 민주항쟁, 즉 민주화의 결과이다. 1989
년 럭키금성 회장이자 당시 전경련 회장이었던 구자경의 정치
권 비판을 필두로, 1990년 부동산 투기 억제와 물가 안정을 위
한 특별 보완 대책(일명 '5·8 조치')에 대한 재벌의 저항, 그리고 정
주영 현대그룹 회장의 대선 출마에 이르기까지.[17] 정부와 재벌
의 역전 현상은 이미 노태우 정부 때 시작되었다.

1990년대 들어 재벌은 더욱 빠르게 성장했다. 현대, 삼성, LG,
SK 등 소위 4대 재벌의 총자산이 1980년에서 1995년 사이에

13.76배 증가했으며, 30대 재벌은 10.24배 늘었다. 매출액 역시 같은 기간 4대 재벌은 14배, 30대 재벌은 9.64배 성장했다. 또한 1993년에 이르면 140개 독과점 품목* 중 75.9퍼센트인 106개 품목을 30대 재벌 계열사가 생산하고 있었다.[18] 1993년 당시 30대 재벌은 65개 금융 기관을 소유했으며, 1995년 6월 말 은행 전체 대출금의 23.9퍼센트인 34조 8300억 원을 대출받고 있었다. 30대 재벌은 제2금융권 대출의 절반과 해외 금융 거래의 80퍼센트 이상을 차지했다.[19] 말 그대로 기업이 금융 권력을 장악한 상황.

어디 이뿐인가. 대기업에 의한 시장 지배가 중소기업의 생산 활동을 위축시키고 건전하고 균등한 국민 경제 발전에 해가 됨에도 불구하고 재벌의 이미지는 나날이 좋아지고 있었다. 경영 혁신, 소비자우선주의, 능력중심주의 등 이건희를 비롯한 대기업 회장들의 혁신 경영이 사회적으로 크게 호응을 받으면서 재벌은 종래의 부정적인 이미지를 벗고 경이로운 성공 신화의 주인공으로 탈바꿈했다.[20]

14대 대선에서 대부분의 재벌 대기업은 김영삼에게 호감을 보였다. 김영삼을 지원하는 것이 재벌의 시장 지배력을 높이는 데 유리하다는 판단이었다. 삼성의 경우 원만한 대정부 관계를 위해 TK(대구, 경북) 출신 인사들을 경영 일선에서 퇴진시켰다. LG는 구평회 회장과 김영삼의 개인적 인연이 깊으며 차동세 LG

---

* 정부는 1981년 4월 1일 시행된 공정거래법에 근거해 하나 혹은 적은 수의 회사가 특정 상품에 대한 시장 점유율이 극도로 높은 독과점 품목을 지정하고, 이러한 상품에 대한 가격 남용 행위를 규제했다.

경제연구소장이 김영삼의 경제 참모로 활동했다는 점에서, 그리고 무엇보다 회사의 기반이 PK(부산, 경남)였기 때문에 수월하게 정부에 선을 댈 수 있었다. 대우의 경우 앞서 김우중 회장이 대선 출마를 시사하는 등 김영삼과 갈등한 일을 지우기 위해 치열히 노력했다. 그 밖에 사석에서 김영삼에 대한 지지를 밝힌 여러 재벌에게 14대 대선은 만족스러운 결과였다.[21]

시드니 구상 이후 김영삼 정부는 재벌 개혁보다는 재벌 지원을 통한 경제 성장에 집중하게 된다. 겉보기에는 마찰이 있을지언정 김영삼과 삼성은 한 편이 됐고, 이후 삼성이 자동차 산업으로 진출하는 과정에서 정부와 유착 관계가 드러나 비판을 받게 된다.

개혁을 시도하지 않았다는 말이 아니다. 김영삼 정권은 '신경제 5개년 계획'이라는 비전을 발표하고 기술 개발에 집중 투자하는 선도 기술 개발 사업, 일명 'G-7 프로젝트'를 추진했다. 1994년부터 1998년까지 연구 개발 비용을 연평균 24.5퍼센트씩 늘려서 집권 말인 1998년까지 새로운 산업 기반을 형성하고, 2001년에는 선진 7개국에 버금가는 과학 기술을 확보하려는 야심 찬 계획이었다.[22]

문제는 재벌 개혁. 재벌은 박정희 정권기 경제 성장의 산물 아니던가. 신성장의 도달점이 선진국 수준의 산업 구조라면 응당 그에 준하는 대기업의 지배 구조 개선, 기업 운영의 투명성 확보, 소유 분산과 업종 전문화 등의 개혁이 구체적으로 진행되어야 마땅했다.

하지만 현실은 뒷걸음질쳤다. 재벌 개혁에 대한 구체적 조치는 노태우 정부 때 일부 진행되었다. 금융·보험 회사 간 상호 출자 추가 금지, 계열사 간 상호 출자 및 출자 총액 제한 위반에 대해 과징금 부과, 채무 보증 한도를 3년 유예하되 자기 자본의 두 배 이내로 제한한 것이 노태우 시기의 대표적 정책이다. 합리적 지배 구조와 정상적 자산 운용을 통해 자본주의 사회가 허용하는 정상 기업이 되어야 하며, 중소기업 발전에 걸림돌이 되어서는 안 된다는 말이다.

전두환 정권 때도 비슷한 시도가 있었다. '공정거래법과 여신 관리 제도를 활용한 규제.' 계열사 간 직접 상호 출자를 금지하고 출자 총액을 순자산의 40퍼센트로 제한하며, 금융·보험 회사의 재벌 계열사 주식에 대한 의결권 행사를 금지했다. 또한 지주회사 설립을 금지하는 등 앞선 정권에서도 재벌 규제를 강화하여 은행의 여신에서 중소기업 대출의 비중을 늘리려 했다. 하지만 이때는 금융자유화 조치가 발목을 잡았다. 재벌이 제2금융권을 장악하면서 결국 재벌의 금융화와 해외 차입이 급속히 진행되었다.[23] 한쪽 구멍을 막으니 다른 쪽에서 물이 새는 꼴이었다.

부동산 문제도 갈수록 심각해졌다. 1980년대 3저 호황을 타고 부동산 투기가 광풍을 일으키며 경제 불평등이 심화되었다. 이에 노태우 정권은 택지 소유 상한제와 개발 부담금 제도, 토지 초과 이득 세제 등 토지공개념 3법을 도입했다. 서울을 포함한 6대 도시에서 택지를 200평 이상 소유한 사람에게 소유 부담금을 징수하고, 개발 이익의 25퍼센트를 환수하며 지가 상승으로 인한 초과 이익에 세금을 부과하는 조치를 추진한 것이다. 동시에 신도시 개발을 비롯한 주택 200만 호 공급 계획을 세워 주택 공급량을 늘리고 분양 정책을 손보는 등 내 집 마련을 통해 신분 상승을 이루려는 서민의 열망에 부응했다.[24] 우리는 이 시기에 '토지공개념'이라는 새로운 경제 민주화 개념이 등장했다는 점과 분양 제도를 통해 신중산층 육성을 도모했다는 점에 주목해야 한다. 하지만 그로 인해 부동산 투기 열풍이 전국을 뒤덮었고, 결국 한쪽에서는 자산을 불리고 다른 쪽에서는 빈곤이 지속되는 경제 불평등이 더욱 빠르게 진행되었다는 점에서 한계가 뚜렷하다.

문제는 김영삼 정권이 초기에 강력하게 실명제 개혁을 추진한 것에 비해 경제 민주화와 재벌 개혁에 대한 혁신적 조치는 이어가지 않았다는 점이다. 시도는 있었다. 김영삼은 공정거래법을 통한 기업 합병 규제, 소유 분산 정도에 따른 채무 보증 한도 제한 및 출자 규제 강화, 연결재무재표 작성 의무화 등 전두환 정권 이래 지속된 재벌 규제 정책을 강화하고자 했다.[25] 하지만 신경제 비전에 따라 정부의 기조가 개혁과 분배에서 성장과 발전으로 바뀌면서 다양한 개혁 입법이 의미를 상실하고 결국 재벌 지원을 통한 재성장, 기존 산업군에 기반한 확대일로의 성장 정책으로 귀착되고 말았다. 주력 업종 선정 기준에서 기업 공개 여부와 소유 분산 정도가 빠졌고, 출자 규제와 상호 채무 보증 제한 제도가 없어진 것이 대표적인 사례이다. 또한 소유 분산 우량 기업으로 선정된 재벌에게는 각종 규제를 예외 적용하는 등 적극적으로 재벌 규제를 무력화하기도 했다.[26]

김영삼 정권은 기술 집약형 중소기업 육성을 위한 1조 원 자금 지원, 중소기업의 구조 개혁을 지원할 중소기업청 신설을 추진했다. 하지만 재벌 개혁이 지지부진한 가운데 진행된 중소기업 지원책은 결국 중소기업의 하청화, 중소기업의 발전이 재벌의 성장에 흡수되는 결과를 불러왔다.[27]

김영삼 정권은 노동 분야에서도 갈팡질팡했다. 노동3권을 비롯하여 헌법이 인정한 노동자의 권리 보장, 경제 성장에 따른 합리적 임금 인상과 노동 조건 개선, 독재 정권 당시 강제로 해직된 노동자의 복직, 노사 갈등 중재 등 민주화 이후 노동 문제에 대한 사회적 욕구는 나날이 강력해졌다.

> 노동부가 무노동 부분임금을 내세운 것은 정책 변화가 아닙니다. 단지 대법원 판례에 맞추어 행정 지침을 변경한 것뿐입니다. … 대법원 판례를 엄격하게 지킨다면 노사 관계가 안정되리라고 생각합니다. 사실상 그동안 무노동 무임금은 지켜지지 않았습니다. 겉으로는 무노동 무임금 원칙을 지켰다고 하면서도 실제적으로는 파업이 끝난 후 임금의 50~60퍼센트 정도를 편법으로 지불해온 게 현실 아닙니까. 이런 이중 구조를 없애자는 것입니다.[28]

이인제 노동부장관의 인터뷰이다. 1993년 6월 현대그룹 계열사의 노사 분규가 격화되자 이인제는 이를 해결하기 위해 '무노동 무임금'이 아닌 '무노동 부분임금'을 주장했다. "무노동 무임금 원칙은 대법원 판례에 어긋나므로 재검토하겠다"라는 그의 국회 노동위 발언이 파문을 일으켰다.[29]

당시 노동부의 별명은 '사용자부'였다. 오랫동안 노동자를 대변하기는커녕 기업과 정부의 공생을 위한 부서로 기능하고 있었기 때문이다. 김영삼은 이 부처의 장관으로 이인제를 임명했고, 이인제는 해고 노동자 전원 복직 추진, 대기업과 재벌 회장에 대한 압수 수색 및 소환 조사, 불법 업무 지침에 대한 대대적 정비 등 그간 볼 수 없었던 강력한 노동 정책을 추진하면서 주목을 받았다.[30] 이인제는 법과 원칙을 강조했는데, 무노동 부분임금 역시 그러한 맥락에서 나온 발언이다. 헌법에 노동3권이 보장되어 있고, 합법적 파업권 행사에 대해 대법원이 부분임금을 적용한 판례가 있기 때문에 당연히 이에 근거하여 문제를 해결해야 한다고 주장했다. 노사 분규에 대해서도 이인제는 '자율 해결'을 강조했다. '정부는 회사 편이 아니며 노조와 회사는 대화와 타협을 통해 스스로 문제를 풀어야 한다. 그러한 관행이 정착되면 노동자는 물론이고 회사에도 유리한 경영 환경이 조성된다'는 것이 이인제의 지론이었다. 그는 현대자동차 노사 분규를 해결하기 위해 현직 장관 최초로 두 차례나 찾아가 직접 중재하기도 했다.[31] 그간 정부가 공권력을 발동하여 물리력으로 노사 분규를 강제 중단시키던 관행과 전혀 다른 시도였다. '전면 파업→경찰력 투입→대량 해고와 구속'이라는 관행을 '자율 협상→정부 중재→노사 합의'의 틀로 바꾸려 한 것이다. 하지만 상황은 뜻대로 풀리지 않았다. 현대 사태는 정부의 노력과 노동부장관의 전향적 태도에도 불구하고 장기 파업으로 흘러갔다. 노조는 더욱 강경한 태도로 파업을 이끌었고 재계가 이인제의 노동관을 문제 삼으면서, 오히려 노동부가 사면초가에 몰렸다.[32]

경제 회생과 나라를 살리는 데 걸림돌이 있을 때에는 이를 과감히 없애겠다. … 수출 및 경제 회생 등에서 호기를 맞고 있는 시점에 집단이기주의로 내 몫만 요구하면 우리 경제는 낙오하고 말며 재기가 불가능하다.[33]

현대 사태에 대한 김영삼의 결론이다. 이후 이인제는 강경 대응으로 선회한 뒤 본인의 무능을 자책해야 했고, 김영삼은 과거의 대통령들과 같은 논조로 '법과 원칙'을 강조했다. 이 말은 공권력으로 파업을 진압하겠다는 것이니, 문민정부라고 해도 노동자에 대한 대우는 달라진 게 없었다. 곧이어 정부는 노동법 개정 방침을 철회했고, 1993년 12월 취임 10개월 만에 이인제는 노동부를 떠나고 만다. 이 와중에 무노동 부분임금 논의 역시 전면 백지화되었다. 결국 현대 사태는 노태우 정권 때도 사례가 없었던 노동쟁의조정법의 '긴급조정권'(경제에 큰 영향을 미치는 사업장에서 발생한 노동쟁의를 정부가 강제로 중단시키는 제도)이 발동될 정도로 악화되었다.[34] 그리고 1996년 12월 26일 신한국당은 기업의 이익을 반영하여 고친 노동법 개정안을 날치기 통과시켰다.

정리해고제 도입

김영삼 정부의 노동법 개정을 통해 그동안 논란이 되었던 '정리해고제'가 결국 명문화되었다. 고용주에게 노동자를 해고하거나 임시 노동자 혹은 파업 대체 노동자를 고용할 수 있는 권한을 준 것이다. 노동법 개정은 광범위한 반발을 불러왔다. 노동계는 총파업에 앞장섰고 야당과 국민이 이를 적극 지지했다. 결국 1997년 3월 여야 합의에 따라 노동법은 한 번 더 개정된다. 파업 시 사외 대체 근로 허용, 정리 해고 규정 2년 유예, 상급 단체의 복수 노조 허용, 노동위원회 위상 강화 등 노사의 입장을 보다 균등하게 반영했다.[35] 파업 시 대체 근로를 허용하거나 정리 해고 규정이 사라지지 않은 부분은 회사 측의 입장을 받아들인 것이라 할 수 있다. 동시에 복수 노조를 허용하거나 노동위원회의 위상을 인정한 부분은 노동계의 성과라고 할 수 있다. 종래 한국노총 외에 민주노총이라는 새로운 조직이 노동운동의 중심축으로 등장했다. 정부는 민주노총을 법적으로 인정하지는 않았지만 실질적 대화 파트너로 받아들였으며, 이들의 활동을 인정하는 형태로 노동법이 개정되었다.

　전반적으로 보았을 때 김영삼 정권의 노동 정책은 역대 정권보다 진보적이며 비교적 안정적이었다. 파업 규모, 파업으로 인한 공권력 동원과 구속자 및 해직자 등이 상당 부분 감소했고 민주노총으로 대표되는 노동운동계는 이 시기 동안 비약적으로 성장했다. 하지만 재벌 개혁과 마찬가지로 노동 문제에서도 정책이 갈팡질팡한 점은 분명한 한계이다. 자율 해결과 노사 타협을 통한 새로운 노동 문화 창출로 나아가지 못하고 늘 회사와 노조의 입장 사이에서 애매한 합의를 맺고 말았기 때문이다.

　　　　　　　　　　　　　　　5장. 세기를 넘어서

경제 –
개방과 희생 앞에서

'세계화라는 급박한 국제 환경의 변화. 재벌이라는 오래된 전통과 관행, 실질적 기득권. 노동운동이라는 민주화 이후의 격렬한 사회적 요구.' 이와 같은 물결에 휩싸인 한국 사회는 김대중 정권기에 어떤 변화를 거쳤을까. 김대중 정권은 외환 위기의 파고 가운데에서 탄생했다. 서구 자본은 한국 경제의 급진적 개방을 요구했다. 그리고 대마불사의 원칙이랄까, 이 시기에도 재벌은 경제 회생을 위한 중요한 도구였다.

'선진 자본 시장의 논리로 국내 자본을 통제한다. 선진 자본주의의 성장 원리를 국내에 반영, 관철한다.' 구조 조정을 통해 기업과 은행의 경쟁력을 되살리는 작업과 자본 시장의 전면적 개방이 동시에 이루어졌다. 경쟁력을 가진 기업과 은행도 더 이상 서구 자본의 자유로운 참여와 간섭에서 벗어날 수 없으니, 살아남기 위해 경쟁력을 선진국 수준으로 끌어올려야 하는 상황. 더구나 서구 자본은 국내 자본보다 더 공고하고 체계적이며 투명한 시스템이기 때문에 재벌 개혁에도 긍정적 영향을 미칠 수 있다. 쉽게 말해 이제 주가 등락을 통해 재벌의 경영권을 통제할 수 있는 시대가 되었다.

벤처 기업. 외환 위기가 어느 정도 진정되는 상황에서 김대중 정부는 벤처 열풍을 주도했다. 변화는 제도 개혁만으로는 달성되지 않는다. 창의적 발상과 적극적 지원으로 시장의 자율 조정을 선도하는 것이 정부의 새로운 역할이 되었다. 김대중 정부는 새 역할을 IT 산업에서의 벤처 기업 창출로 보았다. 새로운 형태의 기업을 만들면 새로운 기업 문화와 노동 관계, 새로운 임금 체계 등 연쇄 효과를 불러일으킬 수 있다. 이즈음 대한민국은 중화학 공업에서 IT 산업으로 이행하고 있었고, 정부는 이를 더욱 촉진하되 미국식 기업 형태가 되기를 원했다. 안철수연구소, 네이버, 다음 등 IT 벤처 기업이 늘어나면서 새로운 가치를 지향하는 기업인과 기업 문화가 등장했다. 이 변화가 곧장 재벌 개혁으로 이어지거나 국내 산업 구조의 근본을 바꾸지는 못하더라도 적어도 재벌 체제에서 벗어난 별도 산업군의 탄생, 특히 IT 영역에서의 새 기업의 성장이 가능해진 것만큼은 분명하다. 연공서열과 위계질서를 강조하던 종래의 기업 문화와는 다른 자유롭고 창의적인, 더구나 성과에 따라 연봉을 책정하는 새로운 노동 문화가 도입되었다.

노동 분야 또한 큰 변화를 겪었다. 정리해고제와 파견근로제. 나라 경제가 휘청이는 상황에서 고통 분담은 '노동 시장 유연화'라는 결론을 끌어냈다. 나름 대안은 있었다. 국민기초생활보장 도입과 사회보험제 개혁이 그것이다. 노동은 보다 유연해져야 한다. 고용 불안이 커지겠지만 불안한 시장 상황에 적응하려는 노동자의 적극적인 노력이 산업 경쟁력을 강화할 것이다. 또한 고용 불안을 극복하려는 노력이 각 산업의 발전으로 이어질 것이다. 이미 대한민국은 과거의 개발도상국이 아니기 때문이다. 높은 교육 수준, 탄탄한 자본, 적극적인 정부의 지원이 다음 단계로의 이행을 가능하게 할 것이다. 만성적 실업 문제는 복지국가로, 국가가 책임지는 형태로 보완하면 된다. 김대중은 미국

식 '글로벌 스탠다드'를 활용하여 사회 개혁을 달성하고 싶어 했다.[36]

결과는 의도한 바와 달랐다. 반도체, 핸드폰으로 상징되는 글로벌 기업 삼성이 등장하기도 했지만, 수많은 중소기업이 대기업의 하청 업체로 전락했고 고용 없는 성장이라는 기현상이 벌어졌다. 재벌은 우월한 위치에서 적극적으로 중소기업을 서열화했고 노동자에 대한 자유로운 해고와 구조 조정을 통해 수익을 극대화했다.

김대중 정부는 김영삼 정부보다 더한 친재벌 정책을 펼쳤다. 지주회사 허용, 출자 총액 제한 폐지, 초과 소득의 법인세 철폐 등은 물론이고 대형 마트의 시장 진출을 허가제에서 등록제로 완화하는 등 이전과 다른 조치가 쉴 새 없이 이어졌다. 더구나 같은 시기 내수 침체를 극복하기 위해 부동산 부양책을 펴면서 그간 발전해온 부동산 규제 정책이 전면 완화 혹은 철폐되었다. 국가 부도의 위기를 극복했고 기업 경쟁력을 강화했으며 IT 산업을 비롯한 신산업이 발전했음에도 불구하고 노동과 사회의 불평등은 날로 심화되었다.

상황이 보다 복잡해졌다. 과거에는 정부가 재벌을 규제하는 구조였다면 외환 위기 이후에는 서구 자본과 국제 시장의 변동성이 가장 큰 영향을 미치는 구조로 탈바꿈했다. 예측하기 힘든 세계 자본주의 시장의 변동성까지 신경 써야 하는 처지가 되었다.

재벌의 입장 또한 이전과 달라졌다. 과거에는 정부의 통제를 받았다면, 주주자본주의 체제에서는 외국 투자자는 물론이고 국내 투자자의 수익까지 신경 쓰며 기업 발전을 도모해야 한다. 따라서 종래의 논법, 재벌이 부를 독점하고 있으니 재벌 개혁을 통해 부의 독점을 해체하고 경제 구조의 선순환 시스템을 만들어야 한다는 주장은 설득력을 잃고 말았다. 여전히 재벌의 시장 지배력은 파괴적이며 갖가지 문제를 일으키지만 그것을 어떤 방식으로 수렴하고 어떠한 형태로 바꿔야 하는지가 모호해졌다.

한편 김대중은 노사정위원회를 통해 종래의 노사 관계를 한 단계 더 발전시키려 했다.

> 민주적인 차기 정부는 일방적으로 사용자 쪽에 서서 노동자를 차별하던 과거 정권과 다르다. 노사 양쪽을 똑같이 존중하고 공정한 입장에서 거중 조정할 것. … 이달 안에 기업 개혁, 정부의 실업 대책, 정리 해고 등 전체 문제를 노사정 협의 기구를 통해 해결하면 앞날에 대한 희망을 가질 수 있다.[37]

김대중은 대통령 당선 이후 "국제통화기금의 구제금융 기간 내내 가동하는 상설적인 노사정 합의 기구"를 운영한다고 공언했다. 또한 "노사정위원회가 발족하면 당면한 경제 위기 극복 방안에 관한 합의 도출 이외에 새 정부 출범 뒤까지 지속적으로 운영"하면서 각종 합의를 일구어내겠다는 것이다.[38] 이렇게 다가올 개혁이 그저 한시적으로 노동계를 달래고 구조 조정을 합법화하려는 의도가 아님을 밝혔다. 노사정위원회는 외환 위기 극복, 기업 개혁과 대량 실업 문제 해결, 그리고 정리 해고 등 생존권 위협에 대해 노사와 정치권이 머리를 맞대고 공동 노력을 해나가자는 선언이며 해법이었다. 1998년 2월 6일 민주노총이 참여한 가운데 정리 해고를 포함한 10개 항에 일괄 타결한 공동 선언문이 채택되었는데, 이를 두고 민주노총 내부에서 격렬한 내홍이 벌어지기도 했다. 당시 노사정위원회는 정부 공식 기구가 아니었다. 하지만 신임 대통령이 직접 주도하는 기구였으며 비상 상황에서 포괄적인 사회적 합의를 도모했기 때문에 큰 의의를 지녔다. 그리고 약 3개월 후 대통령령에 의해 노사정위원회는 법적 근거를 가진 기구로 발전한다. 대통령 자문 기구이자 사회적 협의 기구로 격상되어 1998년 6월 3일부터 1999년 8월 3일까지 2기 노사정위원회가 운영되었다.[39] 그리고 1999년 5월 24일에는 국회에서 「노사정위원회의 설치 및 운영 등에 관한 법률」이 통과되면서 법률 기구로 위상이 강화된다. 이를 기반으로 1999년 9월 1일부터 김대중 집권 말까지 노사정위원회 3기가 운영되었다.[40]

성과는 있었다. 1차 노사정위원회는 노동법 개정뿐 아니라 전교조 합법화, 공무원의 단결권과 노동조합의 정치 참여 문제 등을 논의했다. 그중 전교조 합법화 문제가 사회의 큰 관심사였고 결국 전교조를 노동관계특별법으로 인정하기로 합의, 1999년 1월 국회를 통과하게 된다. 교원 노조가 법률로 인정받은 것이다. 또한 일반 공무원의 단결권 문제도 노사정위원회 정식 의제로 채택되어 「공무원 직장협의회 설립, 운영에 관한 법률」 (1998.2.24.) 제정을 이끌어냈다.[41]

하지만 이 정도. 양대 노동 진영이 노사정위원회에 참여하여 국가 운영이라는 공적 영역에 영향력을 행사했고, 전교조 합법화를 비롯한 1980년대 진보 운동권 담론의 일부가 실현되었다.

또한 큰 성과를 이루지는 못했지만 지방 선거에서 당선자를 내거나 진보 정당을 결성하는 등 노동계의 적극적인 정치 참여가 이어졌다.

하지만 정리해고제를 비롯한 노동자 일반의 문제에 대해서는 특별한 대안을 마련하지 못한 채 민주노총은 시기에 따라 노사정위원회 탈퇴와 참여를 반복했고, 포괄적으로 논의한 재벌 개혁은 결국 구체화되지 못했다. 이후 노사정위원회는 노동계를 끌어들여 정리 해고를 합법화했고, 이로 인해 노동 문제를 개악했다는 비판을 받기도 했다.

노사정위원회의 성패를 두고도 여러 해석이 가능하다. 우선 정치적 민주화에 비해 경제적 민주화, 즉 재벌 개혁과 노동 문제의 획기적 개선에 대한 사회적 공감대가 크지 않았다는 점을 고려해야 한다. 1987년 6월 민주항쟁 당시 대통령직선제를 비롯한 민주헌법 쟁취에 전 국민적 동의가 있었다면 곧장 이어진 7~8월의 노동자 대투쟁은 그런 공감대를 얻지 못했다. 기껏해야 노사 분규 정도로 치부되었을 뿐이다. 더구나 대통령의 의지와는 별개로 관료 사회가 재벌 개혁과 노동 문제에 이중적으로 접근했다는 점 역시 간과할 수 없다. 재벌에게는 구조 조정만 잘 진행하면 살길을 마련해준 반면 노동 문제에 대해서는 한없이 가혹한 조치를 빠짐없이 강요했다.

이 밖에도 한국노총과 민주노총이 노동계를 대표하는지, 그리고 그들의 주장이 노동 문제를 실질적으로 개선할 수 있는 적실한 대안인지에 대해서도 따져볼 필요가 있다. 한국노총은 과거의 대한노총을 계승한 단체이다. 이승만 정권 당시 좌익 노동 단체의 공세에 대응하기 위해 만들어졌고, 박정희 정권 시기에 대통령의 리더십 확보를 위해 한국노총으로 개편이 되었다. 오랜 기간 한국노총이라는 전국 단위의 노동조합은 정부 정책의 거수기로서 노동운동을 탄압하는 이권 단체였다. 민주노총의 경우 1980년대 급진적 민주화운동과 깊은 관련을 맺는다. 따라서 당시의 급진적 사회해방론에 근거한 노동 이론을 강력하게 신봉한다는 특징이 있다. 민주노총의 전신이라 할 수 있는 전국노동조합협의회(이하 전노협)는 경제와 사회의 근본적 개혁, 조국의 민주화와 자주화 및 평화통일, 민자당의 해체와 노태우의 퇴진 등을 요구했다. 투쟁에 대한 열정은 이후에도 계속됐다. 그러나 이와 같은 요구는 대다수 노동자가 인식하는 노동 문제, 그리고 자본주의 체제하에서 노동운동이 달성해야 하는 효율적이며 직접적인 문제 해결과는 거리가 멀었다.

노동운동, 합리적인 노사 관계의 진척, 노동자의 임금 향상과 작업 환경 개선, 노동자가 누려야 하는 적절한 생활 수준 등 어느 것에도 명쾌한 합의에 도달하지 못한 상황. 김대중 정부의 개혁은 노동 시장의 급변을 초래했다. 자영업자와 비정규직의 폭발적 증가, 연봉제에 기초한 새로운 형태의 직장인 그룹의 등장, 개인주의에 기초한 기업 문화 등 종래의 노동운동 방향과는 전혀 다른 노동 문화가 급속도로 확산된 것이다. 그리고 재벌은 정부가 쉽사리 손댈 수 없는 지위를 확보했다. 여기에 부동산에 기반한 부의 불평등 현상, 극단적 형태의 불로 소득, 신분제에 가까운 기득권의 성립 등 온갖 문제가 도처에 펼쳐졌다. 복지 제도를 현실의 대안으로 말하기에는 아직 갈 길이 먼 상황. 자, 이제

이 문제를 어떻게 해결할 것인가. 김영삼과 김대중의 리더십은
이 지점에서 '사회라는 생물'에게, '시장이라는 생태계'에 완벽
하게 패배했다.

김영삼과
김대중의
마지막 도전 II
–
한일 관계와
관료 문제

YS		DJ
13대 대통령 선거 낙선	1987.12.	13대 대통령 선거 낙선
	1988.11.	광주청문회에 증인으로 참석, '김대중 내란 음모 사건'은 전두환 신군부 세력의 정권 찬탈을 위한 조작극이었음을 증언
3당 합당, 민주정의당, 통일민주당, 신민주공화당을 합쳐 민주자유당 창당	1990.1.	
14대 대통령 선거 당선	1992.12.	14대 대통령 선거 낙선
금융실명제 실시, 공직자 재산 공개, 하나회 해체, 12·12 및 5·18 특별 담화 발표	1993.3~5.	
정치개혁법 국회 통과	1994.3.	
	1995.7.	정계 복귀
5·18특별법 국회 통과	1995.12.	
IMF 구제금융 신청 발표	1997.11.	
	1997.12.	15대 대통령 선거 당선
	1998.12.	전교조 합법화
	1999.9~11.	국민기초생활보장법 제정, 민주노총 합법화
	2000.3~12.	베를린 선언 발표, 남북 정상 회담 개최, 노벨 평화상 수상
	2001.1~7.	여성부 출범, 국가인권위원회법 제정, 부패방지법 제정
	2003.2.	대통령 퇴임

협력 외교의
전범을 쓰다

　1990년대 동아시아 역내 질서가 급변했다. 1992년 한중 수교 당시의 양국 무역량은 연간 64억 달러였다. 그런데 불과 7년 만에 226억 달러로 3.5배 증가한다. 2003년에는 중국이 미국과 일본을 제치고 한국의 최대 무역 상대국이 된다. 20세기 중반에 대한민국은 미국의 원조를 받던 나라였고, 1965년 한일협정 이후에는 한미일 삼각 안보 체제하에서 성장했다. 한국은 일본의 기술 원조와 대미 수출을 바탕으로 성장할 수 있었다. 그런데 1990년대 들어 이 구조가 깨졌다.

　1992년 당시 일본은 한국과 중국을 압도하는 경제력을 자랑했다. 한국의 명목 GDP가 3382억 달러, 중국이 4882억 달러인데 비해 일본은 3조 8528억 달러.[1] 하지만 일본의 경제는 플라자합의 이후 추락하고 있었고 한국과 중국의 성장세는 가팔랐다.

　그리고 지역화. 새로운 현상이 대두되었다. 1994년 1월 북미자유무역협정NAFTA이 발효되며 미국, 캐나다, 멕시코 등 3개국이 자유무역지대를 창설한다. 미국의 자본, 캐나다의 자원, 멕시코의 노동력을 결합하여 효과를 극대화하려는 전략이다. 같은 시기 유럽은 경제 공동체였던 유럽공동체EC를 유럽연합EU으로 재편하여 더욱 강고한 정치적, 경제적 통합을 도모했다.

　아시아는 어땠을까? 아시아에는 동남아시아국가연합 아세안이 있었다. 1967년에 창립된 단체인데 애초에는 동남아시아 일대를 아우르는 반공주의 연맹체였다. 베트남전쟁 이후 공산화 확산에 대항하여 필리핀, 말레이시아, 싱가포르, 인도네시아, 타이가 연합했다. 냉전 종식 이후 베트남, 라오스, 캄보디아 등 종래의 공산권 국가까지 가입하며 규모가 확대되었다. 이들은 1992년 아세안자유무역지대ASEAN Free Trade Area를, 1994년에는 아세안지역포럼ARF을 출범시키면서 정치와 경제 분야의 교류를 강화했다.

1997년 타이를 시작으로 아시아 외환 위기가 발생하자 인근 국가와 연대하고 협력해서 위기를 극복해야 한다는 생각이 동아시아 전역에 퍼졌다. 그 결과 1999년 11월 아세안플러스3 정상 회의가 열린다. 아세안 10개국 정상과 한중일 3국 정상이 함께 모인 것이다. 이때 한국의 김대중 대통령, 중국의 주룽지 총리, 일본의 오부치 게이조 총리는 비공식 조찬 모임을 가진다.[2]

역내 교역, 투자 활성화와 산업 및 자원 분야의 협력 강화 등을 통해 아시아 지역 경제에 활력을 부여하는 방안을 논의하는 장이 필요하다.[3]

이 자리에서 김대중 대통령은 아세안 국가와 한중일의 기업인과 학자들이 참여하는 민간 싱크탱크를 구성하자고 제안했다. 일명 '동아시아비전그룹'의 시작이다. 1999년 10월 서울에서 동아시아비전그룹 회의가 열렸고 2001년 5월까지 다섯 차례 회합하면서 다양한 분야에서 협력을 도모했다. 그리고 이 회의를 통해 '동아시아공동체EAC'라는 비전이 선포되었다. 동아시아포럼, 동아시아자유무역지대, 동아시아통화기금 등 지역에 기반한 정치·경제 분야의 연대를 구성하고자 했는데, 그 결과가 2001년 11월 브루나이에서 열린 아세안플러스3 회의에서 정식 보고서로 채택되었다. 김대중의 동아시아비전그룹은 이후 동아시아연구그룹으로 발전했고 2002년 캄보디아에서 열린 아세안플러스3 회의에 구체적인 행동 계획을 제출했다.

이 시기에 김대중의 동아시아 구상에 손을 내민 인물이 일본의 오부치 총리이다. "21세기 아시아의 비전으로 아시아적 가치를 살리고 협력하면서 인간의 존엄에 입각한 평화와 번영의 세기를 만들어야 한다."[4] 오부치는 아세안과 유사한 한중일 연대체의 필요성을 절감했고, 김대중의 외교 행보에 적극 발을 맞추었다. 김대중은 미국, 중국과 남북한이 모이던 기존의 4자 회담에 일본과 러시아를 추가한 '6자 회담'을 설계했고 오부치도 여기에 동의했다.[5] 그는 일종의 아시아주의자였다. 2차 세계대전 패전 이후 일본은 줄곧 친미 일변도의 정책을 추진했다. 하지만 한편에 한중일의 협력을 강조하는 아시아주의 경향이 있었는데, 나카소네 야스히로 전 총리를 필두로 오부치도 이 흐름을 따르고 있었다. 북한의 핵 위협과 장거리 미사일 개발 문제가 동북아에 긴장을 불러왔고, 이슬람권의 테러리즘이 국제 안보의 위협 요소로 등장한 상황. 동시에 인접한 중국과 한국이 급부상하자 일본은 시대의 흐름을 반영한 새로운 외교 정책을 펼쳤다.

중국 또한 마찬가지였다. 1990년부터 2002년까지 중국은 덩샤오핑의 후계자 장쩌민의 시대였다. 장쩌민은 중국식 개혁개방 모델을 보다 분명하게 만들어갔다. 1989년 민주화를 요구하며 천안문 광장에 모인 시민을 강경하게 진압한 중국은 공산당이 주도하는 정치 체제를 강력하게 유지했다. 동시에 1980년대에 진행된 경제 개방의 폭을 넓혀서 공산당이 주도하는 '사회주의 경제 체제' 모델로 생존을 도모했다. 1991년 APEC 가입, 2001년 WTO 가입 등은 모두 이러한 노력의 산물이다. 이렇게 세계 무대로 떠오르던 중국도 김대중이 주도하는 동아시아 외교를 마다할 이유가 없었다.

김대중 집권 말기는 동아시아 외교의 성공기라고 평가할 수 있다. 2000년 11월 싱가포르에서 열린 아세안플러스3에서 한중일 3국의 정상 회담을 정례화하기로 합의했고, 1년 후인 2001년 11월 브루나이에서 김대중 대통령, 주룽지 총리, 고이즈미 준이치로 총리가 다시 만났다. 이 자리에서 고이즈미는 조찬이 아닌 공식 회담을 제안했고 앞으로 아세안플러스3 회의에서 외교장관의 별도 모임을 운영하기로 합의했다.[6] 한중일 3국이 이렇게 가까웠던 때가 또 있을까.

> 오부치 총리대신은 금세기의 한일 양국 관계를 돌이켜 보고 일본이 과거 한때 식민지 지배로 인하여 한국 국민에게 막대한 손해와 고통을 안겨주었다는 역사적 사실을 겸허히 받아들이면서 이에 대하여 통절한 반성과 마음으로부터의 사죄를 했다. 김대중 대통령은 이러한 오부치 총리대신의 역사 인식 표명을 진지하게 받아들이고 이를 평가하는 동시에 양국이 과거의 불행한 역사를 극복하고 화해와 선린 우호 협력에 입각한 미래 지향적인 관계를 발전시키기 위해 서로 노력하는 것이 시대적 요청이라는 뜻을 표명했다.[7]

1998년 10월 12일 김대중과 오부치가 주도한 '21세기 새로운 한일 파트너십 공동선언' 중 일부이다. 일본은 과거에 대해 통절한 반성과 사죄를 하고, 한국은 이를 진지하게 받아들인다. 서로 화해와 우호 협력을 지향하며, 특히 양 국가의 젊은 세대가 적극적으로 교류하며 과거사의 반목을 해결해가자는 다짐이었다.

양국 관계의 근본적 걸림돌은 과거사 아닌가. 일본은 독일처럼 과거사를 철저히 청산하지 못했고, 이로 인해 한국에서는 반일 감정이 팽배했다. 하지만 1990년대의 진보적 사회 분위기는 이를 상쇄할 수 있는 힘으로 작용했다. 한국은 김영삼, 김대중 시기를 거치며 민주주의의 성장을 이루었고, 일본 역시 자민당의 과반 의석이 붕괴되고 호소카와 모리히로, 무라야마 도미이치 등 개혁당 혹은 사회당 계열의 진보적 총리가 연이어 등장했다. 이러한 흐름 가운데 과거사에 대한 일본의 전향적 입장 표명을 한국이 수용하는 분위기가 무르익었다.

안타깝게도 2000년대 들어 화해의 분위기가 꺾이고 만다. 미국은 부시 정부가 들어서면서 네오콘이 권력을 장악했고, 이들은 북한을 이슬람 테러리스트와 함께 '악의 축'으로 규정했다. 일본은 자민당·사회당 연립 정권이 무너지고 고이즈미와 아베 신조 등 보수파가 집권하면서 역사 문제를 놓고 해묵은 갈등이 재연되었다. 야스쿠니신사 참배, 역사 교과서 개정, 일본군 위안부 문제 등 과거사를 두고 한국과 일본은 충돌을 거듭했고, 중국 역시 일본과 대립각을 세웠다. 이 시기에 중국은 한국을 바라보며 경제 성장을 도모하던 1990년대의 그 나라가 아니었다. G2. 중국과 미국의 경쟁이 본격화된 것도 문제지만, 철저하게 미국제일주의를 지향하는 일본과 미국의 패권에 도전하는 중국의 갈등 또한 심각해졌다.

한편 아시아 협력을 중시하는 민주당의 하토야마 유키오 내각이 들어섰을 때 한국은 보수적인 이명박 정권이 집권하는 등 엇박자가 이어졌다. 이때의 정세를 단지 '1990년대에 비해 상황이 나빠졌다'라고 설명해서는 안 될 것이다. 앞 시기에는 한중일 동아시아 3국의 변화, 한중일 3국의 변화에 따른 아시아 전반의 변화, 그리고 동아시아의 변화에 따른 세계 정세의 변화가 동시다발적으로 이루어졌기 때문이다. 북핵 문제와 북미 관계를 제외한다면 김영삼과 김대중의 시대 동아시아는 역동적인 성장과 낙관적인 전망이 주를 이루었다. 특히 김영삼에 비해 김대중이 훨씬 안정적인 기조로 대북 관계, 동아시아 협력 체계 등을 관철시킬 수 있었던 것 역시 당시의 시대상을 바탕으로 한다.

하지만 2000년대 이후 한중일, 동아시아, 그리고 동아시아를 둘러싼 세계 정세는 하강 국면에 접어들었다. 한층 복잡해진 셈법, 그리고 미국의 급격한 위상 변동과 미중 간의 노골적인 갈등 등 새로운 변수가 영향을 미치고 있다. 김대중이 이룩한 전례는 우리가 나아가야 하는 방향을 분명하게 가리키고 있다. 하지만 결국 국제 사회의 변동성은 갈등과 반목, 해묵은 감정과 고정관념이 아니라 발전적 미래에 대한 굳건한 믿음, 다양한 협력 체계를 통한 위상 구축, 그리고 무엇보다도 창발적인 도전을 통해 대응해야 한다. 1990년대는 이제 과거가 되었다. 21세기의 리더는 현재의 문제를 풀어가야 한다. 선례는 중요한 참고 사항이고 우리에게 방향을 제시한다. 지도자는 현재를 책임지며 미래의 길을 만들어가야 한다. 더구나 외교 분야는 대통령이 권력을 가장 효과적으로 발휘할 수 있는 영역이며, 그에게는 그렇게 해야 할 책무가 있다.

누구도 예상하지 못했지만 분명히 나아지고 있는 관료제

해방 이후 한국의 관료 사회는 기형적으로 성장했다. 그럴 수밖에 없었다. 1950년대 이승만은 각종 동원 체제로 국가를 운영했다. '국부國父' 이승만 사진이 관공서와 교실에 비치되었고 국민학생은 이승만 찬가를 외워 불렀다. 노동자와 청년, 부녀자, 누구 할 것 없이 대한노총, 대한청년단, 부녀자총동맹 등 한두 개 이상의 단체에 가입해야 했는데, 여기에는 어떠한 법적 근거도 없었다. 저명한 독립운동가 출신 대통령이 카리스마적으로 통치하는 세계 최빈국 신생 국가 대한민국에서 관료제의 발전은 더디기만 했다.

그리고 1961년 5·16군사쿠데타. 박정희의 등장은 한국의 관료제 발전에 결정적 영향을 미쳤다. 군인들이 온 국가를 장악하고 군 출신 인사가 정부 관료, 국회의원, 각종 기관장의 옷을 입고 사회의 상층부에 포진했다. 그리고 1960~70년대에 국가가 주도하는 강력한 산업화 정책이 추진되면서 관료 사회는 계속 팽창했다. 대통령이 의사 결정을 주도하고, 대통령이 아끼는 인사가 위에서 아래로 내려오는 구조. 동시에 조직 규모와 업무량은 빠른 속도로 늘어났다. 철저하게 수직적이며 위계적이고 궁극적으로 권위적일 수밖에 없는 통치 구조가 관료제를 통해 자리 잡았다. 그리고 12·12군사반란과 5·18민주화운동 진압을 통해 전두환 정권이 들어서며 헌법은 있으나마나. 법률은 필요에 따라 뒤틀리며 결국은 대통령과 그에게 충성하는 고위 관료들, 그리고 고위 관료를 보위하며 성장한 관료 그룹이 사회의 중핵을 형성했다. 국방부, 검찰, 경찰, 그리고 사법부까지. 명문대 입학과 고시 합격을 최고의 출세로 여기던 세태가 관료제의 발전과 조우하며 온갖 기묘한 관행과 문화를 만들었다.

군 출신 인사의 관료 조직 편입은 오랫동안 조직적으로 진행되었다. 박정희는 시스템을 만들었고 전두환은 그것을 극대화시켰다. 군인으로 경력을 시작하는 것이 사회 진출에 유리한 구조. 군대 안에서 연줄을 잘 만들면 공직자로 제2의 인생을 이어갈 수 있었고, 더구나 그런 식으로 공직에 진출한 사람의 수가 행정고시 출신만큼 많았다. 군인과 관료의 유착 관계는 여기서 끝나지 않는다. 국영 기업체가 존재하기 때문이다.

> 정부 투자 기관 관리기본법에 규정된 26개 정부 투자 기관 임원진 가운데 예비역 장성은 이사장 9명, 사장 7명, 감사 11명 등 모두 27명으로 전체 임원 중 군 출신자의 비율은 34.7%에 이르고 있다. 이들 임원의 임명권은 대통령이 쥐고 있다.[8]

근로복지공사의 경우 본사 임원과 전국 산하 병원 대표 13명 중 6명이, 해외개발공사는 1980년부터 1989년까지 특채로 임용

된 1급 이상 간부 13명 중 8명이 군인 출신이었다. 직업훈련관리공단의 경우 직업훈련원장 30명 중 22명이 군 출신.[9] 고위 장성과 장교들은 국가 산하 기관의 고위직으로, 일반 장교들은 군특채 시스템을 통해 공직에 진출해서 군대의 인맥과 문화를 고스란히 관료 사회에 이식했다.

전두환 정권기에는 경찰의 정치화 또한 심각한 문제로 대두되었다. 민주화운동 과정에서 운동권 대학생들의 영향력이 커지고 투쟁의 방식 또한 격화되면서 경찰의 시위 진압이 권력 유지를 위한 중요한 수단이 되었다. 일상적으로 도심 거리에서 검문검색이 강화되었고 현직 경찰에게 민정당 전국구 의석이 배당되는 등, 경찰은 안기부와 보안사에 비견될 정도로 세력을 확장했다.[10]

> 진정한 민주화의 실현을 위해서는 경찰의 정치적 중립이 선행돼야 하며 경찰의 정치적 중립은 정치적 타협의 대상이 아니라 공공의 안녕과 질서 유지라는 경찰 본연의 임무를 위해 보장돼야 한다.[11]

1988년 1월 30일 국립경찰대학 총동창회가 발표한 「경찰 중립화에 대한 우리의 견해」 성명은 경찰이 시민을 보호하고 치안을 유지하는 본연의 역할을 잃어버리고 권력의 충실한 대변자가 되었다고 시인한다. 경찰의 정치화는 민주화 이후에도 수차례 지적되었다. 특히 시위 군중에 대한 과잉 진압이 문제였다. 경찰은 애초에 시위 자체를 반정부 활동으로 인식하고 있으며 정권의 이해관계만을 적극적으로 대변하고 있다는 것이 비판의 요지였다.

> 정의로운 판사는 구색 맞추기용이고 시류에 영합하는 판사는 잘 팔린다. … 정치 판사란 크게 두 가지로 나눠진다. 첫 번째로, 과거 청와대 비서실과 사회정화위원회 등에 파견돼 있으면서 권력층과 밀접한 관련을 맺은 인사들. … 또 하나의 유형은 법원행정처 기획조정실장, 서울형사지법원장과 수석부장판사 등 요직을 맡은 판사들 중에서 권력과 밀착되었거나 소신대로 판결을 못하고 시류에 영합했던 인사들.[12]

이른바 '정치 판사' 또한 문제였다. 그들은 재야나 운동권이 주도한 시국 사건의 재판에서 '법정 질서 유지'라는 명분으로 방청을 제한하고 사소한 소란에도 방청객을 유치장에 수감하는 등 권위주의적이고 강압적인 태도를 보였다. 하지만 5공 비리 관련자 대부분에게 선고 유예를 판결할 때는 "초범이고 깊이 뉘우치고 있다", "15년 동안 경찰에서 충실히 일했다"라며 노골적으로 피고인의 편을 들었다.[13]

무엇이 문제였을까. 1987년 6월 민주항쟁 이후 사법부의 정치성, 권력 편향성에 대한 비판이 사법부 내부에서도 쏟아졌다. 1993년 6월에는 서울민사지법의 단독판사들이 「사법부 개혁에 관한 우리의 의견」이라는 문건을 발표하며 개혁을 요구한 사법부 파동이 일어나기도 했다. 원인은 매한가지. 정권의 입장, 권력자의 입맛, 현실적 이해관계에 따라 편향되는 판결. 왜 이런 문제들이 반복될까. '시국 재판에 대한 보이지 않는 외풍', '법관의 계급화', '정부 기관의 압력' 등이 대표적인 이유로 거론되었다.

행정부 소속 검찰의 영향력이 사법부 판사를 압도했던 것도 문제다. 판사가 무죄를 선고할 경우 담당 검사에게 미리 양해 전화를 해야 할 정도였다. 행정부와 사법부, 검찰과 사법부 사이에서 삼권 분립의 원칙은 지켜지지 않았다. 안기부와 보안사는 법정은 물론 법원장실, 법원 서기과 등을 출입하면서 자신들이 원하는 결과를 도출하고자 판사들을 압박했다. 그리고 사법부를 대표해야 할 고위 관료인 법원장과 부장판사들은 오히려 판결을 예단하고 정치적 입장을 강요하며, 필요에 따라서는 인사권을 악용하기도 했다.[14] 그리고 일자리 문제. 언제나 현실은 간단하지 않다. 검사든 판사든 결국 때가 되면 변호사 개업을 해야 한다.

'개업 변호사'의 수임료가 다른 변호사에 비해 유별나게 높은 이유는 물론 사건 해결을 그만큼 잘하기 때문이다. 법조계에서는 판사나 검사들이 개업 변호사가 맡은 사건을 잘 봐주는 것을 '전관예우'라고 일컫는다. 전관예우 기간은 사람에 따라 다르지만 6개월에서 1년 정도가 묵계로 돼 있다.[15]

어떤 삶을 살았건 중견 판검사는 '퇴임 후 1년 안에 평생 먹고 살 돈을 벌어야 한다.' 조직의 후배들에게 선배로 영향력을 미칠 수 있을 때 굵직한 사건을 수임해 수익을 충분히 챙겨야 한다는 것이다. 그렇다면 무엇이 굵직한 사건일까. 사회 고위층이 연루된, 비싼 수임료를 받을 수 있는 사건이다. 이런 일은 대부분 브로커를 통해 진행된다. 그렇게 오랫동안 이어진 관행. 개업 변호사가 현직 후배 판검사를 좌지우지하고, 오늘의 현직은 내일의 개업 변호사로 옷을 갈아입으며 카르텔을 공고하게 다져왔다.

사법부 타락의 한쪽이 독재 정권의 발전사와 깊이 이어져 있다면 다른 쪽에는 소위 사회 고위층이라는 지배 계급, 기득권 세력 혹은 부유층과의 유착 문제가 있다.

참으로 복잡한 현실. 오랜 기간 한국의 민주화운동은 박정희, 전두환이라는 독재자와의 싸움에 모든 것을 걸었다. 그런데 수많은 작은 박정희와 작은 전두환이 사회 곳곳에 포진하고 있는 모양새 아닌가. 그들은 1987년 이래 이어진 민주적 대변혁에도 불구하고 기득권과 관행에 의지하여 일을 처리하며 자신들에게 익숙한 세계를 지키려 했다. 이를 제거하기 위한 김영삼의 비상한 개혁, 김대중의 합리적인 대안은 대부분 행정 영역에 집중되었다. 정부가 먼저 부정부패와 단절하여 도덕적 명분을 세우고, 기존과 다른 방식으로 국가 권력을 운영했다. 정보 기관에 의지하지 않고, 권력 기관 본연의 역할을 강조하였으며, 보다 합리적이며 효율적인 관료제를 구축하기 위해 노력했다.

무엇보다 민주화는 오래된 관행을 지속적으로 문제 삼았다. 수많은 이들의 양심 선언이 이어졌고 그로 인한 혼란을 수습하면서 안전기획부는 국가정보원으로, 보안사령부는 기무사령부로, 다시 군사안보지원사령부로 이름과 역할이 바뀌었다. 군부의 사회적 영향력은 급속도로 감소했으며 과거처럼 정보 기관이 선거를 좌지우지할 수 없는 시대가 되었다. 이처럼 한국 사회는 과거를 지우고 고치며 천천히, 그러나 공고하게 현재를 쌓아 올렸다. 오히려 그러한 끊임없는 발전 덕분에 최근에는 '검찰 개혁' 같은 구체적인 문제를 두고 논쟁이 벌어지고 있다. 시대가 바뀐 것이다. 적어도 이 지점에서 김영삼과 김대중의 시대는 완전히 끝났다.

고독한 영웅의 위대한 투쟁으로는 바꿀 수 없는 세세한 문제들의 연속, 구체적 현실 안에서의 싸움이 오늘날의 일상이 되었다. 우리는 이 부분을 두고 각양의 언어를 쏟아내고 있다. '구성원의 적극성을 끌어내고, 개혁적이며 창의적인 활동을 촉진하는 민주적인 새로운 리더십.' 오늘날 리더의 덕목이 바뀌었다는 것을 부정할 수는 없다. 하지만 덕목은 덕목일 뿐. 지도자는 관리인이 아니다. 결국 지도자는 일반인이 보지 못하는, 엄두를 내기 힘든, 꿈꾸기 어려운 것들에 대한 탁월한 상상을 제시해야 한다. 거시적 전망을 상실한 리더가 어떻게 물 위에서 표류하는 배를 안전한 물가로 이끌 수 있겠는가. 일반적인 시선을 뛰어넘는 창발적인 도전이 없이 어떻게 기득권·관료 카르텔과 경제 불평등을 극복할 수 있겠는가. 모든 악조건에도 불구하고 국가와 사회를 앞으로 나아가게 만드는 것이 리더의 역할이다. 김영삼, 김대중과 꼭 같을 이유는 없다. 하지만 김영삼과 김대중만큼 충분히 자신을 단련하고, 확실히 방향을 설명하고, 국민을 위한 정치를 해야 하는 것만큼은 분명하다. 그리고 이를 바탕으로 현재와 미래를 책임질 수 있는 새로운 '리더의 상상력'이 출현하기를 기대한다.

 이 책은 전작 『헌법의 상상력: 어느 민주공화국의 역사』(2017)를 잇는 두 번째 작품이다. 시대의 변화에 걸맞은 새로운 헌법이 필요함에도 1987년의 헌법은 꿈쩍도 않고 있다는 문제의식으로 전작을 썼다. 그리고 거의 5년 만에 『리더의 상상력: 영웅과 우상의 시대를 넘어서』를 쓰게 되었다. 이번 책은 김영삼과 김대중의 시대에 대한 나의 첫 책이자 1980년대 이후 대한민국이 경험한 질적 변화를 연구한 첫 시도이다.

 '단절하고 싶다. 기어코 이전과는 다른 이야기를 만들고 싶다. 철저하게 세상을 변화시키고 싶고 더 나은 곳으로 나아가고 싶다.' 그러기 위해서는 오늘 우리를 둘러싼 혼란스러운 현실의 연원과 구조를 정확히 파악하고, 우리의 역사적 과정과 방향을 분명히 이해해야 한다. 그러한 욕망으로 김영삼과 김대중을 마주하며 이 책의 페이지를 채워나갔다. 많은 사람이 이 책을 통해 오늘의 현실을 조금 더 이해할 수 있게 되기를 바란다. 또한 정치인들에 대한 새로운 요구, 권력에 대한 새로운 바람, 세상에 대한 새로운 욕망이 날개를 달고 꿈틀댔으면 하는 마음이기도

하다.

이 책이 고운 빛깔 나는 열매가 되게끔 이끌어준 사계절출판사 인문팀에 감사드린다. 특별히 이창연과는 지금까지 함께 이야기를 만들어왔다. 그 두 번째 결실을 세상에 내놓을 수 있어서 고마운 마음만 가득하다. 더욱더 강력한 지적 열망과 사회적 책무로 이끄시는 나의 하나님, 우리의 하나님. 그리고 이 모든 과정을 인내하고 기대하는 나의 아내, 나의 아이들. 감사하고 감사한 시간.

1장. 숙명의 리더와 성찰의 리더: 대통령이 되기까지

민주주의를 갈구한 신념의 투사

1 김영삼, 『김영삼 회고록: 민주주의를 위한 나의 투쟁』, 백산서당, 2000, 1권 9~10쪽.
2 위의 책, 1권 111쪽.
3 위의 책, 1권 156쪽.
4 위의 책, 1권 285~286쪽.
5 위의 책, 1권 344쪽.
6 위의 책, 2권 116쪽.
7 위의 책, 2권 119쪽.
8 위의 책, 2권 39~40쪽.
9 「金총재 NYT 會見全文」, 『동아일보』, 1979.9.19.
10 연세대학교 국가관리연구원 엮음, 『한국대통령 통치구술사료집 4: 김영삼 대통령』, 선인, 2014, 141~142쪽.
11 김영삼, 앞의 책, 2권 232쪽.
12 위의 책, 2권 276쪽.
13 위의 책, 2권 149쪽.
14 돈 오버도퍼·로버트 칼린, 이종길·양은미 옮김, 『두 개의 한국』, 길산, 2014, 273쪽.
15 김영삼, 앞의 책, 2권 24쪽.
16 위의 책, 2권 306쪽.
17 위의 책, 3권 98쪽.

성찰의 길을 걸은 숙련된 현실주의자

1 김대중, 『김대중 자서전』, 삼인, 2011, 1권 340쪽.
2 위의 책, 1권 303쪽.
3 위의 책, 1권 293~294쪽.
4 심용환, 『단박에 한국사: 현대편』, 위즈덤하우스, 2017, 370쪽.

5   강준만, 『한국현대사산책 1970년대편 2』, 인물과사상사, 2002, 79쪽.

6   위의 책, 395쪽.

7   최진섭, 「김대중의 선택, 중산층과 재야」, 『월간말』, 1992.8., 28쪽.

8   돈 오버도퍼·로버트 칼린, 이종길·양은미 옮김, 『두 개의 한국』, 길산, 2014, 275쪽.

9   위의 책, 411~412쪽.

10 노무현, 『여보, 나 좀 도와줘』, 새터, 2002, 96쪽.

11 김대중, 앞의 책, 1권 540쪽.

12 위의 책, 1권 357~359쪽.

13 위의 책, 1권 168쪽.

14 위의 책, 1권 169쪽.

15 위의 책, 1권 171쪽.

16 위의 책, 1권 213쪽.

17 연세대학교 국가관리연구원 엮음, 『한국대통령 통치구술사료집 4: 김영삼 대통령』, 선인, 2014, 209~210쪽.

18 강준만, 『한국현대사산책 1970년대편 3』, 인물과사상사, 2002, 226쪽.

2장. 눈앞의 지형도: 권력이 현실화되는 자리

호랑이를 잡으러 호랑이 굴로 들어가다

1   이병선, 「김영삼 김종필의 밀어내기-버티기 대결」, 『월간말』, 1995.2., 32쪽.

2   강준만, 『한국현대사산책 1990년대편 1』, 인물과사상사, 2005, 22쪽.

3   「韓半島 戰爭 위험 없어야」, 『동아일보』, 1990.3.30.

4   「民自 내분 재연」, 『동아일보』, 1990.4.10.

5   「金泳三위원 會見 工作정치 근절 선언 "黨기강 바로 잡겠다"」, 『경향신문』, 1990.4.11.

6   「민정 8인방과 김영삼의 파워게임」, 『월간말』, 1991.2., 17~18쪽.

7   「정치권 '노재봉 내각 사퇴' 싸고 배수진 공방」, 『한겨레신문』, 1991.5.12.

8   「민정 8인방과 김영삼의 파워게임」, 17~19쪽.

9   「국민·野 협력 없는 改憲 반대」, 『경향신문』, 1990.10.31.

10 「民主系 "脫黨도 불사"」, 『경향신문』, 1990.11.1.

11 「金대표 黨務 복귀 정상화」, 『경향신문』, 1990.11.7.

12 박태견, 「임박한 노태우의 김영삼 제거작전」, 『월간말』, 1990.12., 16쪽.

13 오연호, 「대권 도박사 김영삼의 협박정치」, 『월간말』, 1992.5., 32쪽.

14 최영범, 「김영삼의 용인술」, 『월간말』, 1992.8., 39쪽.

15 강준만, 앞의 책, 150쪽.

16 「"政治자금 한 번에 100億까지 냈다" 鄭周永씨 발언 파문」, 『동아일보』, 1992.1.9.

17 강준만, 앞의 책, 146쪽.

18 「의원 4명 중 1명 黨籍변경」, 『동아일보』, 1993.4.28.

19 연세대학교 국가관리연구원 엮음, 『한국대통령 통치구술사료집 4: 김영삼 대통령』, 선인, 2014. 179쪽.

위기를 기회로 바꾸다

1 천호영, 「김대중 대권가도의 5대 장애물」, 『월간말』, 1992.6., 34쪽.

2 심용환, 『우리는 누구도 처벌하지 않았다』, 위즈덤하우스, 2019, 66쪽에서 재인용.

3 노무현, 『여보, 나 좀 도와줘』, 새터, 2002, 109쪽.

4 김대중, 「민족통일과 아시아 민주화 위해 헌신하겠다」, 『월간말』, 1993.6., 43쪽.

5 위의 기사, 42쪽.

6 김대중, 「김대중의 신통일전략」, 『월간말』, 1993.8., 30~32쪽.

7 김승국, 「김대중 이사장의 통일철학을 듣는다」, 『월간말』, 1994.10., 42쪽.

8 김종석, 「김대중이 가야 할 길」, 『월간말』, 1995.8., 42쪽.

9 위의 기사, 43쪽.

10 유시민, 「김대중으로는 정권교체 절대불가」, 『월간말』, 1997.7., 75쪽.

11 김대중, 「내가 대안 아니라면 스스로 물러나겠다」, 『월간말』, 1995.10., 44~47쪽.

12 「李會昌총재 '反DJP연대'도 正道 아니다」, 『매일경제』, 1997.11.1.

13 「李仁齊, 反DJP연합 소극적」, 『조선일보』, 1997.10.22.

14 「통일안보정책 총리 승인 받아라」, 『한겨레신문』, 1994.4.22.

15 「이인제 25%, 이회창 24.7%」, 『한겨레신문』, 1997.6.30.

3장. 혁명보다 어려운 게 개혁이다: 집권 초기의 개혁

단호하게 결심하고 철벽같이 밀어붙이는 속도전의 대가

1 연세대학교 국가관리연구원 엮음, 『한국대통령 통치구술사료집 4: 김영삼 대통령』, 선인, 2014, 30쪽.

2 위의 책, 25~26쪽.

3 「김종필 증언록 소이부답」, 『중앙일보』, 2015.10.13.; 위의 책 87쪽에서 재인용.

4 김경은·한승주·장석준·박윤희, 『조선총독부 건물 철거결정은 어떻게 이루어졌나』, 한국학중앙연구원출판부, 2020, 84쪽.

5 위의 책, 120~121쪽.

6 위의 책, 123쪽.

7 위의 책, 147쪽.

8 위의 책, 59~61쪽.

9 「고위직 퇴임 때도 財産 공개 의무화」, 『매일경제』, 1993.3.20.

10 「축소 지향에 不信 증폭 우려」, 『경향신문』, 1993.3.21.

11 위의 기사.

12 「財産 공개 物議 빚은 의원 議員職 사퇴 권유키로」, 『동아일보』, 1993.3.24.

13 「次官級 125명 재산公開 1人평균 10億7千萬원」, 『동아일보』, 1993.3.27.

14 「차관급 재산 해명 횡설수설」, 『한겨레신문』, 1993.3.29.

15 「사법부-軍 재산 공개 4월 法개정 뒤 실시」, 『조선일보』, 1993.3.29.

16 「재산 공개 도덕성 파문」, 『한겨레신문』, 1993.3.23.

17 「공직자 倫理法만 지켰어도…」, 『동아일보』, 1993.3.25.

18 「여권 재산 파문 서둘러 매듭」, 『한겨레신문』, 1993.3.31.

19 「YS改革 제도화 결실 임박」, 『조선일보』, 1993.5.19.

20 「50億 넘는 公職者 39명」, 『동아일보』, 1993.9.7.

21 「蓄財 의혹 공직자 조사 특별專擔班 설치키로」, 『동아일보』, 1993.9.8.

22 이상기, 「김영삼은 군부를 장악할 수 있나」, 『월간말』, 1993.3., 28~31쪽.

23 유용원, 「군 개편의 YS대리인 권영해 국방부장관 – 인맥이 아닌 실무능력이 그의 오늘을 만들었다」, 『월간조선』, 1993.9., 396~397쪽.

24 연세대학교 국가관리연구원 엮음, 앞의 책, 78쪽.

25 「5·17 당시의 군부인맥」, 『월간말』, 1988.5., 9~13쪽.

26 위의 기사, 206쪽.

27 위의 기사, 211쪽.

28 조갑제, 「전두환의 人脈과 金脈」, 『월간조선』, 1988.9., 207쪽.

29 조성관, 「인맥은 살아 있다 - 하나회 회원의 최초 본격 증언과 88명의 명단 공개」, 『월간조선』, 1992.4., 200쪽.

30 김충립, 「내가 너희를 살렸는데 너희가 나를 배신해? - 1963년 7·6 쿠데타 음모와 하나회」, 『신동아』, 2016.1.

31 조갑제, 앞의 기사, 205쪽.

32 위의 기사, 203쪽.

33 위의 기사, 209쪽.

34 김영진, 「한국 軍部의 동향」, 『월간조선』, 1989.5., 163~164쪽.

35 위의 기사, 168쪽.

36 위의 기사, 169~170쪽.

37 위의 기사, 171쪽.

38 이상기, 「하나회 99인맥 제거작전의 내막」, 『월간말』, 1993.5., 35쪽.

39 김효재, 「軍 상층부의 최근 동향」, 『월간조선』, 1993.4., 229쪽.

40 「국군기무사 정보처 없애」, 『한겨레신문』, 1993.3.30.

41 「軍 정보기관 첫 실질 축소」, 『조선일보』, 1993.3.30.

42 조갑제, 「국군 보안사령부」, 『월간조선』, 1990.11., 195쪽.

43 이상기, 앞의 기사, 35쪽.

텅 빈 국고의 열쇠를 받은 후 새로운 질서를 만들다

1 김대중, 『김대중 자서전』, 삼인, 2011, 2권 22~23쪽.

2 강문구, 「한국의 민주적 공고화와 개혁의 한계 - 김영삼 정부의 개혁정책을 중심으로」, 『21세기정치학회보』 12권 1호, 21세기정치학회, 2002, 13쪽.

3 「금융계 한보 사태로 모진 풍파」, 『한겨레신문』, 1997.1.25.

4 「한보부도 정치권 파장 확산 野 배후에 누군가 있다」, 『경향신문』, 1997.1.25.

5 「한보가 남긴 것 (1) 92년 대선 자금 의혹」, 『동아일보』, 1997.5.1.

6 「정경 유착, 이번엔 끊자 (2) 한보 사태의 본질」, 『경향신문』, 1997.4.24.

7 「한보 사태 진실은 주먹구구식 경영 합리성 결여된 情의 경영」, 『동아일보』, 1997.1.27.

8 「한보가 남긴 것 (18) 빚으로 빚은 재벌 누각」, 『동아일보』, 1997.5.21.

9 「정경 유착·검은돈 관행 쐐기」, 『한겨레신문』, 1997.6.3.

10 「한보 사태 경제파탄 도화선 우려」, 『경향신문』, 1997.1.30.

11 「기아그룹 좌초」,『경향신문』, 1997.7.16.

12 「起亞 사태의 사전각본說」,『경향신문』, 1997.7.20.

13 「삼성 자동차 산업 개편론 파란」,『한겨레신문』, 1997.6.5.

14 「자동차 全面戰 기아, 삼성自 고발」,『동아일보』, 1977.6.6.

15 「삼성, 자동차 산업 포기하라」,『조선일보』, 1997.6.11.

16 「정부-삼성 기아공조 다시 쟁점」,『한겨레신문』, 1997.8.23.

17 「한보 사태 조속 마무리 촉구 전경련 경제활동 위축 우려」,『동아일보』,
1997.4.22.

18 「전경련 정부 기아 사태 방관 비난」,『동아일보』, 1997.7.28.

19 「정부 성토장 된 전경련 하계 세미나 기아 사태 방관…살아남을 기업 있나」,
『매일경제』, 1997.7.25.

20 「기아, 노조권한 축소 합의」,『한겨레신문』, 1997.7.28.

21 「채권단의 선택 기아 사태 새국면 살리기보다는 시간 벌기」,『동아일보』,
1997.8.5.

22 「起亞 사태 파워게임 양상」,『조선일보』, 1997.8.4.

23 「기아自 재산보전 결정」,『동아일보』, 1997.9.28.

24 「起亞협력사 연쇄부도 사태」,『매일경제』, 1997.10.10.

25 「주가 대폭락 환율 급등」,『한겨레신문』, 1997.10.21.

26 「아시아 證市 동반 폭락세」,『조선일보』, 1997.4.3.

27 「데킬라 효과 태국서 재현될까」,『매일경제』, 1997.7.4.

28 「美투신펀드 아시아證市 이탈」,『조선일보』, 1997.4.4.

29 위의 기사.

30 「泰國통화위기 어디까지 바트貨 파장 동남아로 확산」,『매일경제』,
1997.7.11.

31 「동남아시아증시 주가폭락 피해 한 달 동안에 2천억弗 증발」,『경향신문』,
1997.9.7.

32 「홍콩, 외국계 펀드 이탈…은행주 급락 해외증시동향」,『매일경제』,
1997.9.12.

33 「홍콩증시 하루만에 37兆 휴지로」,『경향신문』, 1997.10.25.

34 「아시아한파 각국 증시 강타」,『조선일보』, 1997.10.29.

35 「다국적 금융 기관 아시아기업 눈독」,『매일경제』, 1997.12.2.

36 「1달러=1719원 외환 위기 지속」,『경향신문』, 1997.12.12.

37 조원희,「한국경제 위기 주범, 재벌 독재」,『월간말』, 1997.2., 109쪽.

38 하영춘,「은행 不實의 책임은 은행 자체에 있다」,『월간조선』, 1997.10.,

143쪽.

39 위의 기사, 145쪽.

40 위의 기사, 148쪽.

41 위의 기사, 150쪽.

42 김준형, 「제3금융권 파이낸스 부도는 금융 위기 전주곡」, 『월간말』, 1997.11., 101쪽.

43 특별 경제 대담, 「대통령이 결정·추진하고 직접 챙겨야」, 『월간조선』, 1997.10., 205쪽.

44 이대훈, 「다국적 기업의 전위부대 IMF」, 『월간말』, 1998.1., 67~68쪽.

45 이종태, 「IMF 격동의 1997년, IMF 사태의 주범은 누구인가, IMF 사태는 미국의 대 한국 경제전쟁」, 『월간말』, 2002.3., 106쪽.

46 위의 기사, 104쪽.

47 위의 기사, 105쪽.

48 김대중, 앞의 책, 2권 54쪽.

49 「총수 재산 투자하라」, 『동아일보』, 1998.1.14.

50 「멈칫거리는 재벌 개혁에 채찍 공정위 부당거래 조사 의미」, 『한겨레신문』, 1998.2.10.

51 「금감위 재벌 개혁 칼 뺐다」, 『한겨레신문』, 1998.3.26.

52 「재벌 개혁 미흡 땐 노사정 참여 중단」, 『한겨레신문』, 1998.1.24.

53 「금융 재벌 개혁 年內 마무리」, 『조선일보』, 1998.6.6.

54 「금융 기관이 독한 마음 먹고 5大 재벌 개혁 年內 끝내야」, 『조선일보』, 1998.11.25.

55 「신속한 재벌 개혁 요구 美재무 빅딜 관심 표명」, 『동아일보』, 1998.7.2.

56 「美-IMF, 재벌 개혁 압력」, 『조선일보』, 1998.12.15.

57 이연호·정석규·임유진, 「전두환 정부의 산업합리화와 김대중 정부의 기업구조 조정 비교연구-부실기업 정리방식의 변화에 관한 연구」, 『21세기정치학회보』 14권 1호, 21세기정치학회, 2004, 35쪽.

58 위의 논문, 35쪽.

59 위의 논문, 38쪽.

4장. 무엇을 무너뜨리고 무엇을 세울 것인가
: 다음 시대를 위한 대통령의 정치술

과거의 비극에 정치권력이 응답하는 방법

1 「熱氣고조 그날 증언」, 『경향신문』, 1988.2.5.
2 이상의 내용은 심용환의 한양대학교 석사논문 「5·18광주민주화운동 국회청문회 연구」를 새롭게 구성한 부분이다. 따라서 관련 각주는 추가하지 않았다.
3 김진균, 「광주보상법과 5·18특별법 결정과정 연구」, 전남대학교 박사논문, 2000, 126쪽.
4 위의 논문, 129쪽.
5 서울지방검찰청·국방부 검찰부, 「5·18관계 사건 수사 결과」, 1995.
6 「쿠데타 영원히 추방」, 『경향신문』, 1995.12.13.
7 「300億 계좌 錢主 추적」, 『동아일보』, 1995.10.21.
8 「盧비자금 1590억 확인」, 『동아일보』, 1995.10.27.
9 「大宇, 비자금 百億 실명전환」, 『동아일보』, 1995.11.3.
10 「삼성 현대 대우 등 10大 포함 40여 재벌 盧씨에 50億~350億씩 줬다」, 『동아일보』, 1995.11.4.
11 「5共비자금 6共유입 검찰, 작년 내사」, 『동아일보』, 1995.11.21.
12 「성공한 內亂도 처벌 가능」, 『동아일보』, 1995.11.28.
13 「內亂罪도 공소시효 정지」, 『동아일보』, 1995.11.29.
14 「憲政 파괴 단죄 改憲 추진」, 『동아일보』, 1995.11.30.
15 서울지방법원, 「제30형사부 판결」, 1996.8.26.
16 서울고등법원, 「선고 96노1892 판결」, 1996.12.16.
17 대법원, 「선고 96도3376 전원합의체 판결」, 1997.4.17.
18 「全 - 盧씨 확정판결과 사면」, 『동아일보』, 1997.4.18.
19 대통령 자문정책기획운영회, 「참여정부 정책보고서 - 포괄적 과거사 정리, 화해와 상생의 미래를 향해」, 2008, 29쪽.

거절과 반대를 설득과 동의로 넘어선 햇볕정책

1 빌 클린턴, 정영목 옮김, 『빌 클린턴의 마이 라이프』, 물푸레, 2004, 900쪽.
2 윌리엄 J. 페리, 정소영 옮김, 『핵 벼랑을 걷다』, 창비, 2016, 196쪽.

3 도널드 P. 그레그, 차미례 옮김, 『역사의 파편들』, 창비, 2015, 339쪽.

4 위의 책, 358쪽.

5 윌리엄 J. 페리, 앞의 책, 192쪽.

6 정세현, 『정세현의 통일토크』, 서해문집, 2013, 30쪽.

7 노태우, 『노태우 회고록 하권: 전환기의 대전략』, 조선뉴스프레스, 2011, 223쪽.

8 위의 책, 223쪽.

9 위의 책, 253쪽.

10 「남북기본합의서」(1991.12.31.) 전문에서.

11 노태우, 앞의 책, 324쪽.

12 (사)통일의집 기획, 『늦봄의 편지: 문익환 옥중서신』, 도서출판 늦봄, 2020, 216쪽.

13 한완상, 『한반도는 아프다』, 한울, 2013, 46쪽.

14 임동원, 『피스메이커』, 창비, 2015, 219~227쪽.

15 위의 책, 227쪽.

16 한완상, 앞의 책, 167쪽.

17 임동원, 앞의 책, 275쪽.

18 김연철, 『냉전의 추억: 선을 넘어 길을 만들다』, 후마니타스, 2009, 262쪽.

19 임동원, 앞의 책, 276쪽.

20 「鄭周永씨 오늘 北行」, 『조선일보』, 1998.6.16.

21 임동원, 앞의 책, 59쪽.

22 위의 책, 38쪽.

23 위의 책, 53쪽.

24 「김대통령 베를린자유대학 연설(요지)」, 『연합뉴스』, 2000.3.9.

25 「미 김대통령 베를린 선언 환영」, 『연합뉴스』, 2000.3.10.

26 「람베르토 이탈리아 외무장관 28, 29일 북한 공식 방문」, 『한국경제』, 2000.3.27.

27 「한미일 30~31일 대북 정책 협의」, 『한국경제』, 2000.3.27.

28 「한나라당 베를린 선언 북한 연계 의혹」, 『연합뉴스』, 2000.3.10.

29 임동원, 앞의 책, 32쪽.

30 위의 책, 70쪽.

31 위의 책, 34쪽.

32 「10·4선언 남북 관계 한 단계 도약 전기 마련」, 『연합뉴스』, 2007.10.4.

33 임동원, 앞의 책, 385쪽.

5장. 세기를 넘어서

김영삼과 김대중의 마지막 도전 I - 재벌 개혁과 노동 문제

1 「금융실명제 전격 실시」, 『한겨레신문』, 1993.8.13.

2 위의 기사.

3 임성한, 「김영삼 정부 주도하의 정치개혁법이 한국 정치에 미친 영향」, 『사회과학연구』 37집, 강원대학교 사회과학연구원, 1998, 37쪽.

4 「정치 개혁 이루어지는가 1. 법대로 하면 깨끗한 정치 실현」, 『한겨레신문』, 1994.3.5.

5 임성한, 앞의 논문, 38~40쪽.

6 강문구, 「한국의 민주적 공고화와 개혁의 한계-김영삼 정부의 개혁 정책을 중심으로」, 『21세기정치학회보』 12권 1호, 21세기정치학회, 2002, 8~9쪽.

7 「祕錄 문민경제. 성급한 샴페인 OECD 가입」, 『경향신문』, 1998.7.27.

8 위의 기사.

9 「한국 96년 OECD 가입하면 2010년 무역자유화 가능성」, 『한겨레신문』, 1994.11.17.

10 「韓國 OECD 가입」, 『매일경제』, 1996.10.12.

11 「韓國 OECD 가입 정식 신청」, 『동아일보』, 1995.3.30.

12 홍덕률, 「1987년 이후 정부와 재벌 관계의 변화」, 『경제와 사회』 30권, 비판사회학회, 1996, 228쪽.

13 「崔鍾賢 전경련회장 5년 허송 6공 경제 비판 달라졌다」, 『동아일보』, 1993.10.7.

14 「초일류만이… 일류가 아니면… 바꿔야 산다 李健熙 신드롬 출판계 강타」, 『매일경제』, 1993.9.5.

15 「기업규제 완화된 건 하나도 없어 李健熙회장 北京회견」, 『경향신문』, 1995.4.15.

16 「슈퍼파워 삼성-조직·자금 앞세운 정보력 국가기관 능가」, 『한겨레신문』, 1995.4.20.

17 홍덕률, 앞의 논문, 238쪽.

18 위의 논문, 221쪽.

19 위의 논문, 222쪽.

20 위의 논문, 226쪽.

21 박원배, 「김영삼 대통령 시대 재벌들의 손익계산서」, 『월간말』, 1993.1.

22 조성렬, 「국가경쟁력, 구조개혁 그리고 국가 전략-김영삼 정권의 '개혁' 정책의 성격」, 『국제정치논총』 제36집 2호, 한국국제정치학회, 1997, 170쪽.

23 이병천, 「현대 한국에 민주적 자본주의의 준거 모델은 있는가?-노태우 모델과 김대중 모델의 비교」, 『공공사회연구』 제6권 제4호, 한국공공사회학회, 2016, 363쪽.

24 위의 논문, 364쪽.

25 정태환, 「김영삼 정권하의 정치사회적 갈등-자본과 노동 그리고 지역주의를 중심으로」, 『한국학연구』 제25집, 고려대학교 한국학연구소, 2006, 450쪽.

26 위의 논문, 452쪽.

27 조성렬, 앞의 논문, 177쪽.

28 「東亞 인터뷰 李仁齊 노동부장관 대담-勞使 관계 法 안 지키면 不幸」, 『동아일보』, 1993.6.19.

29 「悲話 文民政府 金泳三 정권 5년의 功過-입조심하시오 경제수석이 부총리 질책」, 『동아일보』, 1998.3.25.

30 「노동행정 변화 갈림길에 이인제 장관 체제 평가」, 『한겨레신문』, 1993.4.14.

31 「노동부 장관의 무능 고백」, 『한겨레신문』, 1993.7.22.

32 「현대 사태 중재 길잃어 먹구름-노동장관 강경 담화 파장」, 『한겨레신문』, 1993.7.6.

33 「노-사 불법 용납않겠다」, 『한겨레신문』, 1993.7.6.

34 이미현, 「김영삼 정부의 노동 정책에 관한 연구」, 부산대학교 대학원 정치외교학과 석사논문, 1999, 54쪽.

35 정태환, 앞의 논문, 457쪽.

36 이병천, 앞의 논문, 372~375쪽.

37 「노사정위원회 오늘 발족 김당선자 상설기구로」, 『한겨레신문』, 1998.1.15.

38 위의 기사.

39 이상균, 「김영삼 정부와 김대중 정부의 통일 정책과 노동 정책 연구」, 연세대학교 행정대학원 정치행정지도자 과정 석사논문, 2006, 71쪽.

40 위의 논문, 72쪽.

41 이강로, 「한국에서 진보적 노동운동의 성장과 민주주의 공고화의 진행-1990~1999」, 『한국정치학회보』 제33집 제3호, 한국정치학회, 1999, 149쪽.

1   신봉길, 『한중일 협력의 진화: 3국 협력사무국(TCS) 설립과 협력의 제도화』, 아연출판부, 2015, 48쪽.

2   위의 책, 52쪽.

3   「"동아시아 비전그룹 구성"…김대중 대통령 제안」, 『한국경제』, 1998.12.17.

4   신봉길, 앞의 책, 59쪽.

5   「오부치 일본외상 본지 단독회견-6자회담 기본방향 찬성」, 『중앙일보』, 1998.3.20.

6   신봉길, 앞의 책, 74~75쪽.

7   「21세기 새로운 한일 파트너십 공동선언(전문)」, 『국정신문』, 1998.10.12.

8   양대석, 「공직 사회 점령한 군 출신들」, 『월간말』, 1989.3., 21쪽.

9   위의 기사, 22쪽.

10   이석원, 「진정한 경찰중립화를 위하여」, 『월간말』, 1989.6., 65쪽.

11   「警察中立 요구 확산」, 『동아일보』, 1988.1.30.

12   이재화, 「사법부의 정치 판사들」, 『월간말』, 1990.3., 89쪽.

13   위의 기사, 85쪽.

14   위의 기사, 86~88쪽.

15   성한용, 「판검사 후원으로 돈 버는 개업 변호사들」, 『월간말』, 1991.6., 115쪽.

참고문헌

단행본

강준만, 『한국현대사산책 1970년대편』(전 3권), 인물과사상사, 2002

경향신문·참여연대 엮음, 『김대중 정부 5년 평가와 노무현 정부 개혁과제』, 한울, 2003

김경은·한승주·장석준·박윤희, 『조선총독부 건물 철거결정은 어떻게 이루어졌나』, 한국학중앙연구원출판부, 2020

김대중, 『김대중 자서전』(전 2권), 삼인, 2011

김연철, 『냉전의 추억: 선을 넘어 길을 만들다』, 후마니타스, 2009

김영삼, 『김영삼 회고록: 민주주의를 위한 나의 투쟁』(전 3권), 백산서당, 2000

김영희, 『베를린장벽의 서사: 독일 통일을 다시 본다』, 창비, 2016

김택근, 『새벽: 김대중 평전』, 사계절출판사, 2012

노무현, 『여보, 나 좀 도와줘』, 새터, 2002

노태우, 『노태우 회고록』(전 2권), 조선뉴스프레스, 2011

도널드 P. 그레그, 차미례 옮김, 『역사의 파편들』, 창비, 2015

돈 오버도퍼·로버트 칼린, 이종길·양은미 옮김, 『두 개의 한국』, 길산, 2014

류상영·와다 하루키 외, 『김대중과 한일관계: 민주주의와 평화의 한일현대사』, 연세대학교출판문화원, 2012

리처드 하스, 김성훈 옮김, 『혼돈의 세계』, 매일경제신문사, 2017

문정인·오하타 히데키, 『한일 국제정치학의 신지평: 안전보장과 국제협력』, 아연출판부, 2007

빌 클린턴, 정영목 옮김, 『빌 클린턴의 마이 라이프』, 물푸레, 2004

(사)통일의집 기획, 『늦봄의 편지: 문익환 옥중서신』, 도서출판 늦봄, 2020

신봉길, 『한중일 협력의 진화: 3국 협력사무국(TCS) 설립과 협력의 제도화』, 아연출판부, 2015

심용환, 『단박에 한국사: 현대편』, 위즈덤하우스, 2017

심용환, 『우리는 누구도 처벌하지 않았다』, 위즈덤하우스, 2019

양창석, 『브란덴부르크 비망록: 독일통일 주역들의 증언』, 늘품, 2011

연세대학교 국가관리위원회 엮음, 『한국대통령 통치구술사료집 1: 최규하 대통령』, 선인, 2014

연세대학교 국가관리위원회 엮음, 『한국대통령 통치구술사료집 2: 전두환

대통령』, 선인, 2013

연세대학교 국가관리위원회 엮음,『한국대통령 통치구술사료집 3: 노태우
대통령』, 선인, 2013

연세대학교 국가관리위원회 엮음,『한국대통령 통치구술사료집 4: 김영삼
대통령』, 선인, 2014

윌리엄 J. 페리, 정소영 옮김,『핵 벼랑을 걷다』, 창비, 2016

윌리엄 스마이저, 김남섭 옮김,『얄타에서 베를린까지: 독일은 어떻게 분단되고
통일되었는가』, 동녘, 2019

이내영·이신화 외,『동북아 질서의 형성과 전개: 역사적 성찰과 정치·경제적
쟁점』, 아연출판부, 2011

이종석,『북한의 역사 2: 주체사상과 유일체제 1960~1994』, 역사비평사, 2011

임동원,『피스메이커』, 창비, 2015

장달중·오코노기 마사오 공편,『전후 한일관계의 전개』, 아연출판부, 2004

정세현,『정세현의 통일토크』, 서해문집, 2013

찰스 암스트롱, 김연철·이정우 옮김,『북조선 탄생』, 서해문집, 2006

클레이 클레멘스, 권영세 옮김,『서독 기민/기사당의 동방정책: 고뇌하는
현실주의자』, 나남출판, 2010

한국복지국가연구회 엮음,『한국 복지국가의 정치경제』, 아연출판부, 2012

한완상,『한반도는 아프다』, 한울, 2013

이원덕·기미야 다다시 외,『한일관계사 1965-2015: 1. 정치』, 역사공간, 2015

김도형·아베 마코토 외,『한일관계사 1965-2015: 2. 경제』, 역사공간, 2015

이종구·이소자키 노리요 외,『한일관계사 1965-2015: 3. 사회·문화』, 역사공간,
2015

판결문·보고서·논문

헌법재판소,「선고 94헌마246」, 1995.1.20.

헌법재판소,「선고 95헌마221·233·297」, 1995.12.15.

헌법재판소,「선고 96헌가2, 96헌바7, 96헌바13 전원재판부」, 1996.2.16.

서울지방법원,「제30형사부 판결」, 1996.8.26.

서울고등법원,「선고 96노1892 판결」, 1996.12.16.

대법원,「선고 96도3376 전원합의체 판결」, 1997.4.17.

대통령 자문정책기획운영회,「참여정부 정책보고서: 포괄적 과거사 정리, 화해와

　　상생의 미래를 향해」, 2008

대한민국역사박물관, 「대한민국 민주화 30년, 평가와 세계사적 함의
　　학술연구용역 최종보고서」, 대한민국역사박물관, 2016

서울지방검찰청·국방부 검찰부, 「5·18관계 사건 수사 결과」, 1995

한국외국어대학교 연구산학협력단 기록학연구센터, 「역대 대통령 관련
　　구술채록사업 연구용역 최종보고서」, 국가기록원·대통령기록관, 2008

강문구, 「한국의 민주적 공고화와 개혁의 한계−김영삼 정부의 개혁정책을
　　중심으로」, 『21세기정치학회보』 12권 1호, 21세기정치학회, 2002

고창훈, 「김영삼 정부의 행정개혁−개혁논리와 현실타협논리의 혼용」,
　　『한국사회와 행정연구』 4호, 서울행정학회, 1993

권자경, 「역대 대통령의 지방분권 리더십−노태우 대통령과 김영삼 대통령
　　비교분석」, 『한국정부학회 학술발표논문집』, 한국정부학회, 2014

김병문, 「개혁의 성패 요인 분석−김영삼 대통령 리더십을 중심으로」,
　　『한국행정논집』 17권 4호, 한국정부학회, 2005

김상조, 「김영삼 정부 경제개혁에 대한 평가」, 『황해문화』 18권, 새얼문화재단,
　　1998

김성수·유신희, 「김영삼 정권의 신자유주의 경제개혁−기술관료와
　　정당엘리트의 상호관계를 중심으로」, 『사회과학연구』 25권 4호, 충남대학교
　　사회과학연구소, 2014

김영필, 「1987년 이후 재벌 자본축적방식의 전환−공간, 행태, 노동의 유연화」,
　　『경제와 사회』 118호, 비판사회학회, 2018

김태룡, 「김영삼 정부 시기의 정당개혁에 대한 평가−정치개혁의 성격과
　　관련하여」, 『한국행정논집』 10권 2호, 한국정부학회, 1998

김형근·이은국·박창훈, 「다중흐름모형에 의한 김대중 1, 2기 정부의 부동산 정책
　　변동 비교분석−1, 2차 초점사건을 중심으로」, 『한국행정논집』 32권 1호,
　　한국정부학회, 2020

노병만, 「김영삼 정권 권력엘리트의 특성 분석」, 『한국정치학회보』 31권 2호,
　　한국정치학회, 1997

박건영·정욱식, 「김대중−부시 정부 시기 한미관계−대북정책을 중심으로」,
　　『역사비평』 86호, 역사비평사, 2009

박승호, 「김대중 정권의 구조조정 정책, 그 비극적 종말」, 『교육비평』 3호,
　　교육비평, 2001

박용수, 「제1차 북핵 위기 대응과정에서 나타난 김영삼 대통령의 정책관리유형」,

『국제정치논총』 55권 4호, 한국국제정치학회, 2015

백병규, 「권력과 언론유착-김영삼 정권과 언론」, 『저널리즘비평』 21권,
　　한국언론학회, 1997

백종국, 「연구노트 '김영삼 개혁연합'의 선택」, 『사회비평』 14권, 나남출판사,
　　1996

백천호, 「금강산관광사업의 성과, 한계 그리고 과제」, 『한국관광정책』 74호,
　　한국문화관광연구원, 2018

송백석, 「국가형태와 국가정책-김대중 정권기의 재벌정책 분석을 중심으로」,
　　『한국사회학』 39권 3호, 한국사회학회, 2005

송재복, 「김영삼 정부의 개혁정치와 노동정책의 개혁방향」, 『노동연구』 11권,
　　고려대학교 노동문제연구소, 1994

신현기, 「대통령 선거공약의 입법화에 관한 연구-김영삼~노무현 대통령을
　　중심으로」, 『서울행정연구』 22권 1호, 서울행정연구원, 2013

오수열, 「김대중 정부의 대북정책과 금강산사업의 평가」, 『한국동북아논총』 7권
　　4호, 한국동북아학회, 2002

위평량, 「재벌 및 대기업으로 경제력 집중과 동태적 변화분석재벌 및
　　대기업으로 경제력 집중과 동태적 변화분석」, 『기업지배구조연구』 48권,
　　경제개혁연구소, 2014

유길연, 「국가의 자율성과 역량, 그리고 한국 금융화의 제도적 기초의 형성
　　김대중 정부의 재벌정책 형성 과정을 중심으로(1998~2002)」, 『경제와 사회』
　　117호, 비판사회학회, 2018

이강로, 「김영삼의 지도력 유형」, 『한국정치학회보』 27권 2-1호, 한국정치학회,
　　1994

이강로, 「한국에서 진보적 노동운동의 성장과 민주주의 공고화의
　　진행-1990~1999」, 『한국정치학회보』 33권 3호, 한국정치학회, 1999

이병천, 「김대중 모델과 한국경제 97년 체제」, 『기억과 전망』 28권,
　　민주화운동기념사업회, 2013

이병천, 「현대한국에 민주적 자본주의 준거 모델은 있는가?-노태우 모델과
　　김대중 모델의 비교」, 『공공사회연구』 6권 4호, 한국공공사회학회, 2016

이연호·정석규·임유진, 「전두환 정부의 산업합리화와 김대중 정부의
　　기업구조조정 비교연구-부실기업정리 방식의 변화에 관한 연구」,
　　『21세기정치학회보』 14권 1호, 21세기정치학회, 2004

이준형·임경환, 「공무원 비위·징계 양정을 통해 본 반부패활동 평가-전두환,
　　노태우, 김영삼 정부를 중심으로」, 『정책분석평가학회보』 10권 2호,

한국정책분석평가학회, 2000

임성한, 「김영삼 정부 주도하의 정치개혁법이 한국 정치에 미친 영향」,
『사회과학연구』 37권, 강원대학교 사회과학연구원, 1998

임원혁, 「한국경제와 재벌개혁」, 『시민과 세계』 7호, 참여연대 참여사회연구소,
2005

임유진·이연호, 「한국 경제민주화의 성과와 한계」, 『정치·정보 연구』 23권 1호,
한국정치정보학회, 2020

정상환, 「김대중 정권 경제정책의 성격과 전망」, 『경제와 사회』 38권,
비판사회학회, 1998

정영태, 「김영삼 정부 정치행정개혁에 대한 평가」, 『황해문화』 18권,
새얼문화재단, 1998

정용대, 「김영삼 대통령의 개혁이념과 한국민주주의」, 『한국정치학회보』 27권
2호, 한국정치학회, 1994

정태환, 「김영삼 개혁정치의 성격과 정치적 동원」, 『한국학연구』 23호,
고려대학교 한국학연구소, 2005

정태환, 「김영삼 정권하의 정치사회적 갈등 - 자본과 노동 그리고 지역주의를
중심으로」, 『한국학연구』 25호, 고려대학교 한국학연구소, 2006

조경근, 「김영삼 정부의 대북 정책」, 『통일전략』 12권, 한국통일전략학회, 2012

조성렬, 「국제경쟁력, 구조개혁 그리고 국가전략」, 『국제정치논총』 36권 2호,
한국국제정치학회, 1997

채만수, 「김대중과 한국정치」, 『정세와 노동』 49호, 노동사회과학연구소, 2009

최원식, 「김영삼 정부 사법·노동개혁에 대한 평가」, 『황해문화』 18권,
새얼문화재단, 1998

최은미, 「갈등과 협력의 한일관계, 20년의 변화와 성찰(1998~2017)」, 『평화연구』
26권 2호, 고려대학교 평화와민주주의연구소, 2018

최현일, 「김대중 정부의 주택정책에 대한 연구」, 『한국정책연구』 2권,
경인행정학회, 2002

홍덕률, 「1987년 이후 정부와 재벌 관계의 변화」, 『경제와 사회』 30권,
비판사회학회, 1996

홍덕률, 「재벌의 공룡화와 극복방안 재벌의 존재양태와 재벌개혁의
긴급성 - 성장사를 통해 본 재벌체제의 문제점」, 『역사비평』 36호,
역사비평사, 1996

김경태, 「역대 한국정부의 고위공직자 인사스캔들 연구」, 한국외국어대학교

대학원 행정학과 석사논문, 2005

김대중,「한국 정부권력 구조의 연결망 분석 - 김영삼·김대중 정부의 비교 분석
　　중심으로」, 연세대학교 대학원 행정학과 석사논문, 2002

김선일,「공직자 부정부패 방지를 위한 법적 통제 방안」, 건양대학교 대학원
　　행정학과 경찰행정전공 박사논문, 2013

김진균,「광주보상법과 5·18특별법 결정과정 연구」, 전남대학교 박사논문, 2000

김채현,「김영삼과 김대중의 정치리더십 비교 연구 - 노사관계정책을 중심으로」,
　　전남대학교대학원 정치학과 박사논문, 2007

김태훈,「한국 군(軍) 문민통제의 특수성과 유형에 관한 연구」, 경기대학교
　　정치전문대학원 외교안보학과 박사논문, 2020

박성호,「김영삼 정부의 금융자유화 과정에 관한 연구 - 역사 제도주의적 접근을
　　중심으로」, 연세대학교 대학원 행정학과 석사논문, 1998

배문호,「공공임대 주택정책 정부별 비교 연구 - 3개 정부(노태우 정부,
　　김영삼 정부, 김대중 정부)를 중심으로」, 중앙대학교 사회개발대학원
　　토지주택관리학과 토지주택정책전공 석사논문, 2005

안두환,「군부권위주의 체제 내 권력승계에 관한 연구 - 박정희에서 전두환,
　　전두환에서 노태우로의 권력 승계를 중심으로」, 연세대학교 대학원 정치학과
　　석사논문, 2019

우효석,「작은 정부론적 행정개혁에 관한 연구 - 김영삼 정부와 김대중 정부를
　　중심으로」, 부산대학교 대학원 행정학과 석사논문, 2007

유신희,「김영삼 정권 신자유주의 경제개혁의 정치과정 - 정당엘리트, 기술관료,
　　시민단체의 상호관계를 중심으로」, 한양대학교 대학원 정치외교학 석사논문,
　　2014

이미현,「김영삼 정부의 노동정책에 관한 연구」, 부산대학교 대학원 정치학
　　석사논문, 1999

이상균,「김영삼 정부와 김대중 정부의 통일정책과 노동정책 연구」, 연세대학교
　　행정대학원 정치행정지도자과정 석사논문, 2006

이정근,「우리나라 규제개혁체계에 관한 연구 - 김영삼 정부와 김대중 정부의
　　비교분석」, 연세대학교 대학원 행정학과 석사논문, 2002

한석진,「한국대통령의 정치적 리더십 비교연구 - 김영삼과 김대중을 중심으로」,
　　성공회대학교 교육대학원 석사논문, 2014

관련 아카이브

네이버 뉴스 라이브러리newslibrary.naver.com:『동아일보』,『조선일보』,
  『경향신문』,『한겨레신문』,『매일경제』
언론사: 연합뉴스, 중앙일보, 한국경제
방송 뉴스: MBC 〈뉴스데스크〉, KBS 〈뉴스9〉
정부 기관: 국정신문, 정책브리핑, KTV 〈대한늬우스〉
월간지:『신동아』,『월간조선』,『월간말』,『인물과 사상』
국가법령정보센터www.law.go.kr
케이스노트casenote.kr
5·18민주화운동기록관www.518archives.go.kr
5·18광주민주화운동 전자자료총서www.518archives.go.kr/books/index.html

리더의 상상력

2022년 1월 7일 1판 1쇄

지은이 심용환

편집 이진·이창연·홍보람 **디자인** 김민해
마케팅 이병규·양현범·이장열 **홍보** 조민희·강효원 **제작** 박홍기

인쇄 천일문화사 **제책** J&D바인텍

펴낸이 강맑실 **펴낸곳** (주)사계절출판사
등록 제406-2003-034호 **주소** (우)10881 경기도 파주시 회동길 252
전화 031)955-8588, 8558 **전송** 마케팅부 031)955-8595 편집부 031)955-8596
홈페이지 www.sakyejul.net **전자우편** skj@sakyejul.co.kr
블로그 skjmail.blog.me **페이스북** facebook.com/sakyejul
트위터 twitter.com/sakyejul

ISBN 979-11-6094-898-1 03910